Lehrbuch der rumänischen Sprache

D1719580

JÜRGEN F. SALZER

Lehrbuch der rumänischen Sprache

BUSKE

Bibliografische Information der Deutschen Nationalbibliothek

Die Deutsche Nationalbibliothek verzeichnet diese Publikation in der
Deutschen Nationalbibliografie; detaillierte bibliografische Daten sind
im Internet über ‹http://portal.dnb.de› abrufbar.

ISBN 978-3-87548-737-4

4., unveränderte Auflage

© Helmut Buske Verlag GmbH, Hamburg 2015. Alle Rechte vorbehalten. Dies
gilt auch für Vervielfältigungen, Übertragungen, Mikroverfilmungen und die
Einspeicherung und Verarbeitung in elektronischen Systemen, soweit es nicht
§§ 53 und 54 URG ausdrücklich gestatten. Gedruckt auf alterungsbeständigem
Papier (ANSI-Norm resp. DIN-ISO 9706), hergestellt aus 100% chlorfrei ge-
bleichtem Zellstoff. Satz: Kontrapunkt Satzstudio Bautzen. Druck und Bindung:
Beltz, Bad Langensalza. Printed in Germany. *www.buske.de*

CUPRINS (Inhalt)

CUVÂNT ÎNAINTE (Vorwort)

Die rumänische Sprache ist als östlichste der romanischen Sprachen mit dem Französischen, Italienischen, Spanischen und Portugiesischen verwandt. Wer bereits eine dieser Sprachen beherrscht, wird Rumänisch ohne größere Schwierigkeiten lernen können.

Das *Lehrbuch der rumänischen Sprache* vermittelt vor allem das gesprochene Rumänisch. Die Lektionstexte bestehen daher überwiegend aus Dialogen, anhand derer man sich auch selbst Sätze oder Gespräche „zusammenbauen" kann. In diesen Dialogen kommen folgende Personenkreise zu Wort: Jugendliche bzw. Studenten, die eine sehr saloppe Sprache benutzen, ein paar ältere Damen, die sich über Alltagsthemen unterhalten, sowie ein deutsches Ehepaar namens Müller, das sich bemüht, die rumänische Sprache zu lernen. Die Dialoge enden möglichst mit einer Pointe, denn das Lernen soll schließlich auch Spaß machen! Ab Lektion 4 werden die Lektionen zunächst durch Sprichwörter und Witze, später dann auch durch interessante Zeitungsartikel allgemeinen Inhalts abgeschlossen. Eine Auswahl leicht verständlicher literarischer Texte rundet das Lehrwerk ab.

Wer die 25 Lektionen durchgearbeitet hat, kann Alltagsgespräche führen, einfache Texte lesen und verstehen und verfügt über Grundkenntnisse in der Grammatik.

Ein besonderes Gewicht wurde den Personalpronomen und ihrer Deklination zugemessen, da diese schwierig, aber auch überaus wichtig sind. Neu im Vergleich zu anderen Rumänischlehrbüchern für deutsche Lernende ist die Betonung der wichtigsten Konsonanten- und Vokalalternationen. Ein weiteres Novum ist die Behandlung des sogenannten *Präsumtivs*, der doch recht häufig im täglichen Sprachgebrauch vorkommt.

Zahlreiche Übungen sowie Testblöcke nach jeder sechsten Lektion bieten die Möglichkeit zur Vertiefung des Stoffes. Die Lösungen und die Begleit-CD erleichtern das Selbststudium.

Natürlich kann in einem Lehrbuch für Anfänger nicht auf alle Einzelheiten der Grammatik eingegangen werden. So wird der sogenannte *perfect simplu* nicht behandelt. Auch die Deklination der verschiedenen Pronomen wird oftmals nur andeutungsweise erwähnt, was jedoch die Möglichkeit eröffnet, sich manches selbst zu erarbeiten. Ferner werden nur die wichtigsten Verben – dort gibt es nämlich die meisten Ausnahmen! – erwähnt.

Wer Rumänisch im Selbststudium lernen will, sollte am besten damit beginnen, sich die Grammatik einer jeden Lektion gründlich durchzulesen. Dann folgt die Erschließung des Textes anhand der Vokabellisten. Anschließend kann man die grammatischen Übungen machen. Zudem sollte man sich die Begleit-CD mit den gesprochenen Texten anhören, die von *native speakern* gelesen werden.

Lernende an Volkshochschulen dürften das Lehrbuch innerhalb eines Schuljahres gut durchgenommen haben (jeweils zwei Doppelstunden für eine Lektion).

Zum Schluß danke ich Herrn Michael Hechinger vom Buske Verlag für die „Durchforstung" des Manuskripts sowie meinen beiden „Versuchskaninchen", Herrn Peter Reiz, dem ehemaligen Leiter des Goethe-Instituts in Bukarest und seiner viel zu früh verstorbenen Gattin sowie Frau Ruxandra Şachim und Herrn Nikolaus Kleininger, ehedem bei der Rumänischen Botschaft in Bonn, die sich die Mühe gemacht haben, die Texte noch einmal durchzulesen und die Fotos freundlicherweise zur Verfügung zu stellen. Ein besonderes Dankeschön geht auch an Herrn Georg Cojerean (Köln), der mir zusätzliche wertvolle Tips gegeben hat.

Frau Dr. Victoria Popovici vom Institut für Romanistik an der Friedrich-Schiller-Universität Jena danke ich sehr herzlich für ihre Mithilfe bei der Vorbereitung der zweiten Auflage.

Für die 3. Auflage wurde das Lehrbuch nochmals durchgesehen und verbessert. Darüber hinaus findet man im rumänisch-deutschen Wörterverzeichnis jetzt auch das gesamte Vokabular der zusätzlichen Lesestücke. Ferner wurden bei den Vokabeln die folgenden grammatischen Angaben ergänzt: bei Substantiven die Pluralform, bei Verben die 1. Pers. Sg. Präsens und das Partizip der Vergangenheit sowie bei den Adjektiven die Endungen.

Bonn, im Januar 2007																																Jürgen F. Salzer

LECŢIA ÎNTÂI (Lektion 1)

TEXT (Lesestück)

În excursie

Ghidul:	Bună ziua. Eu sunt ghidul dumneavoastră. Cine este domnul Olaru?
Domnul Olaru:	Eu sunt.
Ghidul:	De unde sunteţi?
Domnul Olaru:	Sunt din Braşov.
Ghidul:	Ce sunteţi de meserie?
Domnul Olaru:	Electrician.
Ghidul:	Cine este doamna Popescu?
Doamna Ionescu:	Eu sunt.
Ghidul:	Sunteţi tot din Braşov?
Doamna Ionescu:	Nu, eu şi soţul suntem din Târgovişte.
Ghidul:	Profesia dumneavoastră?
Doamna Ionescu:	Sunt contabilă.
Ghidul:	Dumneavoastră sunteţi domnul Vasilescu?
Domnul Florescu:	Nu, eu sunt domnul Florescu, el este domnul Vasilescu.
Ghidul:	Unde este doamna Rusu?
Domnişoara Rusu:	Domnişoara Rusu! Aici sunt.
Ghidul:	Scuzaţi, domnişoară! Sunteţi studentă, nu?
Domnişoara Rusu:	Exact.
Ghidul:	Şi cine este băiatul?
Domnişoara Rusu:	Este un văr, Radu. El este elev.
Ghidul:	Bravo, eşti mare!
Radu:	Da' de unde!

VOCABULAR (Wörterverzeichnis)

în	in, auf	cine?	wer?
ghidul	der Reiseleiter	este	ist
bună ziua	guten Tag	domnul	der Herr
eu sunt	ich bin	de unde?	woher?
dumneavoastră	Ihr, Ihre, Sie	sunteţi	(Ihr) seid, (Sie) sind

din	aus	unde?	wo?
ce?	was?	domnișoara	das Fräulein
de meserie	von Beruf	aici	hier
electrician	Elektriker	scuzați!	entschuldigen Sie!
doamna	die Frau, Dame	studentă	Studentin
tot	ebenfalls	exact	genau
nu	nein	băiatul	der Junge
excursie	Ausflug	un văr	ein Vetter
soțul	der Gatte	elev	Schüler
suntem	(Wir) sind	ești	(du) bist
profesia	Beruf	mare	groß
contabilă	Buchhalterin	da' de unde	woher
el	er		

FONETICĂ (Phonetik)

Vocalele (Die Vokale)

Die *Vokale* im Rumänischen sind mittellang, also länger als beispielsweise im Wort B*e*tt und kürzer als im Wort B*ee*t.

Citiți (Lesen Sie): an, Ana, apa, lac, mac, mama, ban, elev, Elena, mere, mese, Elvira, inima, zi, intrare, din, om, somn, pom, dop, un, unt, tuns.

ă   klingt ähnlich wie das *e* in bös*e* und hab*e*n,

â / î   sind gleichlautend. Um sie auszusprechen, muß man die Lippen spreizen wie bei *i*, dabei ein *ü* aussprechen.
î wird am Wortanfang sowie beim Infinitiv der Verben der 5. Konjugation am Wortende geschrieben und *â* in der Wortmitte.

Citiți: român, România, când, cânt, vând, lângă, îmbrăca, încă, înainte, însă.

e   wird bei den Personalpronomen am Wortanfang und bei verschiedenen Formen des Hilfsverbs *a fi* (sein) mit einem leichten *i* vorangestellt gelesen.

Citiți: eu, el, ea, ei ele, este, e, eram, erai, era.

i   wird am Wortende muiert (weich) gelesen und hört sich fast wie ein deutsches *j* an.

Citiți: pomi, domni, veseli, ani, bani, vinuri, unchi, mănunchi, ingineri, profesori, luni, vineri.

i (y) + *Vokal*   wird wie das deutsche *j* gelesen.

Citiţi: iar, iad, iarbă, iarnă, iute, yaht, yoga, Yalta, doi, Doina, aiurea.

ie, eu   werden entweder getrennt *i-e* bzw. *e-u* oder als Diphthong *je*
bzw. *ew* gesprochen.

Citiţi: vie, mie, ţie, Europa, euforie;
ied, miere, fier, greu, meu

o, u   werden wie im Deutschen gesprochen, nur halblang.

Diphthonge und *Triphthonge* sind typisch für die rumänische Sprache und
oftmals nicht leicht auszusprechen. Die Diphthonge *ei, au* und *eu* sind
niemals wie im Deutschen, nämlich [ae], [ao] bzw. [øy], sondern [ëi],
[au] und [ëu] auszusprechen.

Citiţi: iar, iarbă, Ion, iute, doi, Doina, doare, oare, mâine, pâine, câine,
au, dau, ou, bou, leu, meu, Europa, cafea, lei, mei, dau, aur,
Ioan, Ioana, Mioara, vioară, nouă, două, creion, băiat, femeie,
basmaua, cafeaua.

Consoanele (Die Konsonanten)

Hier wird nur auf die *Konsonanten* eingegangen, deren Aussprache vom
Deutschen abweicht.

Grundsätzlich gilt, daß *b, d, g* am Wortende nicht den Lautwert
ändern (im Deutschen werden sie zu *p, t, k*) und *p, t, c* nicht aspiriert
(behaucht) ausgesprochen werden.

Citiţi: club, snob, drob, brad, prund, când, vrând, fug, leg, lung, carte,
marcă, cât, copil, pe, prin, pâine, dop, atent, tren, tata, student,
martie.

c   wird gewöhnlich wie das deutsche *k* ausgesprochen. Folgt ihm
jedoch ein *e* oder *i*, wird es *tsche* bzw. *tschi* wie im Italienischen
ausgesprochen. Folgt ihm ein *he* oder *hi* wird es wie im Italieni-
schen leicht aspiriert *ch*.

Citiţi: carte, cine, parcă, ce, copil, acesta, cu, bicicleta.

g   wird normalerweise wie das deutsche *g* gesprochen. Folgt ihm
jedoch ein *e* oder *i*, spricht man es wie das englische *dsh* in *gent-
leman*, folgt ihm ein *he* oder *hi* wird es wie im Italienischen
leicht aspiriert *gh* ausgesprochen.

Citiţi: gard, dragă, gol, gumă, aleargă, ger, ninge, minge, gin, Gina, Geta, gimnastică, ghem, gheară, ghid, ghips, unghie.

j	wird wie im Wort *J*ournal ausgesprochen.
r	ist ein Zungenspitzen-*r*, wird also gerollt gesprochen.
s	wird stets stimmlos wie in Hau*s* ausgesprochen.
ş	spricht man wie das deutsche *sch*.
ţ	wird wie das deutsche *z* gesprochen.
v	wird wie das deutsche *w* gesprochen.
z	spricht man wie das deutsche *s* in *S*onne.

Citiţi: jar, joc, jucărie, joi, jumătate, Radu, român, ţară, şi, atenţie, şir, rar, aşa, ziar, uşor, bar, voce, ziar, aţă, şah, azi, marţi, vară, caz.

Beachten Sie: Die *Betonung* folgt im Rumänischen keiner festen Regel, daher sollten Sie die Betonung gleich mit jedem Wort mitlernen! In diesem Lehrbuch ist die Wortbetonung in den Wörterverzeichnissen durch Unterstreichung des betonten Vokals gekennzeichnet.

GRAMATICĂ ŞI EXERCIŢII (Grammatik und Übungen)

Das Geschlecht der Substantive

Im Rumänischen gibt es – wie auch im Deutschen – drei Genera (grammatische Geschlechter): das *Maskulinum,* das *Femininum* und das *Neutrum,* die jedoch nicht immer mit den deutschen Entsprechungen übereinstimmen.

Die meisten *maskulinen* und *neutralen* Substantive enden auf *Konsonanten* und die *femininen* Substantive auf *-ă* oder *-e.* (Ausnahmen bestätigen wie immer die Regel!)

Der unbestimmte Artikel

- lautet für *maskuline* und *neutrale* Substantive im Nominativ und Akkusativ Singular *un* (ein):
  un ghid, *un* economist, *un* domn, *un* soţ, *un* bilet, *un* leu;
- und für *feminine* Substantive im Nominativ und Akkusativ Singular *o* (eine):
  o doamnă, *o* contabilă, *o* excursie, *o* meserie, *o* profesie.

Der bestimmte Artikel

Der *bestimmte Artikel* wird im Rumänischen an das Substantiv angehängt.

- Für *maskuline* und *neutrale* Substantive lautet der bestimmte Artikel
  im Nominativ und Akkusativ Singular *-(u)l*, wobei *-l* dort verwendet
  wird, wo das Substantiv auf einen Vokal endet:
  ghid*ul*, leu*l*.
- Für *feminine* Substantive lautet der bestimmte Artikel im Nominativ
  und Akkusativ Singular *-a*, wobei der letzte Buchstabe meist durch
  den Artikel ersetzt wird:
  doamn*ă* – doamn*a*, meseri*e* – meseri*a*.

Exerciţiul 1 (Übung 1)   Formaţi forma hotărâtă (Bilden Sie die be-
stimmte Form):

ghid, domn, văr, elev, soţ, electrician, meserie, studentă, contabilă, pro-
fesie.

Das Präsens des Hilfsverbs a fi **(sein)**

(eu)	*sunt*	(noi)	*suntem*
(tu)	*eşti*	(voi)	*sunteţi*
(el, ea)	*este, e*	(ei, ele)	*sunt*

Beachten Sie: Das *Personalpronomen* wird nur dann vor dem Hilfsverb
benutzt, wenn man die Person betonen will.
    ei wird für Maskulina benutzt sowie dann, wenn Maskulina bzw. Neu-
tra und Feminina nebeneinanderstehen:
Domnul Popescu şi domnul Rusu sunt din Vaslui. → Ei sunt din Vaslui.
Domnul Ionescu şi doamna Ionescu sunt din Târgovişte → Ei sunt din
Târgovişte.
    ele wird bei Feminina und Neutra verwendet:
Doamna Ionescu şi domnişoara Carp sunt din Braşov. → Ele sunt din
Braşov.

Für die *Höflichkeitsform* (Sie) wird die 2. Person Plural (also *nicht* die
3. Person Plural wie im Deutschen!) mit vorangestelltem *dumneavoastră*
verwendet. Die Form ist im Singular und Plural sowie in allen Kasus
gleich. *Dumneavoastră* ist gleichzeitig *Possessivpronomen*:
ghidul dumneavoastră (Ihr Reiseleiter), *băiatul dumneavoastră* (Ihr Jun-
ge).

Exerciţiul 2 Formaţi propoziţii (Bilden Sie Sätze):

Domnul Popescu Doamna Ionescu Ei Voi Ea Noi Eu El Dumneavoastră	sunt eşti este suntem sunteţi	electrician. contabilă. ghid. din Braşov.

Exerciţiul 3 Completaţi (Ergänzen Sie):

Eu ... din Braşov. Ele ... din Bucureşti. Doamna Popescu ... contabilă. Tu ... economist. Dumneavoastră ... din Tiraspol. Voi ... din Bucureşti. Ei ... din Berlin. Noi ... din Bonn.

unde/de unde? (wo, wohin/woher?)

Exerciţiul 4 Formaţi întrebări şi răspunsuri (Bilden Sie Fragen und Antworten):

a) *Unde* este Maria? (la Berlin) → Maria este *la* Berlin.

Radu – Bucureşti. Domnul Popescu – Târgovişte. Radu şi Ana – Braşov. Dumneavoastră – aici. Ele – Berlin. Doamna Ionescu – Timişoara. Ei – hotel.

b) *De unde* este Maria? → Maria este *din* Berlin.

Radu – Braşov. Dumneavoastră – Bucureşti. Ele – Leipzig. Doamna Popescu – Târgovişte. Maria şi Emil – Dortmund. Domnul Ionescu – Timişoara. Ei – Stuttgart. Dumneavostră – Köln.

Exerciţiul 5 Formaţi propoziţii:

Cine este	doamna Popescu? domnul Ionescu? Maria?	El Ea Eu	sunt	economist. contabilă. studentă.
Ce	sunteţi domnişoara Rusu?	– – –	este	

Berufe

Für die weibliche unbestimmte Form einer Berufsbezeichnung wird gewöhnlich ein *-ă* an die männliche Form angehängt. (Zur Bildung der bestimmten Form siehe oben Seite 5 und unten Seite 10):
un contabil − o contabil*ă*

Exercițiul 6   Formați forma feminină nehotărâtă (Bilden Sie die weibliche unbestimmte Form):

student, inginer, ghid, contabil, turist, elev, farmacist.

Exercițiul 7   Formați acum forma feminină hotărâtă (Bilden Sie bitte jetzt auch die bestimmte Form weiblich).

Exercițiul 8   Povestiți! (Erzählen Sie!): was sind Sie von Beruf, woher kommen Sie? (Benutzen Sie ein Wörterbuch, sollten Sie die benötigten Wörter nicht kennen).

„Hanul lui Manuc" din București

LECŢIA A DOUA

La agenţia TAROM

Domnul Popescu:	Bună dimineaţa!
Funcţionarul:	Bună dimineaţa! Ce doriţi?
Domnul Popescu:	Un bilet de avion Bucureşti – Timişoara.
Funcţionarul:	Pentru când?
Domnul Popescu:	Pentru mâine dimineaţă!
Funcţionarul:	Mâine dimineaţă sunt două curse, una la ora opt şi una la ora zece.
Domnul Popescu:	Un bilet pentru cursa de opt, vă rog.
Funcţionarul:	Numele dumneavoastră, vă rog.
Domnul Popescu:	Popescu Viorel.
Funcţionarul:	Poftim biletul.
Domnul Popescu:	Mulţumesc.
Funcţionarul:	Autobuzul pentru aeroport este la şapte şi jumătate. Aici la agenţie.
Domnul Popescu:	Este perfect.

La alimentară

Vânzătoarea:	Ce doriţi?
Clientul:	Aveţi cafea?
Vânzătoarea:	Cafea nu avem.
Clientul:	Dar pastă de peşte aveţi?
Vânzătoarea:	Nu avem nici pastă de peşte.
Clientul:	Brânză de vaci aveţi?
Vânzătoarea:	Nu. Din păcate nu avem.
Clientul:	Şi pâine de secară?
Vânzătoarea:	La magazinul de pâine.
Clientul:	Dar ce aveţi?
Vânzătoarea:	Avem deschis de la ora şapte şi un sfert până la ora două fără un sfert.

Vocabular

agenție	Agentur	aeroport	Flughafen
TAROM	staatliche rumä- nische Luftfahrt- gesellschaft	este perfect alimentară	es ist o.k. Lebensmittel- laden
bună dimineața	guten Morgen	vânzătoare	Verkäuferin
funcționarul	der Beamte	client	Kunde
ce doriți?	was wünschen Sie?	pastă pește	Paste Fisch
bilet de avion	Flugkarte	brânză de vaci	Quark
pentru	für	pâine	Brot
când?	wann?	secară	Roggen
mâine dimineața	morgen früh	magazin	Laden
cursă	*hier:* Flug	deschis	offen
la ora ...	um ... Uhr	de la	von
vă rog	bitte	până la	bis
nume	Name	șapte	sieben
poftiți	bitte, nehmen Sie	și sfert	und Viertel
mulțumesc	(ich) danke	fără	ohne
jumătate	halb	două	zwei
autobuz	Bus		

Casă țărănească

GRAMATICĂ ŞI EXERCIŢII

Die Grundzahlen 1–10

Die *Grundzahlen 1–10* sind nicht schwer, und wer etwas Italienisch kann, wird sie sehr schnell lernen:

1	unu, una	4	patru	7	şapte
2	doi, două	5	cinci	8	opt
3	trei	6	şase	9	nouă
				10	zece

Die Zahlen *1* und *2* haben eine *maskuline* bzw. *neutrale* Form (*unu, doi*) sowie eine *feminine* Form (*una, două*), deren Verwendung sich nach dem Geschlecht des dazugehörigen Substantivs richtet. Vor einem Substantiv werden statt *unu, una* die unbestimmten Artikel *un, o* verwendet:
un student   – o studentă
doi studenţi – două studente.

Exerciţiul 1   Citiţi: Este ora 7. Este ora 9. Cursa este la ora 4. Cursa este la ora 8. Avem deschis de la ora şase şi un sfert până la ora opt.

Die Uhrzeit

Cât este ceasul? (Wie spät ist es?)

Este ora nouă. (Es ist 9.00 Uhr)   Este nouă şi cinci. (Es ist 9.05 Uhr) Este nouă şi un sfert. (Es ist 9.15 Uhr)   Este nouă şi jumătate. (Es ist 9.30 Uhr)   Este nouă fără un sfert. (Es ist 8.45 Uhr)   Este nouă fără zece. (Es ist 8.50 Uhr)

Exerciţiul 2   Răspundeţi (Antworten Sie):

Cât este ceasul?

8.05 Uhr, 10.30 Uhr, 3.07 Uhr, 6.55 Uhr, 4.45 Uhr, 2.15 Uhr, 6.30 Uhr, 5.10 Uhr, 7.50 Uhr, 9.00 Uhr.

Der bestimmte Artikel (Fortsetzung)

– *Maskuline* und (seltener) *neutrale* Substantive, die auf *-e* enden, erhalten im Nominativ und Akkusativ Singular den Artikel *-le:*
   un num*e* (Name) – nume*le*, un frat*e* (Bruder) – frate*le*, un peşte – peşte*le*.

- Bei *femininen* Substantiven auf *-e* wird im Nominativ und Akkusativ
  Singular der Artikel *-a* angehängt (Ausnahme: Wörter auf *-ie*):
  o pâin*e* – pâin*ea*, o vânzătoar*e* – vânzătoar*ea*, carn*e* – carn*ea*.
- *Feminine* Substantive, die auf betontem *-ea* oder *-a* enden, erhalten im
  Nominativ und Akkusativ Singular den Artikel *-ua:*
  o caf*ea* – cafe*aua*, basm*a* – basma*ua*.

Exerciţiul 3   Înlocuiţi articolul nehotărât cu cel hotărât (Ersetzen Sie
den unbestimmten mit dem bestimmten Artikel):

o carne, o brânză, un frate, o cafea, o contabilă, un domn, o vânzătoare,
un nume, un ghid, o pâine, un câine (Hund), un bilet, o dimineaţă.

Das Präsens des Hilfsverbs a avea **(haben)**

(eu)	*am*	(noi)	*avem*
(tu)	*ai*	(voi)	*aveţi*
(el, ea)	*are*	(ei, ele)	*au*

Exerciţiul 4   Citiţi: Aveţi carne? Nu avem. El are o pâine. Noi
avem timp. Avem deschis de la ora 8 până la ora 3. Voi aveţi un bilet de
avion. Ele au carne.

Exerciţiul 5   Completaţi cu a avea (Vervollständigen Sie mit *a avea*):
..... brânză? El ..... un frate. Noi ..... un câine. El ..... deschis de la ora 9 la
ora 2. Ea ..... cafea.

Berufe (Fortsetzung)

Alle Berufe, die in der maskulinen Form auf *-tor* enden, erhalten in der
femininen Form *-toare*:
vânză*tor* – vânză*toare*, munci*tor* (Arbeiter) – munci*toare* (Arbeiterin),
învăţă*tor* (Lehrer) – învăţă*toare* (Lehrerin).

Bei Fremdwörtern lautet die weibliche Form *-iţă:* doctor – doctor*iţă*,
şofer – şofer*iţă*, casier – casier*iţă*

Die Verneinung mit nu

nu kann sowohl die Bedeutung *nein* als auch *nicht* haben und steht immer vor dem Verb:

Aveţi carne?   *Nu, nu* avem.   *Nu* avem carne.

Exerciţiul 6   Formaţi propoziţii:

Aveţi	carne?		am.
Aveţi	un câine?		are.
Ai	cafea?	Nu, nu	avem.
Are	brânză?		au.
Au	pâine?		

Exerciţiul 7   Răspundeţi la întrebări (Beantworten Sie die Fragen):

Dar brânză aveţi? → Nu, nu avem nici brânză.

Dar brânză ai? Dar pâine are? Dar un câine au? Dar un bilet de avion are? Dar carne au?

Exerciţiul 8   Formaţi propoziţii:

Radu – student – elev → Radu este student? Nu, este elev.

Doamna – contabilă – economistă. Domnul Popescu – inginer – ghid. Maria – elevă – studentă. Domnul Rusu – farmacist – inginer. Doamna Popescu – ingineră – farmacistă.

Substantiv + de **(von) + Substantiv**

Der Konstruktion *Substantiv + de* (von) + *Substantiv* entspricht im Deutschen oft ein zusammengesetztes Substantiv:

bilet de avion (Karte vom Flugzeug) – Flugkarte
pastă de peşte (Paste vom Fisch) – Fischpaste
pâine de secară (Brot vom Roggen) – Roggenbrot
brânză de vaci (Käse von Kühen) – Quark
magazin de pâine (Laden von Brot) – Brotladen

Exercițiul 9   Povestiți! (Erzählen Sie!):

1. Sie gehen zum Schalter und wollen eine Flugkarte nach Iaşi haben. Das Flugzeug geht um 10.30 Uhr. Der Zubringerbus fährt um 9.00 Uhr ab.
2. Sie gehen in einen Lebensmittelladen und wollen Kaffee kaufen. Doch den gibt es nicht. Dann fragen Sie nach Fleisch und Käse. Aber auch diese Waren gibt es nicht.
3. Fragen Sie Ihren/Ihre Gesprächspartner/in nach seinem/ihrem Beruf!

LECŢIA A TREIA

O convorbire între studenţi

Anca:	Alo, Radu?	Radu:	Şi ele-s acolo.
Radu:	Da, eu sunt.	Anca:	Unde acolo?
Anca:	Florin este acasă?	Radu:	Păi, la bibliotecă.
Radu:	Nu, nu-i.	Anca:	Ai ceva bani?
Anca:	Poftim?	Radu:	Nu, din păcate n-am.
Radu:	Nu e acasă.	Anca:	Dar puţin timp ai?
Anca:	Dar unde este?	Radu:	Nu, eu sunt ocupat.
Radu:	E la bibliotecă.	Anca:	Deci n-ai nici bani nici
Anca:	Când e acasă?		timp?
Radu:	După masă.	Radu:	Aşa este.
Anca:	Dar Florica şi Elena sunt acum acasă?	Anca:	Ce păcat!

Despre familie

Doamna Popescu:	Câţi copii aveţi?
Doamna Rusu:	Am trei feciori.
Doamna Popescu:	Bravo! Câţi ani au?
Doamna Rusu:	Marcel are 11 ani, Bogdan 15, iar Florin 19.
Doamna Popescu:	Sunt încă la şcoală?
Doamna Rusu:	Da, Marcel şi Bogdan sunt elevi, iar Florin este student. Şi câţi copii aveţi dumneavoastră?
Doamna Popescu:	Am tot trei băieţi.
Doamna Rusu:	Sunt mari?
Doamna Popescu:	Da, sunt deja mari. Doi sunt ziarişti, iar unul este economist. Unul este aici în Târgovişte şi doi sunt la Bucureşti.
Doamna Rusu:	Fată n-aveţi?
Doamna Popescu:	Din păcate n-am.

Vocabular

convorbire	Gespräch	familie	Familie
între	zwischen	așa este	so ist es
acasă	zu Hause	ce păcat	wie schade
poftim?	wie bitte?	câți? *Pl.*	wie viele?
dar	aber	copil	Kind
bibliotecă	Bücherei	fecior	Junge
după masă	am Nachmittag	an	Jahr
acum	jetzt	câți ani au	wie alt sind sie?
acolo	dort	încă	noch
păi	nun	școală	Schule
ceva	etwas	mari *Pl.*	groß
din păcate	leider	băiat	Knabe
puțin	(ein) wenig	tot	auch
bani *Pl.*	Geld	unul	der eine
timp	Zeit	fată	Mädchen
ocupat	besetzt, beschäftigt		
despre	über		

Biserica Stavropoleos
din București

GRAMATICĂ ŞI EXERCIŢII

Die Kurzformen der Hilfsverben

In der Alltagssprache werden für die Hilfsverben meist *Kurzformen* verwendet. Die Formen in eckigen Klammern finden nur im mündlichen Sprachgebrauch Verwendung:

a fi (sein)			Verneinung:		
(eu) sunt	→	[io-s]	(eu) nu sunt	→	*eu nu-s*
(ei, ele) sunt	→	[ei-s], [ele-s]	(ei, ele) nu sunt	→	*ei, ele nu-s*
(el, ea) este	→	*el, ea e*	(el, ea) nu este	→	*el, ea nu-i*

Exerciţiul 1   Completaţi cu formele scurte (Setzen Sie die Kurzformen ein):

El ..... inginer. Ea ..... contabilă. Eu nu-..... acasă. El nu-..... la Bucureşti, ... la Braşov. Ea nu-..... la Braşov, ... la Târgovişte. Ei- ..... acum la bibliotecă. Ele nu-..... acasă. Domnul Popescu nu-..... la bibliotecă, ... la alimentară.

Das Hilfsverb *a avea* (haben) hat nur in der Verneinung eine Kurzform (*n*-):

(eu) nu am	→	*n*-am	(noi) nu avem	→	*n*-avem
(tu) nu ai	→	*n*-ai	(voi) nu aveţi	→	*n*-aveţi
(el, ea) nu are	→	*n*-are	(ei, ele) nu au	→	*n*-au

Exerciţiul 2   Completaţi cu formele scurte:

Eu ..... Domnul Popescu ..... copii. Noi ..... pâine. Ei ..... brânză. Tu ..... puţin timp? Nu, ... Doamna şi domnul Ionescu au copii? Nu, ...

Exerciţiul 3   Formaţi întrebări şi răspunsuri:

Domnul Popescu		brânză?	
Eşti	este	la Bucureşti?	
Doamna Rusu		copii?	
Ai	sunt	aici?	
Tu		pâine?	Nu, ...
Au	are	la Braşov?	
Ei		economist?	
		cafea?	
El	aveţi	contabilă?	
Voi		bilet de avion?	

Der Plural der maskulinen unbestimmten Substantive

Die Pluralendung lautet *-i:*
un fecior – nişte fecior*i,* un câine – nişte câin*i.*

Ausnahme: un copil – nişte cop*ii*

Beachten Sie: nişte ist als unbestimmter Artikel im Nominativ und Akkusativ Plural für alle drei Geschlechter gleich.

Das sieht einfach aus, doch dieses Endungs-i bewirkt eine *Konsonantenalternation* in der letzten Silbe:

-t + i   →   *-ţi*   studen*t*   →   studen*ţi*
-st + i   →   *-şti*   economi*st*   →   economi*şti*
-d + i   →   *-zi*   ghi*d*   →   ghi*zi*

Diese Konsonantenalternationen können auch bei Adjektiven und Verben vorkommen.

Darüber hinaus gibt es *Vokalalternationen*, die durch das *-i* hervorgerufen werden. In den Texten dieser Lektion kommt bereits eine Alternation vor:

-ia-   →   -ie-   bă*ia*t   →   bă*ie*ţi

Exerciţiul 4   Formaţi pluralul (Bilden Sie den Plural):

economist, contabil, domn, ghid, student, client, funcţionar, vânzător, băiat, ziarist.

Die Grundzahlen 11–19

11	unsprezece (unşpe)	15	cincisprezece (cinşpe)
12	doisprezece *m.* (doişpe)	16	şaisprezece (şaişpe)
	douăsprezece *f., n.* (douăşpe)	17	şaptesprezece (şapteşpe)
13	treisprezece (treişpe)	18	optsprezece (optăşpe)
14	paisprezece (paişpe)	19	nouăsprezece (nouăşpe)

Die in Klammern gesetzte Form ist umgangssprachlich.

Beachten Sie: Die Zahl 12 hat eine maskuline und eine feminine bzw. neutrale Form.

Exerciţiul 5   Citiţi: 19, 12, 5, 8, 13, 6, 18, 3, 16, 7, 14, 10, 2, 15, 1, 14, 8, 11, 4, 18, 9, 13.

Exerciţiul 6   Număraţi de la 1 la 19 (Zählen Sie von 1 bis 19).

Şi acum număraţi invers de la 19 la 1 (Und jetzt zählen Sie rückwärts von 19 bis 1)!

Die Grundrechenarten

doi *plus/şi cu* trei *face* cinci (2 + 3 = 5)
şase *minus* doi *face* patru (6 – 2 = 4)
trei *ori* patru *face* doisprezece (3 × 4 = 12)
cincisprezece *împărţit* la trei *face* cinci (15 : 3 = 5)

Exerciţiul 7   Socotiţi (Rechnen Sie):

5 + 6; 7 + 9; 7 + 12; 18 – 6; 15 – 8; 17 – 8; 12 – 3; 3 × 3; 5 × 2; 6 × 3; 7 × 2; 18 : 2; 16 : 8; 15 : 5; 16 : 4.

aici/acolo (hier/dort)

Aici e Bucureşti. *Acolo* e Chişinău.

Exerciţiul 8   Formaţi pluralul:

Aici este un băiat. → *Acolo* sunt nişte băieţi.

Aici este un domn. Aici este un ghid. Aici este un student. Aici este un vânzător. Aici este un funcţionar.

nici ... nici (weder ... noch)

Doamna Popescu nu este *nici* economistă, *nici* ghidă.

Exercițiul 9   Formați propoziții:

Domnul Popescu – ghid – economist – funcționar → Domnul Popescu
nu-i nici ghid, nici economist, este funcționar.

Doamna Popescu – economistă – contabilă – ghidă. Radu – elev – stu-
dent – vânzător. Noi – ghizi – elevi – studenți. Eu – economist – contabil
– ziarist.

Exercițiul 10   Repetați textele lecțiilor 1–3 și răspundeți la întrebări
(Wiederholen Sie die Texte der Lektionen 1–3 und beantworten Sie die
Fragen):

De unde este domnul Olaru? Ce este de meserie? De unde este doamna
Ionescu? Ce este de meserie? Ce este Maria? Ce este Radu? Ce dorește
(möchte) domnul Popescu? Pentru când dorește un bilet? Când este o
cursă la Timișoara? Când este autobuzul?

Ce dorește clientul? Au brânză, carne și pâine de secară? Dar ce au?

Florin este acasă? Unde este el? Când este acasă? Florica și Elena sunt
la bibliotecă? Radu are bani? Dar timp?

Câți copii are doamna Rusu? Câți ani au? Sunt la școală? Și câți copii
are doamna Popescu? Ei sunt elevi?

Exercițiul 11

1. Erzählen Sie, wann Sie zu Hause sind.
2. Erzählen Sie von Ihren Kindern, wie alt sie sind und welchen Beruf
    sie ausüben.

LECŢIA A PATRA

La hotel

Dl.* Müller:	Bună seara.
Recepţionera:	Bună seara.
Dl. Müller:	Aveţi camere libere?
Recepţionera:	Nu, din păcate n-avem nimic liber. Deci, n-avem nici o cameră. Dar la hotelul „Union", tot pe strada Academiei, au poate camere libere.
Dl. Müller:	Mulţumesc.

(Domnul Müller şi doamna Müller sunt acum la hotelul Union.)

Dl. Müller:	Bună seară. Aveţi vreo cameră liberă?
Recepţionerul:	Pentru câte persoane?
Dl Müller:	Pentru două persoane.
Recepţionerul:	Pentru câte nopţi?
Dl. Müller:	Pentru două nopţi.
Recepţionerul:	Da, avem o cameră la etajul trei.
Dl. Müller:	Are şi baie?
Recepţionerul:	Da.
Dl. Müller:	Bine.
Recepţioner:	Buletinul dumneavoastră, vă rog!
Dl. Müller:	N-avem buletine. Avem doar paşapoarte.
Recepţionerul:	Sunteţi străini?
Dl. Müller:	Da, suntem din Germania.
Recepţionerul:	Atunci camera este de şaptezeci şi cinci de dolari.
Dl. Müller:	E cam scump.
Recepţionerul:	Asta este.
Dl. Müller:	Aveţi şi restaurant?
Recepţionerul:	Da, avem. Restaurantul este la dreapta. La stânga este un bar. Au acolo cafele, sucuri şi băuturi alcoolice.
Dl. Müller:	Cărţi poştale aveţi?
Recepţionerul:	Da, avem şi reviste şi ziare.

* Abkürzung für Domnul.

Dl. Müller:	Mulțumesc.
Recepționerul:	Poftim cheia! Aveți bagaje multe?
Dl. Müller	Doar două geamantane grele și o sacoșă ușoară.

În camera de hotel

Dl. Popescu:	Bine ați venit!
Dl. Müller:	Bine v-am găsit!
Dl. Popescu:	Aveți o cameră plăcută.
Dna.* Müller:	Da, e bună. Are și mobilă frumoasă. Avem chiar și fotolii comode.
Dl. Popescu:	Hotelul „Union" este un hotel foarte bun. Este și ieftin.
Dl. Müller:	75 dolari o noapte! Este ieftin?
Dl. Popescu:	E cam scump.
Dna. Müller:	E foarte scump.
Dl. Popescu:	Așa-i în România. Pentru străini e mereu scump.
Dl. Müller:	Nicăieri nu-i ieftin.

VOCABULAR

Ab dieser Lektion werden bei Substantiven die Pluralform, bei Verben die 1. Pers. Sg. Präsens (sollte diese Form dem Wortstamm entsprechen – also das *a* des Infinitivs wegfallen, so steht ø) und das Partizip der Vergangenheit sowie bei Adjektiven die Endungen angegeben. Der Buchstabe nach dem Strich (|) wird durch den Buchstaben nach dem Komma ersetzt.

hotel, -uri	Hotel	buletin, -e	*hier:* Personal-
bună seara	guten Abend		ausweis
camer|ă, -e	Zimmer	vă rog	bitte
liber, -ă, -i, -e	frei	doar	nur
nimic	nichts	pașa|port, -poarte	Paß
deci	also	străin, -i	fremd, Ausländer
nici o	keine	Germania	Deutschland
și	und	atunci	dann
acum	jetzt	cam	ziemlich
vreo	irgendein	scump, -ă, -i, -e	teuer
pentru	für	asta este	das ist es
câte?	wie viele?	restaurant, -e	Gaststätte
persoan|ă, -e	Person	la dreapta	rechts
noapte, nopți	Nacht	la stânga	links
pe	auf	bar, -uri	Bar
etaj, -e	Stockwerk	cafe|a, -le	Kaffee
baie, băi	Bad	suc, -uri	Saft
bine	gut	băutur|ă, -i	Getränk

* Abkürzung für Doamna

alcoolic, -ă, -i, -e	alkoholisch	bine aţi venit	willkommen
carte, cărţi	Buch	bine v-am găsit	Antwort auf
carte poştală	Postkarte		Willkommens-
timbr|u, -e	Marke		gruß
ziar, -e	Zeitung	plăcu|t, -tă, -ţi, -te	angenehm
revist|ă, -e	Zeitschrift	bun, -ă, -i, -e	gut
poftim	bitte	mobil|ă, -e	Möbel
che|ie, -i	Schlüssel	frumo|s, -asă, -şi, -ase	schön
lift, -uri	Fahrstuhl	fotoli|u, -i	Sessel
bagaj, -e	Gepäck	como|d, -dă, -zi, -de	bequem
geamantan, -e	Koffer	foarte	sehr
sacoş|ă, -e	Einkaufstasche	ieftin, -ă, -i, -e	billig
gre|u, -a, -i, -le	schwer	mereu	immer
uşo|r, -ară, -ri, -are	leicht	nicăieri	nirgends

GRAMATICĂ ŞI EXERCIŢII

Der Plural der femininen und neutralen (unbestimmten) Substantive

– *Feminine* Substantive, die im Singular auf *-ă* enden, haben im Plural gewöhnlich die Endung *-e*. (Achtung, es gibt auch Ausnahmen auf *-i.*) Substantive, die im Singular als Endung *-e* haben, bekommen die Endung *-i* und Substantive auf betontes *-ea* bzw. *-a* die Endung *-le:*

o camer*ă* – nişte camer*e*, o bibliotec*ă* – nişte bibliotec*i*, o chei*e* – nişte che*i*, o caf*ea* – nişte cafe*le*, o basm*a* – nişte basma*le*.

Exerciţiul 1   Formaţi pluralul:

a) cameră → Aici este o cameră. → Acolo sunt două camere.

persoană, revistă, elevă, contabilă, economistă, studentă, farmacistă, doamnă, ghidă.

b) băutură → Aici este o băutură. → Acolo sunt două băuturi.

bibliotecă, pâine, cheie.

– *Neutrale* Substantive enden im Plural gewöhnlich auf *-uri*, aber auch auf *-e* und, wenn sie im Singular die Endung *-iu* haben, auf *-i*. Die Singularendung *-u* entfällt hierbei:

un hotel – nişte hotel*uri*, un timbru – nişte timbr*e*, un etaj – nişte etaj*e*, un fotoliu – nişte fotoli*i*.

Exercițiul 2   Formați pluralul:

Aici este un hotel (6). Aici este un drum (2). Hotelul are un etaj (4). Domnul Popescu are un ziar (5). Noi avem un geamantan (6). Ei au doar un bagaj (2). În cameră este un fotoliu (3).

Beachten Sie: Bei zahlreichen femininen und neutralen Substantiven kommt es im Plural zu *Vokalalternationen*:

a/ă	o baie – niște băi	*ea/e*	o seară - niște seri
	o carte – niște cărți		o dimineață – niște dimineți
a/e	o masă – niște mese	*oa/o*	o noapte – niște nopți
	o fată – niște fete		o școală – niște școli
		o/oa	un pașaport – niște pașapoarte

Exercițiul 3   Formați propoziții:

Doamna Popescu – a avea – fată (2) → Doamna Popescu are o fată. Doamna Popescu are două fete.

În cameră – a fi – un fotoliu (4). Pe etaj – a fi – o baie (3). Noi – avem – un ziar (5). Domnul Rusu – a avea – timbru (6). Eu – a avea – un geamantan (6). Noi a avea – un pașaport (2). În cameră – a fi – o masă (2). El – a avea – o carte (7).

Die Adjektive mit 4 Formen

Es gibt Adjektive mit vier, drei und zwei Formen sowie unveränderliche Adjektive. Hier zunächst die *Adjektive mit vier Formen*:

Singular			*Plural*		
M.	N.	F.	M.	N.	F.
bun	bun	bună	buni	bune	bune

Neutrale Substantive und Adjektive verhalten sich im Singular wie maskuline, im Plural jedoch wie feminine Substantive bzw. Adjektive, weshalb die Neutra früher auch *substantive ambigene* (zweigeschlechtliche Substantive) genannt wurden. In älteren Wörterbüchern findet man noch diese Bezeichnung.

Wie bei allen gebeugten Wörtern müssen wieder *Konsonanten-* und *Vokalalternationen* gelernt werden:

	Singular			*Plural*		
	M.	N.	F.	M.	N.	F.
-t/-ţi	mul*t*	mul*t*	mul*tă*	mul*ţi*	multe	multe
-s/-şi	deschi*s*	deschi*s*	deschi*să*	deschi*şi*	deschise	deschise
o/oa	frumos	frum*o*s	frum*oa*să	frum*oşi*	frumoase	frumoase

Das unregelmäßige Adjektiv *greu:*

| greu | greu | gre*a* | gre*i* | gre*le* | gre*le* |

Exerciţiul 4   Exersaţi! (Üben Sie!)

fată – frumos → o fată frumoasă – două fete frumoase.

cafea – ieftin; băiat – frumos; hotel – deschis; cameră – bun; geamantan – greu; sacoşă – greu; băutură – alcoolic; masă – frumos; fotoliu – comod; recepţioneră – amabil; seară – plăcut; noapte – frumos; dimineaţă – plăcut.

Die Grundzahlen 20–100

20	douăzeci	50	cincizeci
21	douăzeci şi unu / una	60	şaizeci
22	douăzeci şi doi / două	70	şaptezeci
30	treizeci	80	optzeci
33	treizeci şi trei	90	nouăzeci
40	patruzeci	100	o sută

Beachten Sie: Ab der Zahl 20 wird die Präposition *de* verwendet:

douăzeci *de* elevi; 35 *de* studenţi

Exerciţiul 5   Citiţi: 35, 79, 83, 96, 22, 43, 64, 51, 15, 94, 6, 75, 18.

Exerciţiul 6   Număraţi de la 25 la 45! (Zählen Sie von 25 bis 45!) Număraţi invers de la 97 la 75! (Zählen Sie rückwärts von 97 bis 75!)

Exerciţiul 7   Socotiţi!

25+75;   44+17;   19+36;   47+36;   71+29;   22-10;   78-29;   99-33;
87-19; 63-23; 13 × 5; 8 × 8; 20 × 5; 11 × 9; 24 × 3; 99:11; 84:4; 36:12;
48:8; 66:11.

Exerciţiul 8   Exersaţi!

40/studentă → patruzeci de studente

22/elev; 52/elevă; 33/ghid; 60/economist; 75/contabilă; 100/student;
85/studentă.

Die Präpositionen în, la, din, pe **und** cu

Nach den Präpositionen hat das Substantiv stets die unbestimmte Form,
es sei denn, das Substantiv wird näher bestimmt: *la hotelul „Union".*

Mit der Präposition *cu* (mit) kann das Substantiv sowohl die bestimm-
te als auch die unbestimmte Form haben:

în (in)	Sunt *în* România. (bei Länderangaben)
	Sunt *în* cameră.
la (in)	Sunt *la* Bucureşti (bei Städteangaben)
	Sunt *la* hotel.
din (aus)	Sunt *din* Braşov.
	Sunt *din* Germania.
pe (auf)	Hotelul este *pe* strada Academiei.
cu (mit)	Sunt *cu* ghidul.
	Sunt *cu* un domn din Braşov.

Exerciţiul 9   Completaţi prepoziţiile:

Suntem ..... Bucureşti. De unde sunteţi? Eu sunt ..... Germania. El este
..... studentul. Hotelul Muntenia este ..... strada Regală. Când eşti acasă?
..... două ore. Unde este hotelul Union? Este ..... drum. De unde sunteţi?
Suntem ..... München ..... cine eşti? Eu sunt ..... ghidul.

Exerciţiul 10   Formaţi propoziţii:

Radu			
Doamna Popescu			România.
Domnul Rusu	suntem	la	bibliotecă.
Noi	este	din	strada Academiei.
Maria	sunt	în	Germania.
Radu şi Florin	sunteţi	pe	hotel.
El			Braşov.
Voi			

Die doppelte Verneinung

Die *doppelte Verneinung* ist typisch für die rumänische Sprache:

N-avem *nici* o cameră. (Wir haben kein Zimmer.) *Nicăieri nu*-i ieftin. (Nirgendwo ist es billig.) *Niciodată nu*-s acasă. (Ich bin nie zu Hause.)

Exerciţiul 11   Formaţi propoziţii:

N-am		o cafea.
Nu-i	nici	acasă.
N-avem	niciodată	ieftin.
El n-are	nicăieri	o cameră liberă.
N-aveţi		timp.

tot

Tot heißt soviel wie *ebenfalls, auch*; kann aber auch *alles* bedeuten. In der Bedeutung *alles* verhält es sich wie ein Adjektiv mit vier Formen (*tot, toată, toţi, toate*). Siehe auch Seite 23.

Exerciţiul 12   Formaţi propoziţii:

Noi			din Germania.
Dl. Popescu	suntem		la bibliotecă.
Maria	este	tot	la Bucureşti.
Radu	sunt		din Braşov.
Eu			în cameră.
Florin şi Maria			la hotel.

Două proverbe

Ai carte, ai parte.   Ai bani, ai prieteni și dușmani.

Exercițiul 13   Übersetzen Sie beide Sprichwörter mit Hilfe des Glossars und erläutern Sie deren Sinn.

Exercițiul 14   Răspundeți:

Au camere libere la hotelul „Negoiul"? Dar la hotelul „Union"? Pentru câte persoane? Pentru câte nopți? Unde este camera? Domnul Müller are buletin? Ce are? Cât costă camera? Ce are hotelul? Unde este restaurantul? Și unde-i barul? Ce au la bar? Unde este liftul? Domnul Müller are multe bagaje? Cum sunt? Cum este camera? Cum sunt serviciile la hotelul „Union"? Cum este hotelul „Union"? Este ieftin?

Exercițiul 15

1. Sie sind im Hotel „Ambasador". Sie wollen zwei Zimmer für drei Nächte. Unterhalten Sie sich darüber, was das Hotel zu bieten hat.
2. Beschreiben Sie das Hotelzimmer.

LECȚIA A CINCEA

La piață

Domnul Müller este acum la piața agricolă. Aici sunt mulți țărani și țărănci din satele apropiate. Au grămezi de fructe și legume.

O țărancă:	Cartofi noi! Legume și fructe proaspete!
Dl. Müller:	Cât costă cartofii?
Țăranca:	200 de lei kilogramul.
Dl. Müller:	2 kilograme de cartofi, vă rog!
Țăranca:	Poftim!
Dl. Müller:	Cât costă conopida?
Țăranca:	150 de lei bucata.
Dl. Müller:	Două bucăți, vă rog!
Țăranca:	Altceva? Poate niște roșii?
Dl. Müller:	Roșiile-s cam verzi, cam crude.
Țăranca:	Nu-s verzi de loc, sunt coapte. Dar poate niște castraveți?
Dl. Müller:	Sunt cam moi și vechi.
Țăranca:	Nu-s vechi, nici moi, sunt tari ca piatra.
Dl. Müller:	Dar strugurii cum sunt? Acri?
Țăranca:	Sunt dulci ca mierea.
Dl. Müller	Dar ei sunt cam mici.
Țăranca:	Asta este. N-am struguri mari.

Un student cam dezordonat

Maria și Florin sunt la Radu acasă.

Radu:	Unde-i caietul meu de lingvistică?
Maria:	Poate pe masă?
Radu:	Pe care masă?
Maria:	Pe masă, unde-i telefonul.
Radu:	Nu-i acolo.
Florin:	Poate pe raftul de cărți.
Radu:	Nu-i nici acolo.
Maria:	Lângă fereastră sunt niște caiete.

Radu: Sunt caietele voastre.
Maria: Nu-s caietele noastre. Tu eşti cel mai dezordonat.
Radu: Mai dezordonat decât Florin sau la fel de dezordonat?
Maria: Eşti mult mai dezordonat decât Florin. Ce culoare are caie-
             tul tău?
Radu: E maro.
Florin: Poate că e în dulap?
Radu: În dulap? Da, iată nişte caiete. Dar nu-s caietele mele. Sunt
             cumva caietele voastre?
Florin: În mod sigur nu-s ale noastre.
Maria: Iată caietul tău! E maro, nu-i aşa?
Radu: Da. Unde-i?
Maria: Sub masă, lângă geam.

Vocabular

pi|aţă, -eţe	Markt	dulc|e, -i	süß
agricol, -ă, -i, -e	Agrar-	miere	Honig
ţăran, -i	Bauer	mic, -ă, -i	klein
ţărancă, ţărănci	Bäuerin	strugur|e, -i	Weintraube
sat, -e	Dorf	dezordonat	unordentlich
grămadă, grămezi	Haufen	acasă	*hier:* zu Hause
fructe *Pl.*	Obst	caiet, -e	Heft
legume *Pl.*	Gemüse	lingvistică	Sprachwissen-
apropia|t, -tă, -ţi, -te	nahe gelegen		schaft
cartof, -i	Kartoffel	masă, mese	Tisch
no|u, -uă, -i	neu	care	welche, -r, -s
proasp|ăt, -ătă, -eţi, -ete	frisch	acolo	dort
conopid|ă, -e	Blumenkohl	raft, -uri	Bord, Fach
bucată, bucăţi	Stück	fere|astră, -stre	Fenster
altceva	etwas anderes	la fel	ebenso
roşi|e, -i	Tomate	mul|t, -tă, -ţi, -te	viel
ver|de, -zi	grün	culoare, culori	Farbe
cru|d, -dă, -zi, -de	roh	maro	braun
co|pt, -aptă, -pţi, -oapte	reif	dulap, -uri	Schrank
castrave|te, -ţi	Gurke	sigur	sicher
mo|ale, -i	weich	iată	siehe
tar|e, -i	hart	definitiv	endgültig
piatră, pietre	Stein	geam, -uri	Fenster
acr|u, -ă, -i, -e	sauer		

Gramatică şi exerciţii

Der bestimmte Artikel (Fortsetzung)

- Für *maskuline* Substantive lautet der bestimmte Artikel im Nominativ
  und Akkusativ Plural -*i:*
  cartoful – cartofi*i*
- Für *feminine* und *neutrale* Substantive lautet der bestimmte Artikel im
  Nominativ und Akkusativ Plural -*le:*
  fata – fete*le*, caietul – caiete*le*.

Exerciţiul 1   Formaţi întrebări şi răspundeţi. Formaţi apoi pluralul.
(Bilden Sie Fragen und antworten Sie darauf. Setzen Sie danach die
Sätze in den Plural):

		ghid			la bibliotecă.
		fată			acolo.
		student			la şcoală.
		elev			aici.
Unde	a fi	economist	?	a fi	la stânga.
		caiet			la Braşov.
		bar			pe masă.
		restaurant			pe strada Academiei.
		hotelul			la dreaptă.

Exerciţiul 2   Formaţi întrebări la plural şi răspundeţi.
(Bilden Sie Fragen im Plural und dann die entsprechenden Antworten):

	cartof?	
	strugure?	
Cât costă	caiet?	Costă … de lei.
	castravete?	
	roşie?	

Das Possessivpronomen

Das als Adjektiv benutzte *Possessivpronomen* (Possessivadjektiv) steht hin-
ter dem Substantiv. Auch hier gilt als Faustregel: die neutrale Form ist
im Singular gleich der maskulinen und im Plural der femininen.

	băiatul	*fata*	*băieţii*	*fetele*
Singular				
1. Person	meu	mea	mei	mele
2. Person	tău	ta	tăi	tale
3. Person	său	sa	săi	sale
Plural				
1. Person	nostru	noastră	noştri	noastre
2. Person	vostru	voastră	voştri	voastre
3. Person	lor	lor	lor	lor

Gebräuchlich für die 3. Person Singular ist auch die Form:

M., N.	*lui*	*lui*	*lui*	*lui*
F.	*ei*	*ei*	*ei*	*ei*

Exerciţiul 3   Formaţi propoziţii:

Fată – eu – a fi – studentă. → Fata mea este studentă.

Băiat – noi – a fi – elev. Caiet – voi – a fi – pe masă. Fecior – el – a fi – la bibliotecă. Carte – noi – a fi – lângă geam. Fată – tu – a fi – studentă. Ghid – ei – a fi – din Bucureşti. Fecior – eu – a fi – economist. Frate – tu – a fi – din Târgovişte? Caiet – noi – a fi – la Radu.

Exerciţiul 4   Formaţi acum pluralul.

Die Adjektive mit 3 und 2 Formen sowie unveränderliche Adjektive

– Adjektive mit drei Formen:

Singular			*Plural*		
M.	N.	F.	M.	N.	F.
mic	mic	mică	mici	mici	mici
lung	lung	lungă	lungi	lungi	lungi
larg	larg	largă	largi	largi	largi

– Adjektive mit zwei Formen:

Singular			*Plural*		
M.	N.	F.	M.	N.	F.
mare	mare	mare	mari	mari	mari
tare	tare	tare	tari	tari	tari
verde	verde	verde	verzi	verzi	verzi
dulce	dulce	dulce	dulci	dulci	dulci

- Unveränderliche Adjektive mit einer Form (meist Farbbezeichnungen fremden Ursprungs):

maro, bej, roz, bordo, gri, mov, crem, vernil.

Exerciţiul 5   (Setzen Sie die Adjektive mit der richtigen Form ein):

Roşia este (mare). Cartofii sunt (mare). Strugurii sunt (dulce). Conopida este cam (vechi). Cartofii sunt cam (vechi). Caietele sunt (bej). Strugurii sunt cam (mic). Roşiile sunt (mic). Conopida este cam (mic).

Die unbestimmte und bestimmte Form der Substantive

- Nach Präpositionen wird – wie bereits erwähnt – grundsätzlich die unbestimmte Form des Substantivs benutzt: pe masă, lângă geam, la hotel.
- Wird jedoch das Substantiv näher bestimmt, verwendet man die bestimmte Form: la hotelul „Union", lângă geamul din dreapta.
- Die bestimmte Form verwendet man auch beim Possessivadjektiv: băiatul meu, fata ta, băieţii noştri, fetele noastre.

Exerciţiul 6   Întrebaţi:

Unde este   un hotel? (Union)   → Unde este hotelul „Union"?
             un restaurant? (Dunărea)
             un bar? (Continental)
             o librărie? (Eminescu)
             o florărie? (Codlea)

Die Steigerung der Adjektive

- Der *Komparativ* (1. Steigerungsstufe) wird mit *mai (puţin) … decât* (weniger als) gebildet:

Radu este *mai* dezordonat *decât* Florin. (Radu ist unordentlicher als Florin.)
Rodica este *mai puţin* dezordonată *decât* Maria. (Rodica ist weniger unordentlich als Maria.)

Wird eine Gleichheit ausdrückt, so sagt man:

la fel de ... ca şi oder *tot atât de ... ca şi* (ebenso ... wie)
Radu este *la fel de* dezordonat *ca şi* Maria. (Radu ist ebenso unordentlich wie Maria)
oder
Radu este *tot atât de* dezordonat *ca şi* Maria.

 – Der *Superlativ* wird mit *cel mai* gebildet:

Radu este *cel mai* dezordnat. (Radu ist der/am unordentlichste/n.)
Hotelul *cel mai* mare este hotelul „Parc". (Das größte Hotel ist das Hotel „Parc".)
Maria este *cea mai* frumoasă fată. (Maria ist das schönste Mädchen.)
La piaţă sunt *cei mai* mari cartofi. (Auf dem Markt sind [gibt es] die größten Kartoffeln.)
La Mamaia sunt *cele mai* mari hoteluri. (In Mamaia sind [gibt es] die größten Hotels.)

cel hat vier Formen:

Singular			*Plural*		
M.	N	F.	M.	N.	F.
cel	ccl	cea	cei	cele	cele

Exerciţiul 7   Exersaţi:

Radu – mare – Florin → Radu este mai mare decât Florin. Radu este cel mai mare.

Rodica – mic – Maria. Hotel „Union" – modern – hotel „Negoiul". Conopidă – proaspăt – roşii. Geamantan – uşor – sacoşa. Restaurant „Parc" – plăcut – restaurant „Pescăruş". Struguri – copt – castraveţi.

Die Grundzahlen ab 100

100	o sută	1.000.000	un milion
200	două sute	2.000.000	două milioane
300	trei sute	3.000.000	trei milioane
1.000	o mie	1.000.000.000	un miliard
2.000	două mii	2.000.000.000	două miliarde
3.000	trei mii	3.000.000.000	trei miliarde
235	două sute treizeci şi cinci		
1.567	o mie cinci sute şaizeci şi şapte		
1.287.543	un milion două sute optzeci şi şapte de mii cinci sute patruzeci şi trei		

Exerciţiul 8   Citiţi: 625; 457; 111; 365; 836; 2.345; 6.987; 8.567; 5.123; 20.111; 35.359; 57.135; 99.000; 200.001; 456.789; 33.697.101; 6.582.222.190; 5.624.507.225.

Partitives de

Wie in allen romanischen Sprachen wird auch im Rumänischen für eine Mengenangabe das partitive *de* verwendet:

un pahar *de* bere; o ceaşcă *de* cafea.

Exerciţiul 9   Traduceţi în limba română (Übersetzen Sie ins Rumänische):

eine Tasse Tee (ceai), ein Glas Wein (vin), eine Tasse Milch (lapte).

care

Das Interrogativpronomen *care?* ist im Nominativ für alle drei Geschlechter gleich und bedeutet *welcher? welche? welches?*

Exerciţiul 10   Formaţi întrebări:

		băiatul lui?
		fetele ei?
	este	caietele voastre?
Care		economista?
	sunt	contabilul?
		cartea noastră?
		ghizii?

unde/de unde? (wo, wohin / woher)

Unde este Radu? *De unde* sunteţi?

Exercițiul 11   Formați întrebări și răspunsuri:

		dl. Popescu?	La restaurant.
De unde		caietul meu?	Din București.
	este	Radu?	Pe masă.
Unde		cartea mea?	În dulap.
		Maria?	La Brașov.

Exercițiul 12   Răspundeți:

Cine este la piața agricolă? Ce au țaranii? Ce are țaranca? Cât costă carto-
fii? Cât costă conopida? Cum sunt roșiile? Dar castraveții? Și strugurii
cum sunt? Țaranca are struguri mari? Cum este Radu? Caietul său este
pe raftul de cărți? Dar pe masă? Sau lângă scaun? Poate în dulap? Unde
este caietul lui Radu?

Exercițiul 13

1. Sie befinden sich auf einem Marktplatz und wollen Obst und Gemüse
   kaufen. Führen Sie ein Gespräch!
2. Sie suchen Ihr Heft. Es ist nirgends. Schließlich finden Sie es unter
   dem Tisch.

Exercițiul 14   Traduceți cu ajutorul glosarului (Übersetzen Sie mit
Hilfe des Glossars):

O glumă

Tovarășa Ceaușescu este la Luvru, la Paris.

Coana Lenuța:	Uite, un Renoar!
Ghidul:	Nu-i Renoir, e Matisse.
Coana Lenuța:	Uite aici, e Manett.
Ghidul:	Doamnă, nu-i Manet, este Monet.
Coana Lenuța:	Dar aici e un Van Gog!
Ghidul:	Nu-i nici Van Gogh, e Toulouse-Lautrec.
Coana Lenuța:	Dar aici este „Țaranca română" de Grigorescu.
Ghidul:	Nu, doamnă, este o oglindă venețiană!

LECȚIA A ȘASEA

O garsonieră de student

Florin este student la chimie. El are o garsonieră mică în cartierul Cotroceni din București, pe strada Dr. Lister 52. Garsoniera se află la etajul doi. Este o mansardă cu intrare separată. Are numai o cameră care este dormitor, cameră de zi și sufragerie în același timp. Are și o chicinetă, o toaletă și duș. Din păcate n-are bucătărie.

Lângă ușă este șifonierul. Lângă șifonier are patul, iar lângă pat este o noptieră cu o veioză. Vizavi de pat se află un birou mare cu multe rafturi și un scaun. Are și o mică bibliotecă cu multe cărți de chimie, dar și de literatură. Florin are multe cărți în limbi străine, în germană, engleză și franceză. Pe bibliotecă sunt un televizor și un radiocasetofon.

Are și o lampă în cameră. Pe podea este un covor mare. Pe pereți are niște tablouri. Sunt peisaje.

Camera are o singură fereastră. Sub fereastră se află caloriferul.

Chicineta este foarte mică. Din păcate nu este mare ca o bucătărie. Acolo se află mașina de gătit și un dulap cu tacâmuri și veselă, o masă mică cu două scaune.

Este o locuință agreabilă și Florin este mereu acasă când nu este la facultate sau la bibliotecă. Nu-i niciodată singur acasă. Mereu este cu o prietenă. Florin are multe prietene.

Câte ceva despre România

România se află în Europa de sud-est. Are o suprafață de 237.000 kilometri pătrați și o populație de 23 de milioane de locuitori. Majoritatea sunt români (82 la sută), dar sunt și maghiari, germani, ucrainieni, sârbi, turci, tătari și alte naționalități.

Capitala este București (2 milioane de locuitori). Bucureștiul este un oraș frumos cu multe parcuri și lacuri, cu clădiri vechi și frumoase, dar și cu blocuri noi și urâte.

În sud se află Muntenia, în sud-est Dobrogea, în est Moldova, în vest Banatul, în nord Maramureșul, iar în mijloc Transilvania (Ardealul).

Vocabular

garsonier|ă, -e	Appartement	calorifer, -e	Heizung
chimie	Chemie	mașină de gătit	Kochherd
cartier, -e	Stadtviertel	tacâmuri *Pl.*	Besteck
se află	befindet sich	veselă	Geschirr
mansard|ă, -e	Mansarde	agreabil	angenehm
intr|are, -ări	Eingang	facult|ate, -ăți	Fakultät
separa|t, -tă, -ți, -te	separat	singur, -ă, -i, -e	allein
dormit|or, -oare	Schlafzimmer	prieten|ă, -e	Freundin
cameră de zi	Wohnzimmer	câte ceva	etwas, einiges
sufrageri|e, -i	Speisezimmer	despre	über
chicinet|ă, -e	Kochnische	sud-est	Süd-Osten
toalet|ă, -e	Toilette	supra|față, -fețe	Oberfläche
duș, -uri	Dusche	pătra|t, -ți	Quadrat
șifonier, -e	Wäsche-	populați|e, -i	Bevölkerung
	schrank	majoritate	Mehrheit
pat, -uri	Bett	român, -i	Rumäne
noptier|ă, -e	Nachttisch	german, -i	Deutscher
veioz|ă, -e	Nachttisch-	maghiar, -i	Ungar
	lampe	ucraini|an, -eni	Ukrainer
vizavi	gegenüber	sârb, -i	Serbe
birou, -uri	*hier:* Schreib-	turc, -i	Türke
	tisch	tătar, -i	Tatare
scaun, -e	Stuhl	al|t, -tă, -ți, -te	ander-
literatur|ă, -i	Literatur	naționalit|ate, -ăți	Nationalität
mul|t, -tă, -ți, -te	viel	capital|ă, -e	Hauptstadt
limb|ă, -i	Sprache,	oraș, -e	Stadt
	Zunge	parc, -uri	Park
limbă străină	Fremdsprache	lac, -uri	See
germană	Deutsch	clădir|e, -i	Gebäude
engleză	Englisch	bloc, -uri	Wohnblock
franceză	Französisch	urâ|t, -tă, -ți, -te	häßlich
televiz|or, -oare	Fernseher	sud	Süden
radiocaseto|fon,	Kassetten-	Muntenia	Walachei
-foane	rekorder	est	Osten
tavan, -e	Zimmerdecke	vest	Westen
pode|a, -le	Fußboden	Banat	Banat
cov|or, -oare	Teppich	nord	Norden
pere|te, -ți	Wand	Dobrogea	Dobrudscha
lampă, lămpi	Lampe	Maramureș	Marmarosch
tablou, -ri	Bild	Transilvania	Siebenbürgen
peisaj, -e	Landschaft	[Ardeal]	

Ciorbă de peşte

Exerciţii recapitulative (Wiederholungsübungen)

1. *Bilden Sie die bestimmte Form Singular sowie die unbestimmte und bestimmte Form Plural von folgenden Wörtern*

student, elev, studentă, elevă, contabil, economist, contabilă, economistă, ghid, autobuz, pâine, bilet, frate, câine, masă, bibliotecă, copil, băiat, ziarist, vânzătoare, ghidă, fecior, fată, persoană, cameră, recepţioner, noapte, hotel, drum, recepţioneră, străin, cafea, băutură, restaurant, oficiu, carte, ilustrată, lift, ziar, revistă, sacoşă, suc, fotoliu, serviciu, caiet, cartof, strugure, conopidă, roşie, raft, fereastră, dulap, garsonieră, cartier, mansardă, etaj, intrare, chicinetă, toaletă, duş, păcat, bucătărie, uşă, şifonier, pat, dormitor, noptieră, veioză, birou, televizor, radiocasetofon, lampă, podea, covor, geam, perete, calorifer, tacâm, locuinţă, facultate, prieten.

2. *Bilden Sie die feminine Form*

El este *elev* şi ea este *elevă*.

contabil, doctor, student, economist, şofer, ghid, recepţioner, prieten, casier, vânzător, ziarist.

3. Antworten Sie auf die Frage: Cât e ceasul?

9.45 Uhr; 10.30 Uhr; 8.03 Uhr; 12.15 Uhr; 14.10 Uhr; 18.30 Uhr;
22.15 Uhr; 5.45 Uhr.

4. Setzen Sie die Kurzform von a fi *oder* a avea *ein*

Eu nu am pâine. El este din Braşov. Noi nu avem niciodată timp. Ele sunt
la bibliotecă. Ea nu este acasă. Voi nu aveţi nici carne. Maria şi Radu nu
au acum timp. Ei nu sunt la piaţă.

5. Bilden Sie Sätze nach folgendem Muster

Vă rog un *pahar de vin.* → Poftim paharul de vin.

ceaşcă de cafea, caiet de matematică, carte de chimie, televizor, radioca-
setofon, kilogram de cartofi, o felie (Scheibe) de pâine.

6. Lösen Sie die Klammern auf und setzen Sie statt der Personalpronomen die
   Possessivpronomen ein

Fratele (eu) este acum la piaţă. Copii (noi) sunt acum la şcoală. Băiatul
(el) este la facultate. Fata (ea) este elevă. Soţia (eu) este economistă. Fra-
tele (tu) este ziarist. Fata (el) este doctoriţă. Fetele (eu) sunt studente.
Copiii (voi) sunt acum la bibliotecă. Soţiile (noi) sunt acum la Bucureşti.
Copiii (ei) sunt la şcoală.

7. Bilden Sie Sätze nach folgendem Muster, und setzen Sie die Sätze dann in
   den Plural

Geamantanul este greu (sacoşa) → Dar şi sacoşa este grea.

Cartoful este proaspăt (conopidă). Hotelul este mare (cameră). Băiatul
este mic (fată). Studentul este bun (studenta). Dulapul este mare (raft).
Fotoliul este comod (patul). Sucul este bun (cafea). Ziarul este interesant
(revistă). Timbrul este frumos (ilustrată).

8. Rechnen Sie

$345 + 987$; $123 + 543$; $1.234 + 6.543$; $864 - 420$; $753 - 531$;
123×234; 1.234×5.678; $567 : 9$; $144 : 12$; $6.600 : 110$.

9. Beantworten Sie die Fragen

Ce este Florin? Florin are locuinţă? Unde se află locuinţa sa? Are două
camere? Dar bucătărie? Unde se află şifonierul? Ce are în bibliotecă? Şi
pe bibliotecă? Cum este chicineta? Ce se află acolo? Cum este locuinţa?
Când este Florin acasă? E singur? Are o prietenă? Unde se află România?
Ce suprafaţă are? Ce naţionalităţi sunt în România? Cum este Bucu-
reştiul? Cum sunt clădirile? Sunt şi clădiri noi? Cum sunt ele? Unde se
află Muntenia? Dar Dobrogea? Şi Transilvania?

Citiţi cu glosarul (Lesen Sie mit Hilfe des Wörterverzeichnisses):

La alimentară

Un bătrân:	Doamnă, aveţi muşchi ţigănesc?
Vânzătoarea:	Nu, tataie, n-avem.
O bătrână:	Dar şvaiţer aveţi?
Vânzătoarea:	N-avem nici şvaiţer, mamaie.
Bătrânul:	Aveţi cumva şuncă de Praga?
Vânzătoarea:	Nici vorbă.
Bătrâna:	Şi telemea?
Vânzătoarea:	De mult nu mai avem telemea.
Bătrânul:	Dar salam de Sibiu?
Vânzătoarea:	Nici măcar o felie!
Apoi vânzătoarea către colega ei:	Ce memorie are baba!
Colega:	Dar moşul!

TEST 1

Kreuzen Sie von den drei Möglichkeiten die richtige an*:

1. a) Eu sunt din Brasov. ☐
    b) Eu sunt din braşov. ☐
    c) Eu sunt din Braşov. ☐

2. a) Domnul Popescu este contabilă. ☐
    b) Domnul Popescu este studentar. ☐
    c) Domnul Popescu este economist. ☐

3. a) Doamna Ionescu sunt din Târgovişte. ☐
    b) Doamna Ionescu este din Târgovişte. ☐
    c) Doamna Ionescu eşti din Târgovişte. ☐

4. a) Dumneavoastră sunteţi studentă? ☐
    b) Dumneavostră eşti studentă? ☐
    c) Dumneavostră suntem studentă? ☐

5. a) Unde este domnul Rusu de meserie? ☐
    b) Cine este domnul Rusu de meserie? ☐
    c) Ce este domnul Rusu de meserie? ☐

6. a) Sunteţi cafea? ☐
    b) Aveţi cafea? ☐
    c) Eşti cafea? ☐

7. a) 9 – opt ☐
    b) 9 – zece ☐
    c) 9 – nouă ☐

8. a) Cât au ceasul? ☐
    b) Cât este ceasul? ☐
    c) Cât sunt ceasul? ☐

9. a) Nu avem dar carne. ☐
    b) Nu avem nici carne. ☐
    c) Nu avem fără carnea. ☐

* Lösungen siehe S. 208

10. a) Vânzătora   ☐
     b) Vânzătoarea   ☐
     c) Vânzătoarul   ☐

11. a) Radu este din bibliotecă.   ☐
     b) Radu este la bibliotecă.   ☐
     c) Radu este după bibliotecă.   ☐

12. a) Eu nu-s pâine.   ☐
     b) Eu n-am pâine.   ☐
     c) Eu nu-i pâine.   ☐

13. a) Câţi copii aveţi?   ☐
     b) Cât copii aveţi?   ☐
     c) Câte copii aveţi?   ☐

14. a) Eu am cinci băiate.   ☐
     b) Eu am cinci băiaţi.   ☐
     c) Eu am cinci băieţi.   ☐

15. a) Şasesprezece   ☐
     b) Şasesprezeci   ☐
     c) Şaisprezece   ☐

16. a) Este ora 21. Bună ziua.   ☐
     b) Este ora 21. Bună dimineaţa.   ☐
     c) Este ora 21. Bună seara.   ☐

17. a) Aici sunt nişte cărţi bune.   ☐
     b) Aici sunt nişte carţi bune.   ☐
     c) Aici sunt nişte carte bune.   ☐

18. a) Hotela este bună?   ☐
     b) Hotel este bun?   ☐
     c) Hotelul este bun?   ☐

19. a) Domnul Popescu are o fată frumoasă.   ☐
     b) Domnul Popescu are o fată frumosă.   ☐
     c) Domnul Popescu are o fată frumoase.   ☐

20. a) În Bucureşti sunt mulţi hoteluri.   ☐
     b) În Bucureşti sunt multe hoteluri.   ☐
     c) În Bucureşti sunt multă hoteluri.   ☐

21. a) Sunt la România. ☐
    b) Sunt în România. ☐
    c) Sunt pe România. ☐

22. a) Fratele ta este ziarist. ☐
    b) Fratele tăi este ziarist. ☐
    c) Fratele tău este ziarist. ☐

23. a) Fereastra este deschis. ☐
    b) Fereastra este deschisă. ☐
    c) Fereastra este deschişi. ☐

24. a) Unde sunt paşaporturile Dumneavoastră? ☐
    b) Unde sunt paşaporţii Dumneavoastră? ☐
    c) Unde sunt paşapoartele Dumneavoastră? ☐

25. a) Cartofele sunt ieftini. ☐
    b) Cartoafele sunt ieftini. ☐
    c) Cartofii sunt ieftini. ☐

26. a) Cât costă conopida? ☐
    b) Cât are conopida? ☐
    c) Cât este conopida? ☐

27. a) Roşiile sunt mari. ☐
    b) Roşiile sunt mare. ☐
    c) Roşiile sunt marele. ☐

28. a) Veioza este roză. ☐
    b) Veioza este roz. ☐
    c) Veioza este roze. ☐

29. a) Radu are o locuinţa cu două camere. ☐
    b) Radu are un etaj cu două camere. ☐
    c) Radu are o garsonieră. ☐

30. a) Românii sunt catolici. ☐
    b) Românii sunt protestanţi. ☐
    c) Românii sunt ortodocşi. ☐

Sie haben ..... von ingesamt 30 Punkten erzielt.

30-25 Punkte: ausgezeichnet   24-20 Punkte: sehr gut
19-15 Punkte: gut
14-0 Punkte: Wiederholen Sie nochmals die Lektionen 1-6!

LECȚIA A ȘAPTEA

Într-o zi de vară

E cald afară. Rodica și Mihai umblă prin oraș. Le place berea. Acum intră la restaurant. Comandă două beri.

Ospătarul:	Nu mâncați nimic? Poate niște saleuri sau arahide?
Mihai:	Consumăm numai repede o bere. Nu prea avem timp.
Ospătarul:	Bine, atunci două beri.

Rodica și Mihai beau berea și fumează.

Rodica:	Află că fumezi cam mult!
Mihai:	Cine umblă și lucrează mult, și fumează mult.
Rodica:	Dar acum nu umbli și nici nu lucrezi.
Mihai:	Beau bere. E muncă, dragă!

Vă place mâncarea românească?

Dl. Stanciu:	Vă place mâncarea românească?
Dl. Müller:	Cui nu-i place?
Dl. Stranciu:	Ce vă place?
Dl. Müller:	Îmi plac sarmalele și ciorbele.
Dl. Stanciu:	Vă place și ciorba de burtă?
Dl. Müller:	Așa și așa.
D-na Müller:	Da, de unde! Îi place. Când este în România, mănâncă numai ciorbă de burtă.
Dl. Stanciu:	Dar tuslamaua?
D-na Müller:	Vai, nu ne place de loc. În schimb ne place salata de roșii cu telemea.
Dl. Stanciu:	Dar vinurile românești?
D-na Müller:	Cum să nu? Ne plac.
Dl. Stanciu:	Atunci degustăm vinurile românești.
D-na Müller:	Când? Acum?
Dl. Stanciu:	Azi e miercuri.
Dl. Müller:	Nu, e joi.

Dl. Stanciu:	Deja joi?
Dl. Müller:	Da, joi.
Dl. Stanciu:	Joia şi vinerea n-am niciodată timp. Am şedinţe.
D-na Müller:	Ce păcat!
Dl. Stanciu:	Dar poate sâmbătă sau duminică să aveţi timp.
Dl. Müller:	Duminică e perfect.
D-na Müller:	Rezişti până atunci?
Dl. Müller:	Încerc.

VOCABULAR

într-o	in einer	plăcea, plac,	mögen, gefallen
zi, -le	Tag	plăcut	
vară, veri	Sommer	mâncare,	Essen, Speise
cal|d, -dă, -zi, -de	warm	mâncăruri	
afară	draußen	cui?	wem?
umbl|a, -u, -at	herumgehen	sarma, -le	Kohlroulade
prin	durch	ciorb|ă, -e	saure Suppe
intr|a, -u, -at	hineingehen	ciorbă de burtă	Kaldaunensuppe
comand|a, ø, -at	bestellen	bur|tă, -ţi	Bauch
ospătar, -i	Kellner	tuslama	Kaldaunenspeise
mânca,	essen	în schimb	hingegen
mănânc, -t		salat|ă, -e	Salat
nimic	nichts	telemea	Schafskäse (Feta)
saleu, -ri	Salzgebäck	vin, -uri	Wein
arahid|ă, -e	Erdnuß	cum să nu?	wie nicht?
repede	schnell	degusta, ø	kosten, probieren
nu prea	nicht sehr, kaum	miercuri	Mittwoch
timp, -uri	Zeit	azi	heute
bine	gut	joi	Donnerstag
atunci	dann	joia	donnerstags
bea, -u, băut	trinken	vinerea	freitags
fum|a, -ez, -at	rauchen	deja	schon, bereits
cam	ziemlich	iar	und
mul|t, -tă, -ţi, -te	viel	şedinţ|ă, -e	Sitzung
afl|a, -at	erfahren	ce păcat!	wie schade!
lucr|a, -ez, -at	arbeiten	sâmbătă	Sonnabend
nici nu	auch nicht	duminică	Sonntag
munc|ă, -i	Arbeit	perfect	in Ordnung, o. k.
dragă	liebe	rezist|a, ø, -at	durchhalten
când	wann, wenn	încerc|a, ø, -at	versuchen

În Delta Dunării

GRAMATICĂ ȘI EXERCIȚII

Das Präsens der Verben auf -a

Das Rumänische unterscheidet fünf Konjugationen, die folgende Gemeinsamkeiten aufweisen:

- Die 2. Person Singular endet stets auf *-i;*
- die 1. Person Plural auf *-m* und
- die 2. Person Plural auf *-ți.*

Das *-i* der 2. Person Singular bewirkt eine Reihe von *Konsonantenalternationen,* die wir bereits zum Teil von der Pluralform der Substantive her kennen:

c + *i* →	*ci* [tsch^i]	eu încer*c*	tu încer*ci*	(a încerca – versuchen)
g + *i* →	*gi* [dsh^i]	eu aler*g*	tu aler*gi*	(a alerga – laufen)
d + *i* →	*z*	eu acor*d*	tu acorzi	(a acorda – gewähren)
s + *i* →	*ș*	eu la*s*	tu la*și*	(a lăsa – lassen)
sc + *i* →	*șt*	eu ca*sc*	tu ca*ști*	(a căsca – gähnen)
st + *i* →	*șt*	eu rezi*st*	tu rezi*ști*	(a rezista – aushalten)
șc + *i* →	*șt*	eu mu*șc*	tu mu*ști*	(a mușca – beißen)

Zu den Vokalalternationen siehe ab Lektion 13.

Der Infinitiv besteht aus der Partikel *a* + Verb. Die Partikel *a* hat eine ähnliche Funktion wie im Englischen *to* und wird nicht übersetzt.
Die Verben, deren Infinitiv auf -a endet, sind in *zwei Untergruppen* aufgeteilt: die eine erhält im Singular kein Suffix, die andere das Suffix *-ez*.

Beachten Sie: Beim Infinitiv ist stets die letzte Silbe betont. Innerhalb der Konjugation wird die Betonung im Singular auf den Stammvokal verlagert. Das gilt für alle Konjugationen. Bei der zweiten Untergruppe liegt die Betonung auf der Endung:

	a consuma (verbrauchen, verzehren)	*a lucra* (arbeiten)
(eu)	consum	lucrez
(tu)	consumi	lucrezi
(el, ea)	consumă	lucrează
(noi)	consumăm	lucrăm
(voi)	consumaţi	lucraţi
(ei, ele)	consumă	lucrează

Aus phonetischen Gründen haben Verben, deren Stamm auf *-fl, -bl, -tr* endet, in der 1. Person Singular die Endung *-u*: a umbla – eu umbl*u*; a intra – eu intr*u*.

Verben, die auf *-ia* enden, haben statt *-ează* die Endung *-ază* (3. Person Singular und Plural) und statt *-ăm* die Endung *-em*: studi*ază* und studi*em*. *Beachten Sie*, daß die 3. Person Singular und Plural gleich sind.

Exerciţiul 1   Răspundeţi la întrebări:

Fumezi mult? Da, fumez mult.

Consumi multă bere? Studiezi acum? Rezişti până mâine? Mănânci mult? Bei multă bere? Umbli mult? Lucrezi astăzi? Comanzi o bere? Consumi nişte saleuri?

Exerciţiul 2   Formaţi acum pluralul.

Exerciţiul 3   Formaţi propoziţii:

Florin – a studia acum – Rodica. → Florin studiază acum şi Rodica studiază acum.

Mihai – a mânca mult – Raluca. Elena – a lucra puţin – Domnul Stanciu. Radu – a bea multă bere – Florin şi Bogdan. Raluca – a umbla toată ziua – Elena. Domnul Müller – a studia limba română – doamna Müller. Florin – a comanda o bere – Radu şi Mihai.

Die unregelmäßigen Verben a mânca **und** a bea

	a mânca (essen)	a bea (trinken)
(eu)	mănânc	beau
(tu)	mănânci	bei
(el, ea)	mănâncă	bea
(noi)	mâncăm	bem
(voi)	mâncaţi	beţi
(ei, ele)	mănâncă	beau

Beachten Sie: Beim Verb *a bea* ist die 1. Person Singular mit der 3. Person Plural formengleich, was für die *ea-Gruppe* typisch ist. Darüber mehr in Lektion 9 (S. 61).

Exerciţiul 4   Răspundeţi la întrebare:

− Ce mănânci?

~ Mănânc ...

mici, sarmale, roşii, pâine de secară, brânză de vaci, pastă de peşte, muşchi ţigănesc, salam de Sibiu, şvaiţer, şuncă de Praga, telemea, ciorbă de burtă, salată de roşii, ciorbă de conopidă, salată de castraveţi, struguri.

Exerciţiul 5   Repetaţi exerciţiul 4 la forma de politeţe şi la plural (Wiederholen Sie Übung 4 in der Höflichkeitsform und im Plural).

Exerciţiul 6   Răspundeţi la întrebare:

− Ce bei?

~ Beau ...

cafea, vin, bere, băuturi alcoolice, whiski, rom, suc, cola.

Das (betonte) Personalpronomen im Dativ

In dem Text „Vă place ..." steht die Dativform des Personalpronomens mit dem Verb *a plăcea*, das hier mit „mögen" (wortwörtlich: *îmi place* − mir gefällt) übersetzt werden kann. Es gibt eine Kurz- und eine Langform:

	kurz	*lang*
(mir)	*îmi*	*mie*
(dir)	*îţi*	*ţie*
(ihm, ihr)	*îi*	*lui, ei*
(uns)	*ne*	*nouă*
(euch)	*vă*	*vouă*
(ihnen)	*le*	*lor*

Die kurze Form ist geläufiger als die lange. Die Langform wird in Kombination mit der kurzen Form verwendet, wenn man etwas betonen will:

Mie îmi place ciorba de burtă şi nu *ţie*. (*Mir* schmeckt die Kaldaunensuppe und *dir* nicht.)

Die lange Form wird gewöhnlich als Antwort auf die Frage *cui?* (wem?) verwendet:

Cui îi place ciorba de burtă?   *Mie.*
                                                        Mie nu.

Die *Verneinung der Kurzform* wird nur im Singular zusammengezogen:

(eu)	*nu-mi*
(tu)	*nu-ţi*
(el, ea)	*nu-i*

Exerciţiul 7

– Îţi place cafeaua?
~ Cum să nu, îmi place.

salata de castraveţi, telemeaua, vinul, berea, salata de roşii, ciorba de burtă, salamul de Sibiu, pâinea de secară, şunca de Praga, brânza de vaci, mierea.

Exersaţi de asemenea:

~ Vai, nu-mi place de loc.

Exerciţiul 8   Exersaţi şi forma de politeţe (Höflichkeitsform) şi pluralul.

Exerciţiul 9   Exersaţi:

- Îţi plac sarmalele?
~ Da, desigur. Îmi plac.

arahidele, roşiile, castraveţii, cafelele, vinurile româneşti, ciorbele, saleurile, sucurile, strugurii.

Exersaţi de asemenea:

~ Nu, nu-mi plac.

Exerciţiul 10   Exersaţi:

- Cui îi place mierea? (eu)
~ Mie.

noi, tu, ei, el, voi, ea, ele.

Exersaţi de asemenea:

~ Mie îmi place.

Exerciţiul 11   Completaţi:

Doamna Istrate lucr..... la hotelul „Ambasador". Noi lucr..... toată ziua.
Rezi..... până mâine? Eu rezi..... Radu fum..... puţin, dar Viorel fum.....
mult. Raluca măn..... toată ziua. Noi be..... bere, dar nu be..... cafea.
Doamna Stanciu be..... multe cafele pe zi. Când degust..... vinurile româneşti?

Die Wochentage

luni	Montag	lunea	montags
marţi	Dienstag	marţea	dienstags
miercuri	Mittwoch	miercurea	mittwochs
joi	Donnerstag	joia	donnerstags
vineri	Freitag	vinerea	freitags
sâmbătă	Samstag	sâmbăta	samstags
duminică	Sonntag	duminica	sonntags

Exercițiul 12   Răspundeți la întrebări:

Când aveți ședință? (marți.) Când este Radu acasă? (luni.) Când ești la facultate? (joi și vineri.) Iar când ești la bibliotecă? (miercuri.) Când nu lucrezi? (sâmbătă și duminică.)

Exercițiul 13

1. Sie sind in einer Bierstube. Der Ober kommt und sie bestellen Bier und Erdnüsse. Dann bezahlen Sie.
2. Unterhalten Sie sich über rumänische Gerichte. Was schmeckt Ihnen? Was schmeckt Ihnen nicht?

Citiți cu glosarul:

O întâmplare adevărată

Domnul Botescu este crainic la Radio București. Discută despre bani. Peste cinci minute intră în studio și anunță ora exactă:

– Este ora nouă și treizeci de bani.

LECŢIA A OPTA

Ce ghinionist sunt

Mihai, Radu, Bogdan şi Florin sunt studenţi. Acum vin de la cursuri.

Radu:	Mi-e sete. Vreau să beau ceva. Bem o bere?
Florin:	N-am bani şi mi-e lene.
Bogdan:	Nici eu n-am bani şi mi-e somn. Vreau acasă!
Mihai:	Bani n-am nici eu, dar mi-e foame! Vreau mici!
Radu:	Dacă n-aveţi bani nu-i nimic. Plătesc eu.
Mihai:	Auziţi, Radu plăteşte. Hai, să mâncăm ceva. Mi-e foame.
Florin:	Cui îi este foame?
Mihai:	Mie. Fug toată ziua de colo-colo. Acum mi-e foame.
Florin:	Şi eu fug toată ziua şi acum mi-e frig. Şi eu vreau acasă.
Radu:	Iar mie mi-e cald şi sete. Hai la restaurant. Doar plătesc eu!
Mihai:	Da, hai să intrăm la o berărie.

Prietenii găsesc repede o berărie şi intră.

Radu:	Unde stăm?
Florin:	Ştiu şi eu?
Mihai:	Tu nu ştii niciodată nimic.
Radu:	Vreţi să stăm aici?
Mihai:	Mi-e indiferent. Numai să mâncăm.
Radu:	Hai să stăm acolo în colţ. Acolo e linişte.

Acum vine şi ospătarul.

Ospătarul:	Ce doriţi?
Radu:	Aveţi bere la sticlă sau la halbă?
Ospătarul:	La halbă.
Radu:	Patru halbe, vă rog.
Mihai:	Şi nişte mici, vă rog.
Ospătarul:	Din păcate astăzi nu avem mâncare.
Mihai:	Ce ghinionist sunt!

Din păcate îmbătrânesc

Dl. Stanciu: Când este ziua dumneavoastră de naştere?
Dl. Müller: Pe data de 8 iunie.
Dl. Stanciu: Şi câţi ani împliniţi?
Dl. Müller: Nu vreţi să ghiciţi?
Dl. Stanciu: Nu ghicesc niciodată!
Dl. Müller: Împlinesc 50 de ani!
Dl. Stanciu: Ce aniversare!
Dl. Müller: Da de unde! Imbătrânesc!
Dl. Stanciu: Cu toţii îmbătrânim.

Vocabular

ghinioni|st, -şti	Pechvogel	găs|i, -esc, -it	finden
veni, vin, -t	kommen	sta, -u, -t	stehen
de la	von	şti, -u, -ut	wissen
curs, -suri	Vorlesung	niciodată	nie
sete	Durst	indiferen|t, -tă, -ţi, -te	einerlei,
vrea, -u, vrut	wollen		gleichgültig
bani *Pl.*	Geld	numai	nur
lene	Faulheit	acolo	dort
somn	Schlaf	colţ, -uri	Ecke
acasă	*hier:* nach Hause	linişte	Ruhe
foame	Hunger	dor|i, -esc, -it	wünschen
mici *Pl.*	Kebabčiči	sticl|ă, -e	Flasche
	(gegrillte Knoblauch-	halb|ă, -e	Seidel
	würstchen)	îmbătrân|i, -esc, -it	altern
au|zi, -d	hören	naşter|e, -i	Geburt
plăt|i, -esc, -it	zahlen	zi, -le	Tag
hai!, haideţi!	los!	zi, -le de naştere	Geburtstag
fug|i, ø, -it	laufen, rennen	dat|ă, -e	Datum
de colo-colo	hin und her	an, -i	Jahr
tot	alles	împlin|i, -esc, -it	erfüllen
frig	kalt	ghic|i, -esc, -it	raten
doar	doch	anivers|are, -ări	Jahrestag
berări|e, -i	Bierstube	toţi	alle

GRAMATICĂ ŞI EXERCIŢII

Das Präsens der Verben auf -i

Vor den Verben auf -*i* eine Übung zur Konsonantenalternation:

Exerciţiul 1   -sc + i =; -d + i =; -g + i =; -t + i =; -şc + i =; -s + i =;
-c + i =; -st + i =.

Versuchen Sie, je ein Beispiel dafür zu geben.

Die *i-Gruppe* besteht wie die a-Gruppe aus zwei Untergruppen: eine
ohne Suffix und eine mit dem Suffix -*esc*. Was die Betonung anbelangt,
gilt das gleiche wie bei den Verben auf -*a* (siehe Seite 47).

	a fugi (laufen)	*a plăti* (zahlen)
(eu)	fug	plăt*esc*
(tu)	fug*i*	plăt*eşti*
(el,ea)	fug*e*	plăt*eşte*
(noi)	fug*im*	plăt*im*
(voi)	fug*iţi*	plăt*iţi*
(ei, ele)	fug	plăt*esc*

Beachten Sie, daß die 1. Person Singular mit der 3. Person Plural iden-
tisch ist. Über die Vokalalternation dann mehr ab Lektion 13.

Aus phonetischen Gründen lauten die 1. Person Singular und die 3. Per-
son Plural von *a şti* – eu şti*u* bzw. ei şti*u*.

Das Verb *a veni* ist im Singular unregelmäßig:

(eu)	vin	(noi)	venim
(tu)	*vii*	(voi)	veniţi
(el,ea)	vine	(ei, ele)	vin

Exerciţiul 2   Exersaţi:

– Cine plăteşte? (Dl. Müller)
~ Domnul Müller plăteşte.

Radu, tu, noi, Elena şi Raluca, ea, eu, voi.

Exerciţiul 3   Exersaţi:

− Ce doriţi? (o cafea)
~ Doresc o cafea.

o ciorbă de burtă, o bere, un pahar cu vin, o pâine de secară, o cameră cu
două paturi, nişte ziare, trei timbre, o salată de roşii, nişte struguri, doi
mici.

Exersaţi de asemenea:

~ Dorim …

Exerciţiul 4   Exersaţi:

− Ştii unde este Radu?
~ Din păcate nu ştiu.

Cât costă revista? Unde este Radu? De unde este Florin? Când vine dom-
nul Stanciu? Ce profesie are doamna Popescu? Câţi ani are domnul Mül-
ler? Ce doreşte Florica?

Exersaţi şi pluralul.

Exerciţiul 5

− Când vii? (tu)
~ Nu ştiu.
− Ce păcat!

Doamna Popescu, voi, Radu şi Florica, el.

Die unregelmäßigen Verben a sta **und** a vrea **im Präsens**

	a sta (stehen, wohnen)	*a vrea* (wollen)
(eu)	sta*u*	vrea*u*
(tu)	sta*i*	vre*i*
(el, ea)	stă	vrea
(noi)	stă*m*	vre*m*
(voi)	sta*ţi*	vre*ţi*
(ei, ele)	sta*u*	*vor*

Exerciţiul 6   Exersaţi:

− Unde stai? (aici)
~ Stau aici.

acolo, la hotelul „Union", la Braşov, la Rodica, în colţ.

Exersaţi şi forma de politeţe şi pluralul.

Exerciţiul 7

− Ce vrei? (o cafea)
~ Vreau o cafea.

o ciorbă de burtă, nişte struguri, trei timbre, două roşii, o felie de pâine, ziarul de azi, nişte mici, salam de Sibiu, nişte sarmale, muşchi ţigănesc.

Exersaţi şi forma de politeţe şi pluralul.

Der Konjunktiv der 1. und 2. Person Singular und Plural

Der Konjunktiv Präsens wird mit dem Indikativ Präsens und der vorangestellten Partikel *să* gebildet:

eu vreau	*să lucrez*	noi vrem	*să lucrăm*
tu vrei	*să lucrezi*	voi vreţi	*să lucraţi*

Zum Konjunktiv der 3. Person Singular und Plural siehe Lektion 11, S. 75.

Der Konjunktiv wird benutzt, wenn

− zwei Verben nebeneinander stehen: vrei *să mănânci?* (willst du essen?)
− eine Aufforderung ausgedrückt werden soll: *să bem* o bere! (trinken wir ein Bier!)

Exerciţiul 8   Exersaţi:

Vreau să beau o bere. → Vrei să bei şi tu o bere?

Vreau să mănânc nişte mici. Vreau să intru aici. Vreau să stau acolo. Vreau să ştiu când vine Radu. Vreau să am mulţi bani. Vreau să plătesc acum. Vreau să fumez o ţigară. Vreau să lucrez acum.

Das Personalpronomen im Dativ + a fi

Zusammen mit dem Hilfsverb *a fi* werden wichtige Ausdrücke gebildet:

	betont	*unbetont*
(mie)	*îmi este* foame	*mi-e* foame (mir ist Hunger = ich habe Hunger)
(ţie)	*îţi este* sete	*ţi-e* sete (dir ist Durst = du bist durstig)
(lui, ei)	*îi este* somn	*îi e* somn (ihm, ihr ist Schlaf = er, sie ist schläfrig)
(nouă)	*ne este* frig	*ne e* frig (uns ist es kalt)
(vouă)	*vă este* cald	*vă e* cald (euch ist es warm)
(lor)	*le este* indiferent	*le e* indiferent (ihnen ist es gleichgültig)

Exerciţiul 9   Exersaţi:

foame – sete → Ţi-e foame? Nu mi-e foame. Mi-e sete.

lene – somn; cald – frig.

Formaţi şi forma de politeţe şi pluralul.

Monatsnamen

Die *Monatsnamen* sind dem Deutschen ähnlich:

ianuarie	Januar	iulie	Juli
februarie	Februar	august	August
martie	März	septembrie	September
aprilie	April	octombrie	Oktober
mai	Mai	noiembrie	November
iunie	Juni	decembrie	Dezember

Für das Datum wird das Zahlwort vor den Monatsnamen gestellt:

13 mai – treisprezece mai

Ein Ausnahme bildet der 1. eines jeden Monats, dann verwendet man die Ordnungszahl *întâi* (erster). Zu den Ordnungszahlen siehe Lektion 17 (Seite 122).

Exerciţiul 10   Exersaţi:

- Când are Rodica ziua ei? (Rodica – 3 martie)
~ Pe trei martie.

Dl. Popescu – 11 noiembrie. Emilia – 15 decembrie. Elena – 26 februarie. Emil – 1 octombrie. Iorgu – 8 iunie. Dna. Ionescu – 28 martie. Florin – 1 aprilie. Tu – ?

Beachten Sie: Das Datum wird im Rumänischen durch Grundzahlen ausgedrückt.

hai!

Das Wort *hai!* drückt eine Aufforderung aus, etwa wie *los!* oder *Komm!* Im Plural sagt man *haideţi!*

Hai să bem o bere! (Komm, trinken wir ein Bier!)

Exerciţiul 11   Exersaţi:

- Stăm aici?
~ Hai să stăm aici!

Intrăm aici? Lucrăm acum? Fumăm o ţigară? Bem un pahar de vin? Mâncăm ceva?

Präposition + unbestimmter Artikel

Aus phonetischen Gründen verändern sich die Kombinationen mit den *Präpositionen în, din, prin + unbestimmter Artikel* wie folgt:

în (in) + o	*într-o*	în + un	*într-un*
din (aus) + o	*dintr-o*	din + un	*dintr-un*
prin (durch) + o	*printr-o*	prin + un	*printr-un*

Exerciţiul 12   Completaţi:

Radu este ..... alimentară. Domnul Müller vine ..... magazin universal. Florin şi Bogdan sunt acum ..... berărie. Florin stă ..... cartier foarte frumos. Raluca vine ..... tutungerie. Ei merg ..... parc.

Exercițiul 13   Răspundeți la întrebări:

Ce sunt Radu, Mihai, Florin și Bodan? De unde vin? Ce vrea Radu? Ce
vrea Bogdan? Cine plătește? Cui îi este foame? Cui îi este sete? Unde stau
prietenii? Ce comandă prietenii? Au mâncare la restaurant? Când are dl.
Müller ziua de naștere? Câți ani împlinește?

Exercițiul 14

1. Sie sind wieder einmal in einer Gaststätte. Sie wissen zunächst nicht,
   wo Sie sitzen wollen. Dann finden Sie einen freien Tisch in der Ecke.
   Sie bestellen etwas zu Essen und ein Bier.
2. Unterhalten Sie sich über Ihren Geburtstag. Wann haben Sie Ge-
   burtstag? Wie alt werden Sie?

Citiți cu glosarul:

Un om nehotărât

Eu sunt un om nehotărât. Nu știu niciodată ce vreau. Să citesc ceva? Mi-e
lene. Să mănânc ceva? Nu mi-e foame. Să fumez o țigară? N-am chef. Să
umblu prin oraș? Mi-e somn. Acum știu ce vreau: vreau să dorm!

La întâlnire

Radu are întâlnire cu Rodica. La ora de întâlnire este la universitate
lângă ceas. Este acum 5 fix. Radu scoate o carte și citește. Citește și citeș-
te. Acum este deja ora 5,10 și Rodica nu vine. Mai citește un pic. Acum e
5,15. Rodica tot nu vine. Este deja 5,20. In sfârșit sosește și Rodica.

– Aștepți de mult?
– Nu, numai de la pagina 57 la pagina 68.

LECŢIA A NOUA

Punct de întâlnire: Ceasul rău

Rodica vorbeşte cu Raluca la telefon.

Rodica:	Ce faci?
Raluca:	Mersi, bine. Şi cum îţi merge ţie?
Rodica.	Tot bine. Vreau să scriu o scrisoare.
Raluca:	Cui?
Rodica:	Mamei mele. Împlineşte cincizeci şi cinci de ani.
Raluca:	Felicitări şi din partea mea. Şi eu vreau să scriu o scrisoare.
Rodica:	Părinţilor tăi?
Raluca:	Nu, unui prieten.
Rodica:	Ah, scrii prietenului tău Emil.
Raluca:	Lui Emil nu. Am mulţi prieteni şi scriu mereu prietenilor.
Rodica:	Şi eu mai vreau să scriu o scrisoare pentru Maria. Nu ştiu ce mai face.
Raluca:	Ce zici? Nu vrei să mergem împreună la poştă?
Rodica:	De ce nu? Când eşti gata cu scrisorile?
Raluca:	Cred că peste o oră. Să stabilim acum. La doisprezece. E bine?
Rodica:	Perfect. La doisprezece. Punct de întâlnire: Ceasul rău.

Doamnele stau la taclale

E după amiază. Doamna Popescu şi doamna Ionescu au timp şi stau acum la taclale. Privesc fotografii.

D-na Ionescu:	Cine este fata aceasta?
D-na Popescu:	Este prietena fiului meu Valentin.
D-na Ionescu:	Ce spui! E drăguţă.
D-na Popescu:	Da, e foarte drăguţă şi în plus e şi deşteaptă. Băiatului meu îi plac fetele drăguţe şi deştepte.
D-na Ionescu:	Cine-i tânărul acesta?
D-na Popescu:	Care tânăr?
D-na Ionescu:	Acesta din dreapta.
D-na Ionescu:	Ah, este colegul fetei mele.

D-na Popescu: E prietenul ei?
D-na Ionescu: Nu dragă, e doar un coleg.
D-na Popescu: Şi acest băiat?
D-na Ionescu: Este fiul fratelui meu. E încă mic. Dar de ce nu iei nişte
                 fursecuri. Sunt extraordinar de bune.
D-na Popescu: Nu mulţumesc, sunt deja prea grasă. Dar nişte cafea
                 mai ai?
D-na Ionescu: Cum să nu. Îţi dau cu plăcere. Am cafea berechet.

Doamna Popescu ia o poză în mână.

D-na Popescu: Cine sunt tinerii aceştia?
D-na Ionescu: Păi, e Raluca, şi Radu cu colegii.
D-na Popescu: Care-i Radu?
D-na Ionescu: Acela din colţ.
D-na Popescu: Şi Raluca?
D-na Ionescu: Aceea din mijloc.
D-na Popescu: Vai, dragă, e târziu. Plec. Soţul meu nu ştie unde sunt.
(dintr-o dată)
D-na Ionescu: Cred că ştie că eşti la mine. Unde stai mereu după-amie-
                 zile?
D-na Popescu: Ai dreptate.

VOCABULAR

punct, -e	Punkt	zi|ce, ø	sagen
întâln|i, -esc, -it	treffen	împreună	gemeinsam
întâlnir|e, -i	Treff	poşt|ă, -e	Post
ceas, -uri	Uhr	gata	fertig
rău, rea, răi, rele	schlecht	cre|de, -d, -zut	glauben
vorb|i, -esc	sprechen	stabil|i, -esc, -it	festlegen
telef|on, -oane	Fernsprecher	taclale *Pl.*	Plauderei
fac|e, ø, făcut	machen, tun	doamn|ă, -e	Frau, Dame
mersi	danke	după amiază	Nachmittag
mer|ge, -g, -s	gehen	priv|i, -esc, -it	sehen, schauen
scri|e, -u, -s	schreiben	fotografi|e, -i	Foto
scris|oare, -ori	Brief	fată, fete	Mädchen
mam|ă, -e	Mutter	acesta	dieser
felicit|are, -ări	Glückwunsch	fi|u, -i	Sohn
parte, părţi	Seite, Teil	spun|e, ø, -s	sagen
părinţi *Pl.*	Eltern	drăguţ, -ă, -i, -e	nett
prieten, -i	Freund	în plus	überdies, zusätzlich
astăzi	heute	deşte|pt, -aptă,	klug
mai	noch	-pţi, -pte	

băiat, băieți	Junge	cu plăcere	gern
tânăr, tineri	Jugendlicher	berechet	im Überfluß
coleg, -i	Kollege	poză, -e	Bild, Foto
frate, frați	Bruder	dintr-o dată	plötzlich
ia	nimmt	târziu	spät
fursecuri Pl.	Kleingebäck	mereu	immer
prea	zu	avea dreptate	recht haben
gra|s, -să, -și, -se	dick		

GRAMATICĂ ȘI EXERCIȚII

Das Präsens der Verben auf -e

Bei den Verben auf -e gibt es keine Untergruppen.

a merge (gehen)

(eu)	merg	(noi)	merg*em*
(tu)	merg*i*	(voi)	merg*eți*
(el, ea)	merg*e*	(ei, ele)	merg

Beachten Sie, daß die Betonung sich hier nicht auf die Pluralendungen verlagert. Die Betonung bleibt auf dem Stammvokal (*merge*).

Aus phonetischen Gründen verlieren Verben, deren Stamm auf *-n* endet, das Endungs-*n* in der 2. Person Singular:

	a spune	*a pune*
(eu)	spun	pun
(tu)	spu*i*	pu*i*

Exercițiul 1   Exersați:

– Ce faci?   ~ Eu nu fac nimic.

a zice, a scrie, a ști, a spune.

Exersați și forma de politețe și pluralul.

Exercițiul 2   Completați:

Doamna Popescu merg..... la poștă. Mihai și Radu scr..... o scrisoare. Raluca nu fac..... bine. Doamna Ionescu zic..... multe. Rodica scri..... mamei sale. Mihai și Florin stau și nu fac..... nimic. Ei nu spun..... niciodată nimic.

Die unregelmäßigen Verben a da und a lua im Präsens

	a da (geben)	*a lua* (nehmen)
(eu)	dau	iau
(tu)	dai	iei
(el, ea)	dă	ia
(noi)	dăm	luăm
(voi)	daţi	luaţi
(ei, ele)	dau	iau

Exerciţiul 3

– Când îmi dai cartea?

~ Îţi dau cartea mâine.

ziarul, revista, poza, scrisoarea, timbrul, caietul de lingvistică, tabloul.

Exersaţi şi la plural.

Exerciţiul 4

– Ce vrei să iei?

~ Vreau să iau nişte roşii.

castraveţi, struguri, cartofi, mici, pâine, brânză de vaci, pastă de peşte.

Exersaţi şi la plural.

Die Genitiv- und Dativformen der unbestimmten und bestimmten Artikel

Die Endungen im Genitiv und Dativ Singular lauten bei maskulinen und neutralen Substantiven *-ui,* und bei femininen Substantiven bildet man zunächst den unbestimmten Plural und hängt die Endung *-(e)i* an. Im Plural wird an die Substantive der bestimmte Artikel *-lor* angehängt:

Singular	unbestimmt M. + N.	F.	bestimmt M. + N.	F.
Nom. + Akk.	un băiat	o fată	băiatul	fata (Pl. fete)
Gen. + Dat.	un*ui* băiat	un*ei* fete	băiatul*ui*	fete*i*

Plural	unbestimmt M. + N. + F.	bestimmt M. + N. + F.
Nom. + Akk.	nişte băieţi / fete	băieţii / fetele
Gen. + Dat.	un*or* băieţi / fete	băieţi*lor* / fete*lor*

Maskulinen und femininen Eigennamen, die mit einem Konsonanten enden, wird *lui* vorangestellt. Bei femininen Eigennamen, die auf -*a* enden, wird die Endung -*ei* und bei denen, die auf -*ca* enden, die Endung -*ăi* angehängt:

	M.		
Nom.	Mihai	Radu	
Gen. + Dat.	*lui* Mihai	*lui* Radu	

	F.		
Nom.	Carmen	Elena	Florica
Gen. + Dat.	*lui* Carmen	Elen*ei*	Floric*ăi*

Exerciţiul 5   Exersaţi:

dau – ziar – Emil

– Cui dai ziarul?
~ Dau ziarul lui Emil.

Dai – revista – Elena. Dau – caiete – studenţi. Dai – ţigări – Radu. Dai – carte – studentă. Dai – bani – fratele meu. Dai scrisoare – elev. Dai – vin – părinţii mei. Daţi – roşii – Maria. Dau – struguri – mama mea. Dai – carte – fiica ta.

Die Demonstrativpronomen acesta **(dieser) und** acela **(jener)**

Die Demonstrativpronomen *acesta* und *acela* werden in der rumänischen Grammatik auch „hinweisende Adjektive" genannt, wenn Sie neben einem Substantiv stehen. *Vor* dem Substantiv haben sie die *Kurzform* und *hinter* einem Substantiv die *Langform*. Wenn sie als Pronomen benutzt werden, haben sie die Langform:

	acest(a) – diese(-r, -s)		*acel(a)* – jene(-r, -s)		
Singular					
M.	N.	F.	M.	N.	F.
acest băiat	acest hotel	această fată	acel băiat	acel hotel	acea fată
băiatul acest*a*	hotelul acest*a*	fata aceast*a*	băiatul acel*a*	hotelul acel*a*	fata ace*ea*

Plural					
M.	N.	F.	M.	N.	F.
aceşti băieţi	aceste hoteluri	aceste fete	acei băieţi	acele hoteluri	acele fete
băieţii aceşt*ia*	hotelurile acest*ea*	fetele acest*ea*	băieţii ace*ia*	hotelurile acel*ea*	fetele acel*ea*

Exercițiul 6   Exersați:

Cât costă caietul? → Cât costă acest caiet?   Cât costă caietul acesta?

Cât costă acel caiet?   Cât costă caietul acela?

vinul, roșiile, strugurii, revista, ziarul, țigările, micii, pâinea, dulapul, scaunele, veioză, șifonierele.

Exercițiul 7   Răspundeți la întrebări:

Cu cine vorbește Rodica? Cum îi merge Ralucăi? Cui îi scrie Rodica? Scrie și Raluca? La ce oră și unde stabilesc întâlnirea? Ce fac doamnele Ionescu și Popescu? Cum e prietena lui Valentin? Ce servește doamna Ionescu?

Exercițiul 8

1. Sie erzählen, daß Sie Ihrem Vater einen Brief schreiben und nachher zur Post gehen wollen und verabreden sich für 14.00 Uhr an der Universität.
2. Sie betrachten Fotos und erläutern, wer darauf zu sehen ist.

Citiți cu ajutorul glosarului:

Copii!

Mama: Aici este ceasul. Indicatorul mic arată orele, indicatorul mare arată minutele, și acest indicator arată secundele.
Ionuț: Și care indicator arată momentele?

Tanța: Cât e ceasul?
Viorel: Este exact cinci fără …
Tanța: Fără cât?
Viorel: Nu știu. Ceasul n-are indicator mare!

Nicușor: Ce zi e azi?
Lenuța: Nu știu. Scrie în ziar.
Nicușor: N-are rost. Ziarul este de ieri.

Veta: Ciudat! Tatăl tău e învățător, iar fratele tău încă nu vorbește.
Bulă: Nu-i deloc ciudat. Tatăl tău e medic stomatolog, iar sora ta încă n-are dinți!

LECŢIA A ZECEA

Hai să stăm la taifas!

Cineva sună la uşa doamnei Popescu. Dânsa apare la geam şi vede jos pe prietena ei, doamna Ionescu. Deschide fereastra şi strigă:

D-na Popescu: O clipă! Cobor imediat! Sunt încă în capot.

După câteva clipe coboară şi deschide uşa.

D-na Popescu: Vai, ce surpriză, dragă! Ce bine îmi pare! Hai înăuntru. Ce faci?

D-na Ionescu: Ce să fac, dragă? Aşa cum ştii. Dar tu ce faci? Mai zaci în pat la ora 10? Pari cam obosită.

D-na Popescu: Nu-s obosită deloc. Sunt trează de la ora 7. Dar azi mi-e cam lene. Hai sus!

D-na Ionescu: Ai timp acum? Nu trebuie să faci mâncare?

D-na Popescu: Trebuie, cum să nu? Dar soţul vine târziu şi fierb numai nişte cartofi. Mâncăm azi cartofi cu smântână.

D-na Ionescu: Dar îi ajunge?

D-na Popescu: Cum să nu? El mănâncă şi tace. Dar tu ai timp pentru o cafea?

D-na Ionescu: Am timp berechet. Sunt singură cuc. Nu plâng copiii, n-am nici căţel nici bărbăţel ...

D-na Popescu: Atunci, hai să stăm la taifas. Timp avem, cafea avem …

Femeile au mereu ultimul cuvânt

Dl. Stanciu: Când mergem la degustarea de vinuri?

D-na Stanciu: Mâine, e sâmbătă.

Dl. Stanciu: Nu vreau mâine. Nu e o zi potrivită. Peste tot e lume multă. Şi domnul Müller zice că …

D-na Stanciu: Ce zice?

Dl. Stanciu: Dânşii vor duminică şi sunt musafirii noştri!

D-na Stanciu: Noi hotărâm, adică eu hotărăsc, doar sunt gazda lor.

Dl. Stanciu: Femeile au mereu ultimul cuvânt!

Vocabular

taifas	Gespräch, „Kaffeeklatsch"	trebui, -e, -t	müssen
		cum să nu?	wie denn nicht?
sta, -u la taifas	plaudern	soț, -i	Gatte
suna, ø, -at	läuten, schellen	târziu, -e, -i	spät
ușă, -i	Tür	fierbe, -b, -t	kochen
dânsa	sie	smântână	Sauerrahm, Schmand
apărea, -ar, -ărut	erscheinen		
vedea, văd, văzut	sehen	ajunge	*hier:* reichen
jos	unten, hinunter	tăcea, tac, -ut	schweigen
deschide, -d, -s	öffnen	singur	allein
striga, ø, -at	rufen	~ cuc	mutterseelen-allein
clipă, -e	Augenblick		
cobori, ø, -ât	hinuntergehen	cățel, -i	Hündchen
imediat	gleich	bărbat, -ți	Mann
capot, -oate	Morgenrock	bărbățel, -i	Männlein
câteva	einige	femeie, -i	Frau
vai!	oh!	mâine	morgen
surpriză, -e	Überraschung	peste tot	überall
zăcea, zac, zăcut	liegen	lume	*hier:* Volk, Leute
părea, par, -ut	scheinen	potrivit, -tă, -ți, -te	geeignet
înăuntru	hinein, innen	musafir, -i	Gast
obosit, -tă, -ți, -te	müde	cuvânt, -inte	Wort
deloc	überhaupt nicht	hotărî, -ăsc, -ât	bestimmen
treaz, -ază, -ji, -ze	wach	gazdă, -e	Gastgeber, -in
sus	oben, hinauf	ultim, -ă, -i, -e	letzt-

Ei stau la taifas

GRAMATICĂ ŞI EXERCIŢII

Das Präsens der Verben auf -ea und -î

Die Verben auf *-ea* ähneln der *e-Gruppe*, und die Verben auf *-î* der *i-Gruppe*. Auch die *î-Gruppe* teilt sich in zwei Untergruppen, eine ohne Suffix und eine mit dem Suffix *-ăsc*. Die *ea-Gruppe* ist übrigens am „Aussterben". Vielfach gehen die Verben in die e-Gruppe über:

a părea → a pare, a bătea (schlagen) → a bate, a tăcea (schweigen) → a tace, a cădea (fallen) → a cade.

	a părea (scheinen)	*a coborî* (hinabgehen)	*a hotărî* (entscheiden)
(eu)	par	cobor	hotărăsc
(tu)	pari	cobori	hotărăşti
(el, ea)	pare	coboară	hotărăşte
(noi)	părem	coborâm	hotărâm
(voi)	păreţi	coborâţi	hotărâţi
(ei, ele)	par	coboară	hotărăsc

Beachten Sie, daß bei den Verben auf *-ea* die 1. Person Singular mit der 3. Person Plural übereinstimmt. Das gleiche gilt für die Verben auf *-î* in der zweiten Untergruppe. Bei der ersten Untergruppe ist jedoch die 3. Person Singular identisch mit der 3. Person Plural. Die Betonung liegt auf dem Stammvokal und verlagert sich in der 1. und 2. Person Plural auf die Endung.

Beim Verb *a părea* kommt es zu dem Vokalwechsel *ă/a* und beim Verb *a coborî* zu *o/oa* in der 3. Person Singular.

Exerciţiul 1 Combinaţi:

Doamna Popescu		
Tu		
Voi	par	obosiţi
Noi	părem	obosită
Ele	pari	obosite
Eu	pare	obosit
Ei		

Exerciţiul 2 Exersaţi:

– Rodica coboară acum?
~ Da, ea coboară acum.

tu, voi, Radu, ei, Florica şi Florin.

Exerciţiul 3   Completaţi cu „a hotărî":

Acum eu ..... şi nu Radu ..... Ei ..... ? Nu, voi ..... Cine ..... ? Ei ..... Ce să ..... noi?

Exerciţiul 4

a) Exersaţi:

− Ce vezi acolo?
~ Văd un hotel.

nişte roşii, un căţel, nişte copii, o sticlă de vin, o scrisoare, nişte colegi, trei fete, un băiat, două fotografii.

b) Exersaţi şi pluralul.

Das unpersönlicheVerb a trebui **(müssen, brauchen)**

Das Verb a *trebui* wird ausschließlich in der 3. Person Singular oder Plural verwendet und meist mit einem anderen Verb, wobei zwischen den beiden Verben die Partikel *să* steht:

Trebuie să merg la piaţă. (Ich muß auf den Markt gehen.)

Exerciţiul 5   Exersaţi:

− Îţi trebuie nişte castraveţi?
~ Mulţumesc, castraveţi nu-mi trebuie.

caiete, cărţi, roşii, conopidă, o bere, o sticlă de vin.

Beachten Sie: a trebui im Sinne von „brauchen, benötigen" kann auch durch *a avea nevoie de* ersetzt werden.

Exerciţiul 6   Repetaţi exerciţiul 5 după model (Wiederholen Sie Übung 5 nach folgendem Muster):

− Ai nevoie de castraveţi?
~ Mulţumesc, n-am nevoie de castraveţi.

îmi pare bine (rău) ‒ es freut mich (es tut mir leid)

Exerciţiul 7   Exersaţi:

‒ Sunt domnul Ionescu.
~ Îmi pare bine, numele meu este Popescu.

Petrovicescu ‒ Popa; Stănescu ‒ Roman; Baicu ‒ Müller; Olaru ‒ Botez; Albulescu ‒ Nicolici; Veleanu ‒ Tudor.

Exersaţi de asemenea:

‒ Aveţi roşii?
~ Îmi pare rău, n-am.

muşchi ţigănesc, salam de Sibiu, pastă de peşte, telemea, conopidă, bere.

Die Übersetzung des deutschen es ins Rumänische

Eine direkte Entsprechung für das deutsche „es" gibt es im Rumänischen nicht. „Es" wird mit der 3. Person Singular ausgedrückt: *Sună* (Es läutet).

Exerciţiul 8   Formaţi propoziţii impersonale cu următoarele verbe (Bilden Sie unpersönliche Sätze mit folgenden Verben):

a merge, a ajunge, a fi cald, a fi rece.

dânsul, dumnealui

Die Pronomen *dânsul* (er *m*. Sg.), *dânsa* (sie *f*. Sg.), *dânşii* (sie *m*. Pl.), *dânsele* (sie *f*. Pl.) sind eine gehobenere Form für „sie" im Singular und Plural sowie für „er" im Singular. Ein Rumäne empfindet es als unhöflich, wenn man über eine ‒ womöglich ältere ‒ Person in deren Abwesenheit mit *el* oder *ea* spricht. Eine gehobenere Form ist:

dumnealui (er), *dumneaei* (sie), *dumnealor* (sie Pl.)

dumneata hingegen ist eine gehobenere Form von „du" und wird meistens von älteren Menschen in der Umgangssprache verwendet; auf dem Land sprechen Kinder ihre Eltern so an.

Exercițiul 9   Formulați întrebări și răspundeți cu formele de politețe:

Ce face doamna Ionescu? → Dânsa lucrează. Dumneaei lucrează.

Domnul Stanciu – a fuma. Doamna Ionescu și doamna Popescu – a sta la taifas. Bogdan – a umbla prin oraș. Florin și Mihai – studiază. Raluca și Rodica – a fi la Brașov. Elena – a mânca. Domnul Vlad – a bea un pahar de vin.

Exercițiul 10   Răspundeți la întrebări:

Cine vine în vizită la doamna Popescu? De ce doamna Popescu mai este în capot? Are doamna Ionescu timp? De ce? Ce mănâncă familia Popescu?

Citiți cu glosarul:

Proverbe

Nu tot ce zboară se mănâncă.

Cei din urmă vor fi cei dintâi.

Nu-i pădure fără uscături.

Apa trece, pietrele rămân.

Cine fuge după doi iepuri nu prinde nici unul.

LECŢIA A UNSPREZECEA

Vise şi numai vise

Florin este student. Când are timp, stă acasă şi visează. Şi de ce să nu viseze? Ce visează? Vrea să fie frumos şi să aibă mulţi bani. Vrea să mănânce numai la restaurante de lux şi să invite fete frumoase. Vrea să plece în străinătate şi să cunoască toată lumea şi să călătorească tot timpul. Nu vrea să lucreze, vrea să stea cu burta la soare şi să doarmă când are chef.

Dar Florin nu-i prea frumos şi n-are bani. Mănâncă la cantina studenţească şi nu invită pe fete la restaurant pentru că n-are bani. Călătoreşte doar cu tramvaiul până la facultate şi înapoi. În rest, merge pe jos ca să economisească bani. Lucrează mult pentru examene şi nu doarme mult.

Sărmanul de el! Are vise şi numai vise!

Timpul probabil

Mihai şi Radu vor să plece la munte. Vremea nu-i prea frumoasă şi ei nu ştiu ce să facă.

Mihai: Ai un ziar de azi?
Radu: De ce?
Mihai: Vreau să citesc buletinul meteo.
Radu: Aici e ziarul de azi.

Mihai citeşte acum:

Mihai: Mâine vremea va fi friguroasă. La şes va ploua, iar la munte va ninge. Temperaturile vor oscila între 6 °C la munte şi 14 ° la şes.
Radu: Cam frig. O să îngheţăm.
Mihai: Eşti cam friguros.
Radu: Are să ningă la munte.
Mihai: Şi ce dacă? Plecăm oricum.
Radu: Nu, o să pleci tu, iar eu am să stau acasă.

Vocabular

vis, -e	Traum	examen, -e	Prüfung
numai	nur	dorm|i, ø, -it	schlafen
vis|a, -ez, -at	träumen	sărman, -i	arm
lux	Luxus	sărmanul de el!	der Ärmste!
invit|a, ø, -at	einladen	probabil	wahrscheinlich
plec|a, ø, -at	(fort)gehen,	timpul probabil	Wettervorhersage
	reisen	mun|te, -ţi	Berg, Gebirge
străinătate	Ausland	vreme	Zeit, Wetter
cuno|aşte, -sc, -scut	kennen	buletin	Bulletin
călător|i, -esc, -it	reisen	buletinul meteo	Wetterbericht
tot timpul	immer	friguros, -asă,	kalt, Kälte
soare	Sonne	-şi, -oase	empfindend
cantin|ă, -e	Kantine	şes, -uri	Flachland
cantină studenţească	Mensa	plou|a, 3. Pers. -ă,	regnen
studenţe|sc, -ască, -şti	studentisch	-at	
tramvai, -e	Straßenbahn	nin|ge, -s	schneien;
până la	bis zu		es schneit
facul|tate, -tăţi	Fakultät	temperatur|ă, -i	Temperatur
înapoi	zurück	oscil|a, -ez, -at	schwanken
în rest	ansonsten	înghe|ţa, ø, -at	erfrieren
pe jos	zu Fuß	şi ce dacă?	na und?
economis|i, -esc, -it	sparen	oricum	wie immer

Gramatică şi exerciţii

Der Konjunktiv Präsens der 3. Person Singular und Plural

Beachten Sie, daß sich die Endung *-ă* im Konjunktiv in *-e* verwandelt und *-e* in *-ă*. Die 3. Person Singular und Plural des Konjunktivs sind immer gleich.

Indikativ	Konjunktiv	Indikativ	Konjunktiv
-ă	*-e*	*-e*	*-ă*
el comand*ă*	el vrea să comand*e*	el vin*e*	el vrea să vin*ă*
	ei vor		ei vor
(ea) -ă	*(e) -e*	*(e) -e*	*(ea) -ă*
el lucr*ează*	el vrea să lucr*eze*	el merg*e*	el vrea să m*eargă*
	ei vor	el plăt*eşte*	el vrea să plăt*ească*
			ei vor să m*eargă*
			ei vor să plăt*ească*

Exerciţiul 1   Exersaţi:

Eu merg în oraş (Radu) → Şi Radu vrea să meargă în oraş.

Rodica umblă prin oraş (Florica). Noi comandăm nişte mici (ei). Florin fumează (Mihai). Voi plecaţi în Germania (ele). Eu plătesc acum camera de hotel (domnul Müller). Florica citeşte o carte (Raluca).

Exersaţi de asemenea:

Eu nu merg în oraş. → Nici Radu nu vrea să meargă în oraş.

Exerciţiul 2 Exersaţi:

El vrea să vorbească cu domnul Ionescu. → Dar nu vorbeşte.

Ea vrea să plece în oraş. Ei vor să citească mult. Radu trebuie să vină. Raluca trebuie să sune. Dânsa vrea să pară frumoasă. Ei trebuie să coboare. Rodica trebuie să tacă. El vrea să vândă roşiile.

Natürlich – wie sollte es auch anders sein – gibt es auch *Ausnahmen*. Hier die wichtigsten:

	Indikativ	*Konjunktiv*
a bea	el, ea bea	el, ea / ei/ele *să bea*
a lua	el, ea ia	el, ea / ei/ele *să ia*
a scrie	el, ea scrie	el, ea / ei/ele *să scrie*
a şti	el, ea ştie	el, ea / ei/ele *să ştie*
a da	el, ea dă	el, ea / ei/ele *să dea*
a sta	el, ea stă	el, ea / ei/ele *să stea*
a avea	el, ea are	el, ea / ei/ele *să aibă*

Exerciţiul 3 Exersaţi:

El nu bea ceai în fiecare zi. → El trebuie să bea ceai în fiecare zi.

El nu ia medicamente. El nu scrie Mariei. El nu ştie limba germană. El nu are mulţi bani. El nu dă banii Mariei. El nu stă acasă.

Exersaţi de asemenea:

Ea nu … Ei nu … Ele nu …

Das Hilfsverb *a fi* hat eine spezielle Form des Konjunktivs:

(eu) vreau	*să fiu*	(noi) vrem	*să fim*
(tu) vrei	*să fii*	(voi) vrei	*să fiţi*
(el, ea) vrea	*să fie*	(ei, ele) vor	*să fie*

Exerciţiul 4   Exersaţi:

Eu nu sunt bogat. → Eu vreu să fiu bogat.

Raluca nu este frumoasă. Eşti studentă? Noi nu suntem în Germania.
Mihai şi Maria nu sunt singuri. Voi sunteţi ghizi?

Das Futur

Das *Futur* hat drei Formen: Die „literarische Form", die mit (der kon-
jugierten Form des Verbs) *a voi* + Infinitiv ohne *a* gebildet wird, sowie
zwei umgangssprachliche Formen. Die eine wird mit dem Präsens des
Hilfsverbs *a avea* + Konjunktiv gebildet und die andere mit der Parti-
kel *o* + Konjunktiv:

(eu)	*voi citi*	*am să citesc*	*o să citesc*
(tu)	*vei citi*	*ai să citeşti*	*o să citeşti*
(el, ea)	*va citi*	*are să citească*	*o să citească*
(noi)	*vom citi*	*avem să citim*	*o să citim*
(voi)	*veţi citi*	*aveţi să citiţi*	*o să citiţi*
(ei, ele)	*vor citi*	*au să citească*	*o să citească*

Exerciţiul 5   Puneţi la viitorul literar:

Raluca şi Rodica au punctul de întâlnire la „Ceasul rău". Domnul Popes-
cu ia avionul spre Timişoara. Noi umblăm prin oraş. Domnul Ionescu
împlineşte 40 de ani. Florin este profesor.

(Setzen Sie die Sätze in die beiden Futurformen der Umgangssprache).

Exerciţiul 6   Răspundeţi la întrebări:

Ce face Florin când are timp? Ce visează? Unde vrea să mănânce şi cu
cine? Unde vrea să plece? Vrea să lucreze? Dar cum este Florin? Unde
mănâncă?
Cu ce călătoreşte şi de ce?
Unde vor să plece Mihai şi Radu? Cum este vremea? Ce face Mihai?
Cum va fi vremea? Ce vrea Mihai şi ce vrea Radu?

Exerciţiul 7

1. Erzählen Sie von Ihren Tagträumen! Was und wie möchten Sie sein?
2. Beschreiben Sie das derzeitige Wetter!

Citiți, vă rog:

Horoscop pentru zilele de 2 și 3 martie

Berbec. Pestriț și derutant.
Pătrundeți cu mare forță în mijlocul unor activități tumultoase, specifice sfârșitului de săptămână. Duminică veți avea parte de un tablou extrem de pestriț.

Taur. Paravane.
Nu vor lipsi denaturările, exagerările, viziunile unilaterale. Taurul nu este în apele sale și caută niște paravane rezistente precum baloanele de săpun.

Gemeni. Culturi și civilizații.
E posibilă o importantă revedere, redimensionarea relațiilor cu o persoană simandicoasă și vă relaxați în brațele persoanei iubite.

Rac. Emoții puternice.
Doriți să atingeți ceva intangibil, să vedeți ceva de nevăzut, vă mișcați în lumea materială și nu țineți cont de factorul timp.

Leu. Subiectivi și obiectivi.
Puteți fi, concomitent, subiectivi și obiectivi. Subiectivi față de ceea ce fac cei din jur și obiectivi în ceea ce privește propriile acțiuni.

Fecioară. Intens.
Vă implicați în autocunoaștere și studiați cu atenție implicațiile vorbelor dvs. mari. Preluați din exterior niște repere moderne de evaluare.

(*după*: Evenimentul zilei, 2 martie 1996)

Vom continua în lecția a douăsprezecea.

LECŢIA A DOUĂSPREZECEA

Într-un magazin universal

Hai să vizităm un magazin universal! Începem la subsol. Aici găsim produse alimentare: conserve de carne, de peşte şi de legume. Găsim şi cafea, ceai, dar şi băuturi alcoolice, adică vinuri, şampanie şi faimoasa ţuică, mezeluri şi brânzeturi precum şi alte produse lactate.

La parter sunt cosmetice, deci parfumuri, pastă de dinţi, diferite creme pentru doamne, produse de artizanat, de ex. faimoasele ii româneşti. Poate găsiţi aici ceva frumos pentru rudele dumneavoastră. Aici mai sunt şi un raion de tutungerie şi de papetărie cu hârtie, creioane, stilouri şi pixuri, o mică librărie cu cărţi în limba română şi în limbi străine (bineînţeles şi în limba germană).

Să urcăm acum la etajul unu. Aici sunt numai confecţii: de damă, de bărbaţi şi de copii. Găsim aici rochii, fuste, costume bărbăteşti. De obicei este aici şi un raion de încălţăminte cu pantofi, adidaşi şi sandale. Mai găsim aici şi un raion de galanterie cu pălării, umbrele, mănuşi şi un raion de mercerie cu şireturi, nasturi şi altele.

La etajul doi sunt articole tehnice şi de uz casnic cum sunt televizoare, maşini de spălat, radiocasetofoane şi aparate video, dar şi oale, tacâmuri, veselă.

Azi găsim de toate într-un magazin universal. Numai bani să avem …

Câte ceva despre geografia României

Relieful României este foarte variat. Munţii care se întind ca un arc în centrul ţării ocupă peste 30 la sută (%) din suprafaţa ţării, dealurile şi podişurile circa 36 %, iar câmpiile aproximativ 33 %.

În mijlocul ţării se află Podişul Transilvaniei, înconjurat de munţii Carpaţi cu vârfuri de peste 2500 de metri. La poalele lor se întind dealurile cu podgorii şi livezi.

Pe întinsele câmpii din vestul şi sudul României găsim lanuri de grâu şi de porumb.

Majoritatea râurilor izvorăsc din Carpaţi şi se varsă în Dunăre, care la gurile ei formează Delta Dunării cu o faună şi o floră foarte variată.

România dispune de asemenea de păduri întinse de foioase şi răşinoase. Fauna ţării este bogată şi ea, unele specii de animale sunt chiar unice în Europa. Printre resursele naturale amintim: ţiţei, gaze naturale, cărbune şi diferite minereuri.

Pe scurt, România este o ţară foarte bogată dar în acelaşi timp şi foarte săracă. Din păcate!

Vocabular

magazin, -e	Laden
magazin universal	Kaufhaus
încep|e, ø, -ut	beginnen
subsol, -uri	Kellergeschoß
produs, -e	Erzeugnis
produs alimentar	Nahrungsmittel
conserv|ă, -e	Konserve
carne	Fleisch
ceai, -uri	Tee
şampani|e, -i	Sekt
faimo|s, -asă, -şi, -oase	berühmt
ţuic|ă, -i	Pflaumenschnaps
mezeluri Pl.	Wurstwaren
brânzeturi Pl.	Käseerzeugnisse
parter, -e	Erdgeschoß
cosmetice Pl.	Kosmetika
parfum, -uri	Parfüm
din|te, -ţi	Zahn
pastă de dinţi	Zahnpasta
crem|ă, -e	Creme
artizanat	Kunsthandwerk
rud|ă, -e	Verwandte
rai|on, -oane	Abteilung
tutungeri|e, -i	Tabakladen
papetări|e, -i	Schreibwaren-handlung
hârti|e, -i	Papier
crei|on, -oane	Bleistift
stilou, -ri	Füllhalter
pix, -uri	Kugelschreiber
bine înţeles	selbstverständlich
urc|a, ø, -at	hinaufgehen
confecţii Pl.	Konfektions-waren

dam|ă, -e	Dame
rochi|e, -i	Kleid
fust|ă, -e	Rock
costum, -e	Kostüm
costum bărbătesc	Herrenanzug
de obicei	für gewöhnlich
încălţăminte Pl.	Schuhwaren
pantof, -i	Schuh
adida|s, -şi	Turnschuh
sandal|ă, -le	Sandale
galanteri|e, -i	Putzwaren-handlung
pălări|e, -i	Hut
umbrel|ă, -e	Schirm
mănuş|ă, -i	Handschuh
merceri|e, -i	Kurzwaren-handel
şiret, -uri	Schnürsenkel
nastur|e, -i	Knopf
tehnic, -ă, -i, -e	technisch
uz, -uri	Gebrauch
uz casnic	Hausbedarf
maşin|ă, -i	Maschine
maşină de spălat	Waschmaschine
aparat, -e	Apparat, Gerät
aparat video	Videogerät
oal|ă, -e	Topf
de toate	allerlei
geografie	Erdkunde
relief, -uri	hier: Oberflä-chengestalt
varia|t, -tă, -ţi, -te	vielseitig
întin|de, -d, -s	erstrecken
arc, -uri	Bogen
centr|u, -e	Mitte

ocup|a, ø, -at	einnehmen	form|a, -ez, -at	bilden
supra|faţă, -feţe	Oberfläche	renumi|t, -tă, -ţi, -te	berühmt
deal, -uri	Berg	faună	Fauna
podiş, -uri	Hochland	floră	Flora
câmpi|e, -i	Ebene	dispu|ne, -n, -s	verfügen
aproximativ	annähernd	de asemenea	ebenfalls
încon|jura, -jor,	umgeben	pădur|e, -i	Wald
-jurat		foioase *Pl.*	Laubholz
vârf, -uri	Spitze	răşinoase *Pl.*	Nadelholz
la poalele	am Fuß	speci|e, -i	Art
podgori|e, -i	Weinberg	animal, -e	Tier
livadă, livezi	Obsthain	unic	einzig
întins	ausgestreckt	printre	unter, zwischen
lan, -uri	Feld	resurs|ă, -e	Ressource
grâu	Weizen	resurse naturale *Pl.*	Bodenschätze
porumb	Mais	ţiţei	Rohöl
majorit|ate, -ăţi	Mehrheit	gaz, -e	Gas
râu, -ri	Fluß	cărbun|e, -i	Kohle
izvor|î, -ăşte, -ât	entspringen	diferi|t, -tă, -ţi, -te	verschieden
revărsa, revarsă, -t	münden	minereu, -ri	Erz
gur|ă, -i	Mund, Mündung	pe scurt	kurzum

Exerciţii recapitulative

1. Exersaţi

− Fumezi?
~ Da, eu fumez.

Mâine lucrezi? Umbli prin oraş? Citeşti ziarul de azi? Doreşti o cafea? Plăteşti tu? Fugi până la facultate? Stai aici? Vrei un suc? Îţi merge bine? Scrii o scrisoare? Mergi în oraş? Bei un pahar de vin? Mănânci nişte roşii?

2. Puneţi propoziţiile la plural.

3. Exersaţi

− Cui scrii? (o prietenă)
~ Scriu unei prietene.

un prieten, prietena mea, prietenul meu, mama mea, tatăl lui, domnul Ionescu, doamna Popescu, prieteni, domnii Popescu şi Ionescu, prietenele.

4. Exersaţi

- Îţi place cafeaua?
~ Nu, nu-mi place deloc.

ciorba de burtă, telemeaua, şunca de Praga, brânza de vaci, salamul de Sibiu, vinul, berea, pasta de peşte, ţuica.

5. Puneţi propoziţiile la plural.

6. Exersaţi

- Îţi plac roşiile?
~ Da, îmi plac.

arahidele, vinurile germane, strugurii, castraveţii, fursecurile.

7. Puneţi propoziţiile la plural.

8. Exersaţi

- Acesta este băiatul tău?
~ Nu, acela.

fata ta, soţul dumneavoastră, prietena lui, soţia lui, prietenii tăi, prietenele lui, domnii Müller şi Stanciu.

9. Exersaţi

Eu studiez limba germană. (Ea) → Şi ea vrea să studieze limba germană.

El mănâncă sarmale. (Ei) – Florica bea bere. (Florin) – Noi stăm astăzi acasă. (familia Popescu) – Tu vii la ceasul rău. (Mihai) – Eu sunt bogat. (Rodica) – Florica scrie o scrisoare lui Mihai. (Maria)

10. Răspundeţi la întrebări

Ce găsiţi la subsolul unui magazin universal? Şi ce la parter? Unde găsim conserve de carne? Ce găsim la etajul unu? Şi ce la etajul doi? Unde găsim confecţii bărbăteşti şi unde radiocasetofoane? La ce raion se găsesc iile? Şi la ce raion umbrelele?

Cum este relieful României? Cât la sută ocupă munţii? Dar dealurile şi podişurile? Iar câmpiile? Ce se află în mijlocul ţării? Ce găsim la poalele

munților? Unde izvorăsc râurile și unde se scurg? Cum este fauna Româ-
niei? De ce resurse naturale dispune România? Ce fel de țară este Româ-
nia? De ce?

11. Bemühen Sie sich, etwas über die Geographie Deutschlands (Öster-
    reichs, der Schweiz) zu erzählen!

Citiți cu glosarul:

Horoscop pentru zilele de 2 și 3 martie (continuare)

Balanță. Verigă importantă.
Sunteți sătui de imagini deja cunoscute, doriți o explozie de culori. Des-
lușiți veriga importantă în compromisuri sentimentale.

Scorpion. În fața oglinzii.
Aveți mari dificultăți în interpretarea comportamentului celor din jur
și de aceea veți face destule gafe. Extravaganții vă plac, în schimb.

Săgetător. Ambianță
Nu suportați nici o restricție ce ține de confortul dvs. fizic. Sunteți foarte
preocupați de aspectul exterior și petreceți multe ore în fața oglinzii.

Capricorn. Ploaie de deducții.
Vă propagați cu viteză mare inteligența și speriați oamenii cu marea den-
sitate de deducții pe minut. Controversele pe teme sociale vă scot din
sărite.

Vărsător. Conștiință.
Conștiința vărsătorilor are cele mai diverse forme palpabile. Supuneți
organismul la o serie de solicitări nu tocmai suportabile.

Pește. Autocenzura.
Exersați autocenzurarea propriilor idei spectaculoase. Nu aveți farmec,
nu interesați prea multe persoane din jurul dumneavoastră.

(*după*: Evenimentul zilei, 2 martie 1996)

TEST 2

Kreuzen Sie von den drei Möglichkeiten die richtige an*:

1. a) Eu lucru. ☐
    b) Eu lucră. ☐
    c) Eu lucrez. ☐

2. a) El reziste. ☐
    b) El rezistă. ☐
    c) El rezistează. ☐

3. a) Eu consumez. ☐
    b) Eu consumă. ☐
    c) Eu consum. ☐

4. a) Eu mânânc. ☐
    b) Eu mânchez. ☐
    c) Eu mănânc. ☐

5. a) Eu beau. ☐
    b) Eu bea. ☐
    c) Eu bau. ☐

6. a) Îți place cafeaua? Da, îi place. ☐
    b) Îți place cafeaua? Da, îți place. ☐
    c) Îți place cafeaua? Da, îmi place. ☐

7. a) El vineşte. ☐
    b) El vine. ☐
    c) El vin. ☐

8. a) Eu plăt. ☐
    b) Eu plăte. ☐
    c) Eu plătesc. ☐

9. a) El stau. ☐
    b) El stă. ☐
    c) El sta. ☐

*Lösungen siehe Seite 210

10.   a) Eu vreau să lucru.
      b) Eu vreu să lucreze.
      c) Eu vreau să lucrez.

11.   a) Luna 10 = noiembrie
      b) Luna 10 = septembrie
      c) Luna 10 = octombrie

12.   a) El meargă.
      b) El merg.
      c) El merge.

13.   a) Eu şti.
      b) Eu ştie.
      c) Eu ştiu.

14.   a) Tu spuni.
      b) Tu spune.
      c) Tu spui.

15.   a) Tu luai.
      b) Tu iei.
      c) Tu iau.

16.   a) Ea da.
      b) Ea dau.
      c) Ea dă.

17.   a) Ele sunt prietenele unor colegi.
      b) Ei sunt prietenele niştor colegi.
      c) Ei sunt prietenele unii colegi.

18.   a) Noi coborâm.
      b) Noi coboarăm.
      c) Noi coborăm.

19.   a) Am nevoii de …
      b) Am trebuie …
      c) Am nevoie de …

20.   a) Îmi pare regret.
      b) Îmi pare bine.
      c) Îmi pare vernil.

21. a) Florin vrea să mănănce la restaurant.   ☐
     b) Florin vrea să mănâncă la restaurant.   ☐
     c) Florin vrea să mănânce la restaurant.   ☐

22. a) Maria vrea să fie bogat.   ☐
     b) Maria vrea să aibă bogată.   ☐
     c) Maria vrea să fie bogată.   ☐

23. a) Florin vrea să aibă bogată.   ☐
     b) Florin vrea să fie bogat.   ☐
     c) Florin vrea să fie bogată.   ☐

24. a) În munţi va ninge.   ☐
     b) În munţi va oscila.   ☐
     c) În munţi va frigura.   ☐

25. a) El vrea să ia o carte.   ☐
     b) El vrea să luă o carte.   ☐
     c) El vrea să ieie o carte.   ☐

26. a) Eu o citi o carte.   ☐
     b) Eu o citesc o carte.   ☐
     c) Eu o să citesc o carte.   ☐

27. a) La alimentară găsim ii româneşti.   ☐
     b) La alimentară găsim fuste.   ☐
     c) La alimentară găsim conserve.   ☐

28. a) La raionul de confecţii găsim pantofi.   ☐
     b) La raionul de confecţii găsim costume bărbăteşti.   ☐
     c) La raionul de confecţii găsim radiocasetofoane.   ☐

29. a) Munţii României ocupă 30% din suprafaţa ţării.   ☐
     b) Munţii României ocupă 56% din suprafaţa ţării.   ☐
     c) Munţii României ocupă 10% din suprafaţa ţării.   ☐

30. a) În Delta Dunării găsim lanuri de grâu şi porumb.   ☐
     b) În Delta Dunării găsim podgorii şi livezi.   ☐
     c) În Delta Dunării găsim o floră şi faună variată.   ☐

Sie haben ..... von ingesamt 30 Punkten erzielt.

   30–25 Punkte: ausgezeichnet   24–20 Punkte: sehr gut
   19–15 Punkte: gut
   14–0   Punkte: Wiederholen Sie nochmals die Lektionen 7–12.

LECȚIA A TREISPREZECEA

Nu-i bine să fii leneș

Carmen: Alo, Rodica?
Rodica: Da, la telefon.
Carmen: Dar unde ai fost? Am sunat la tine ieri și alaltăieri. Tare am avut nevoie de tine. Dar n-a fost nimeni acasă.
Rodica: Am fost plecată toată ziua. Am stat la bibliotecă și am citit și apoi am învățat împreună cu Maria pentru examenul de ieri.
Carmen: Apropo, ce ai făcut la examen?
Rodica: Măi, am avut o baftă! Am luat un zece.
Carmen: Bravo. Sper să am și eu baftă la examenul de mâine. Dar spune, ce-i cu Radu? A dispărut pur și simplu.
Rodica: Radu e supărat foc. A căzut la examen.
Carmen: Nu, zău, și eu care am crezut …
Rodică: Ce ai crezut? Că o să ia examenul cu brio? Nu știi că el n-a învățat nimic? N-a putut să răspundă la nici o întrebare. A avut ghinion și a picat. Ce să faci? A fost leneș. Doar știi cum se spune la noi: Leneșul greu se apucă de lucru și se lasă repede de el.
Carmen: Da, nu-i bine să fii leneș.

Cursuri și … curse

Ca de obicei doamnele Popescu și Ionescu stau de vorbă.

D-na Popescu: Dragă, mai vrei o cafea?
D-na Ionescu: Mersi. Vreau să plec acum. Vine băiatul de la cursuri.
D-na Popescu: Ce mai face băiatul?
D-na Ionescu: Ce să facă? Aleargă de la curs la curs. Nici nu mai doarme de atâta învățat. Peste două săptămâni are sesiune. Dragă, în casa noastră se lucrează, nu glumă.
D-na Popescu: E harnic. Dar soțul tău?
D-na Ionescu: Pleacă în delegație la București. Pleacă mereu la cen-

trală. Nu ştiu ce au atâtea de discutat. Dar el întreabă mereu de tine.

D-na Popescu: Drăguţ din partea lui. Aştept şi eu să veniţi o dată la mine.

D-na Ionescu: Hai, că am plecat. Am devenit şi eu cal de curse, dimineaţa alerg după cumpărături …

D-na Ionescu: Şi după masa stai la mine. Cunosc bine programul tău.

D-na Popescu: Păi, încerc şi eu să fac un repaus, dragă, după atâtea curse …

VOCABULAR

leneş, -ă, -i, -e	faul	(se) apuc|a, ø, -at	beginnen
ieri	gestern	(se) lăsa, las, -t	etwas sein
alaltăieri	vorgestern	de ceva	lassen
tare	*hier:* sehr	curs, -uri	Vorlesung
nimeni	niemand	curse	Rennen, Lauf
învăţa, ø	lernen	ca de obicei	wie gewöhnlich
pentru	für	sta, -u, -t de vorbă	plaudern
apropo	übrigens	alerg|a, ø	laufen
măi …	he, du …	atât	so viel
baftă	Dusel	săptămân|ă, -i	Woche
sper|a, ø	hoffen	sesiun|e, -i	Prüfungszeit
mâine	morgen	harnic, -ă, -i, -e	fleißig
dispărea, dispar, -ut	verschwinden	delegaţi|e, -i	*hier:* Dienstreise
pur şi simplu	ganz einfach	central|ă, -e	Zentrale
supăra|t, -tă, -ţi, -te	verärgert	discut|a, ø, -t	*hier:* erörtern
supărat foc	sehr wütend	aştept|a, ø, -t	warten
cădea, cad, căzut	(durch)fallen	o dată	einmal
zău	wahrhaftig	deveni, devin, -t	werden
cu brio	mit Schwung	ca|l, -i	Pferd
putea, pot, putut	können	cal de curse	Rennpferd
răspun|de, -d, -s	antworten	cumpărătur|ă, -i	Einkauf
întreb|a, ø, -at	fragen	program, -e	Programm
întreb|are, -ări	Frage	încer|ca, ø, -at	versuchen
ghinion, -oane	Pech	repaus, -uri	Rast
pic|a, ø, -at	(durch)fallen		

GRAMATICĂ ȘI EXERCIȚII

Das Partizip

Im Rumänischen kennt man nur ein Partizip, es wird also nicht zwischen Partizip I und Partizip II unterschieden. Das im Deutschen gebrauchte Partizip I wird in der rumänischen Grammatik *Gerundium* genannt. Siehe Lektion 15. Bei den e-Verben hat das Partizip unregelmäßige Formen.

	Infinitiv	*Partizip*		*Infinitiv*	*Partizip*
a-Verben	a lucra	lucr*at*	e-Verben	a cere	cer*ut*
	a comanda	comand*at*		a merge	mer*s*
i-Verben	a fugi	fug*it*	ea-Verben	a vedea	văz*ut*
	a citi	cit*it*		a avea	av*ut*
			î-Verben	a coborî	cobor*ât*
				a hotărî	hotăr*ât*

Das Partizip von *a fi* ist *fost*.

Das Partizip wird oft als Adjektiv verwendet, wie übrigens auch im Deutschen. Im ersten Text „Nu-i bine să fii leneș" haben wir so ein Beispiel:

Am fost *plecată* toată ziua.

Die als Adjektive benutzten Partizipien haben vier Formen:

El a fost *plecat*.	Noi am fost *plecați*.
Ea a fost *plecată*.	Ele au fost *plecate*.

Exercițiul 1   Formați participiile:

a comanda, a umbla, a fuma, a bea, a plăcea, a avea, a încerca, a rezista, a consuma, a mânca, a studia, a discuta, a intra, a anunța, a fi, a veni, a vrea, a plăti, a fugi, a sta, a îmbătrâni, a împlini, a ghici, a vedea, a apărea, a deschide, a coborî, a trebui, a plânge, a merge, a hotărî.

Exercițiul 2   Bilden Sie vier Sätze, in denen das Partizip als Adjektiv verwendet wird; wie zum Beispiel in dem Satz: Sunt *hotărâtă* să plec la Brașov.

Mit dem Partizip wird auch das sogenannte *Supinum* gebildet, eine Verbform, die Sie vielleicht vom Lateinischen her kennen:

Das Supinum

de + Partizip

am *de lucrat* (ich habe zu arbeiten)
am *de scris* (ich habe zu schreiben)
Durch die folgende Übung können Sie sich mit dem Supinum vertraut machen. Mehr darüber in Lektion 21 (Seite 154).

Exerciţiul 3   Exersaţi:

Eu trebuie să lucrez mult. → Eu am mult de lucrat.

El trebuie să meargă mult. Tu trebuie să iei multe pachete. Noi trebuie să comandăm multe lucruri. Voi trebuie să aşteptaţi mult. Ei trebuie să citească mult. Ea trebuie să călătorească mult. Florica trebuie să facă multe. Domnul Müller trebuie să trimită multe vederi. Eu trebuie să întreb multe lucuri. Noi trebuie să discutăm această problemă.

Der „perfect compus" (das zusammengesetzte Perfekt)

Das Partizip wird in erster Linie zur Bildung des *Perfekts* gebraucht:

Kurzform des Verbs a avea + Partizip.

Der „perfect compus" wird verwendet, wenn eine Handlung in der Vergangenheit abgeschlossen wurde.

Beachten Sie: Es gibt keinen Unterschied zwischen ich *bin* gekommen (eu *am* venit) und ich *habe* gearbeitet (eu *am* lucrat)

eu)	*am lucrat*	(noi)	*am lucrat*
(tu)	*ai lucrat*	(voi)	*aţi lucrat*
(el, ea)	*a lucrat*	(ei, ele)	*au lucrat*

Exerciţiul 4 Treceţi la perfectul compus (Setzen Sie die Sätze ins Perfekt):

Umbli mult? El intră în restaurant. Florin este elev. Ea vine acasă. N-am bani deloc. Nu ştie nimic. Domnul Müller îmbătrâneşte. Domnul Stanciu împlineşte 50 de ani. Florin stă pe strada Dr. Lister 52. Florica vrea să plece în Germania. Noi bem o bere. Radu citeşte o carte. Eu iau nişte brânză. Maria deschide fereastra. Am nevoie de nişte bani.

Für die *Verneinung* ersetzt man *nu* durch *n-*:

(eu)	*n-am* citit	(noi)	*n-am* citit
(tu)	*n-ai* citit	(voi)	*n-aţi* citit
(el, ea)	*n-a* citit	(ei, ele)	*n-au* citit

Exerciţiul 5 Treceţi verbele din exerciţiul 4 la forma negativă (Verneinen Sie die in Übung 4 ins Perfekt gesetzten Verben).

Der Akkusativ der Personalpronomen (betont)

Die *Personalpronomen* der 1. und 2. Person Singular haben im *Akkusativ* andere Formen als im Nominativ. Die Präposition *pe* wird für die Bildung des Akkusativobjekts benutzt:

Nom.	*Akk.*	*Nom.*	*Akk.*
eu	pe *mine*	noi	pe noi
tu	pe *tine*	voi	pe voi
el, ea	pe el, ea	ei, ele	pe ei, ele

Exerciţiul 6 Puneţi pronumele personal la acuzativ (Setzen Sie die Personalpronomen im Akkusativ ein):

El merge cu (eu) la magazinul universal. Eu am făcut nişte sarmale pentru (tu). Când mergi la (el)? Şi când vii la (eu)? Ei au avut mare nevoie de (noi). Radu vine mâine la (eu). Pleacă cu (voi) la Bucureşti?

Vokalalternation bei den Verben

Die Vokalalternation von *-e-* zu *-ea-* tritt auf, wenn der betonte Vokal ein *-e-* ist und in der darauffolgenden Silbe ein *-ă* vorkommt. Diese Vokalalternation kommt nur in der 3. Person Singular und Plural vor:

a alerga   eu al*e*rg   el, ea / ei, ele al*ea*rgă

Weitere Verben sind:
a aştepta (warten), a întreba (fragen), a pleca (fortgehen), a încerca (versuchen), a lega (binden), a chema (rufen).

Der Wechsel von -o- zu -oa- kommt je nach Konjugation in der 3. Person Singular (und Plural) sowie in der 1. und 2. Person Plural vor, wenn in der darauffolgenden Silbe ein -ă oder ein -e steht:

a dormi	eu dorm	el/ea doarme		
a cunoaşte	eu cunosc	el/ea cunoaşte	noi cunoaştem	voi cunoaşteţi
a coborî	eu cobor	el, ea / ei, ele coboară		

Weitere Verben sind:
a mirosi (riechen), a coase (nähen), a descoase (auftrennen, aushorchen), a doborî (umhauen, fällen), a omorî (töten).

Exerciţiul 7   Exersaţi:

Eu plec la Braşov. → Şi el pleacă la Braşov.

Eu alerg de colo-colo. Eu aştept autobuzul. Eu întreb mereu. Eu încerc să lucrez la Bucureşti. Eu dorm mult. Eu cobor acum. Eu cunosc limba germană. Eu cos mult. Eu îmi leg şireturile.

Die Vokalalternation *u/o/oa* kommt selten vor; das wichtigste Verb ist hier *a putea* (können):

(eu)	pot	(noi)	putem
(tu)	poţi	(voi)	puteţi
(el, ea)	poate	(ei, ele)	pot

In ähnlicher Weise werden auch die Verben *a purta* (tragen), *a ruga* (bitten) und *a zbura* (fliegen) konjugiert, doch der *a-Gruppe* entsprechend haben sie in der 3. Person Singular und Plural die Endung -ă.

Beachten Sie: Bekanntlich steht bei der Aufeinanderfolge von zwei Verben das zweite im Konjunktiv; *a putea* bildet die einzige Ausnahme, hier kann (muß jedoch nicht) das zweite Verb im Infinitiv stehen. Wie im Deutschen: Ich kann lesen. Das heißt dann auf Rumänisch: *Eu pot să citesc* oder *Eu pot citi.*

Exerciţiul 8   Exersaţi:

Poţi să comanzi o bere? → Poţi comanda o bere?

Poți să lucrezi acum? Poți să pleci mâine? Poți să reziști până mâine? Poți să încerci această țigară? Poți să plătești? Poți să ghicești câți ani am?

Exercițiul 9   Wandeln Sie jetzt die Sätze von Übung 8 in die 3. Person Singular und Plural sowie in die 1. und 2. Person Plural um.

Beachten Sie: Verwechseln Sie nicht *(el) poate* mit dem Adverb *poate* (vielleicht)! Siehe dazu die Übungen 10 und 11.

Exercițiul 10   Exersați:

− Când vii? (luni)   ~ Poate vin luni.

marți, miercuri, joi, vineri, sâmbătă, duminică.

− Când pleci? (septembrie)
~ Plec poate în septembrie.

ianuarie, martie, mai, iulie, octombrie, februarie, aprilie, iunie, decembrie, august, noiembrie.

Die Präposition peste

Die Präposition *peste* wird gewöhnlich mit „über" übersetzt. Zeitlich benutzt kann sie mit „in" übersetzt werden. (Im Deutschen auch manchmal mit „über", siehe „Über's Jahr, wenn die Kornblumen blühen").

Exercițiul 11   Exersați:

− Când poți să vii? (peste două zile)
~ Pot veni peste două zile.

o săptămână, câteva ore, trei luni, doi ani, patru zile.

Exersați, vă rog, și pluralul, și persoana a treia singular și plural.

Exercițiul 12   Exersați:

− Cât costă mașina? (5.000.000 de lei)
~ Costă peste 5 milioane de lei.

2.500.000 de lei, 100.000 de lei, 350.000 de lei, 500.000 de lei, 3.500.000 de lei.

se + Verb

Der Konstruktion *se + Verb* entspricht im Deutschen meist *man* oder *es + Verb*, darüber hinaus kann damit das Passiv ausgedrückt werden. Im ersten Text der Lektion kann der Ausdruck *Se lucrează la noi în casă* vor, der mit *Man arbeitet bei uns im Haus* oder *Es wird bei uns im Haus gearbeitet* übersetzt werden kann.

Exerciţiul 13   Exersaţi:

Toţi spun că nu e bine să lucrezi prea mult. → Se spune că nu e bine să se lucreze prea mult.

Oamenii lucrează aici de două săptămâni. De aici toţi văd bine ştrandul. La piaţă oamenii vând legume şi fructe. La papetărie găsim hârtie. Nu vorbim când mâncăm. Toţi cred că el a plecat în Germania. Nu răspundem aşa. Aici aşteptăm mult şi bine.

Der lange Infinitiv

Beim *langen Infinitiv* handelt es sich um eine Substantivierung des Infinitivs durch Hinzufügung des Suffixes -*re*:

a chema + re (rufen) → chema*re* (Aufruf, Einladung)

Die Verben auf -*ea* verlieren das -*a* am Ende des Infinitivs:

a supraveghea + re (beaufsichtigen) → supravegh*ere* (Beaufsichtigung)

Exerciţiul 14   Formaţi cu ajutorul infinitivelor substantive şi găsiţi traducerea germană cu ajutorul dicţionarului (Bilden Sie nun mit folgenden Infinitiven Substantive und finden Sie anhand eines Wörterbuchs die deutsche Übersetzung):

A intra, a mânca, a lucra, a plăcea, a degusta, a veni, a şti, a împlini, a întâlni, a vorbi, a face, a scrie, a felicita, a privi, a vedea, a deschide, a coborî, a părea, a fierbe, a tăcea, a hotărî, a cunoaşte, a informa, a începe, a cădea, a răspunde, a întreba, a sta, a alerga, a aştepta, a încerca, a căuta.

Citiţi cu glosarul:

Mica publicitate

Cereri de serviciu

ECONOMIST cu experienţă, autorizat, execut în colaborare lucrări contabilitate, bilanţ. Telefon: 687.20.96	*PATROANE sunt şofer inteligent, sociabil. Dacă semănăm sună la* ☎ *670.28.57*	**MĂCELAR** cu experienţă ofer serviciile unor firme serioase. **Tel. 736.25.89**

Oferte de serviciu

ANGAJĂM *lucrătoare pentru maşini cusut industriale.* *Tel. 765.68.64*	BIROU DE PUBLICITATE angajează colaboratori, preferabil studenţi. Tel. 312.16.43.

Prestări servicii

REPAR maşini de spălat automate, frigidere, congelatoare, maşini de îngheţată. ☎ 624.30.41	MONTEZ faianţă, tapet. ☎ 213.20.12

Vânzări

VÂND garsonieră confort ☎ *1.312.72.93 sau 676.06.18*	VÂND urgent Dacia, fabricaţie 1988, convenabil lei sau valută tel. 687. 50.10

Cumpărări

CUMPĂR bijuterii vechi, ceasuri, mobilier stil, covoare orientale, porţelan, numismatică.

Tel. 617.02.95.

CUMPĂR teren cu casă modestă.
☎ 313.14.87

Închirieri – cereri

VILE, apartamente, garsoniere ultracentral. ☎ **210.60.10.**

SOLICITĂM pentru reprezentanţă cosmetice Germania spaţiu birouri în imobil nou sau vilă. ☎ 637.50.96

(*din:* Evenimentul zilei, 20.03.1996)

LECŢIA A PAISPREZECEA

Timp avem, costume de baie avem …

Mihai îl vede pe Radu care aşteaptă într-o staţie de metrou.

Mihai: Salut, Radule. Nu te mai cunosc. De când porţi barbă?
Radu: De vreo două săptămâni.
Mihai: Aştepţi pe cineva?
Radu: Da, pe tine.
Mihai: Nu zău! Pe mine mă aştepţi?
Radu: Nu, glumesc.
Mihai: Atunci pe cine aştepţi? Pe gagica ta?
Radu: N-o aştept, pentru că n-am gagică. Îl aştept pe Florin. Vrem să mergem la piscină. Acolo ne aşteaptă …
Mihai: Cine vă aşteaptă?
Radu: Păi, gaşca noastră, adică Bogdan, Petre, Alin şi Bebe.
Mihai: Şi ce o să faceţi la piscină?
Radu: Auzi, ce întrebare! Vrem să facem baie, să ne uităm la gagici şi să jucăm table ...
Mihai: Altă treabă n-aveţi?
Radu: Nu. Vacanţă avem, timp avem, costume de baie avem …

De când v-aştept

Doamna Popescu şi doamna Cristescu merg în vizită la doamna Ionescu.

Doamna Popescu: Ne-ai aşteptat, dragă?
Doamna Ionescu: De când v-aştept. Şi ieri te-am aşteptat, dar n-ai venit la mine.
Doamna Popescu: M-ai căutat cumva ieri la telefon?
Doamna Ionescu: Te-am sunat de vreo trei ori. Dar n-a răspuns nimeni.
Doamna Ionescu: Înseamnă că n-a fost acasă soţul meu. L-am rugat să spună la toată lumea că sunt plecată din oraş. Deci m-ai aşteptat.

Doamna Popescu:	Da, l-am aşteptat şi pe domnul Müller, am aştep-tat-o pe doamna Müller şi n-a venit nimeni.
Doamna Cristescu:	Familia Müller e plecată în nordul Moldovei, la mănăstiri.
Doamna Popescu:	Abia azi am aflat.
Doamna Ionescu:	V-au scris deja?
Doamna Cristescu:	Nu ne-au scris. Au plecat abia alaltăieri. Şi ştii cum merge poşta. Durează ...
Doamna Cristescu:	Dragă, am vrut să fiu punctuală azi. Dar, uite, n-am putut. Ah, dragă, ce am păţit!
Doamna Popescu:	Ce ai păţit, dragă?
Doamna Cristescu:	Am căutat ochelarii mei timp de două ore şi nu i-am găsit. Dar până la urmă i-am găsit ...
Doamna Ionescu:	Unde?
Doamna Cristescu:	Pe nas.

VOCABULAR

vedea, văd, văzut	sehen	vacanţǎ, -e	Ferien
		vizitǎ, -e	Besuch
staţie, -i	Haltestelle	cǎuta, ø, -at	suchen
metrou, -ri	U-Bahn	cumva	vielleicht
salut!	Sei gegrüßt!	însemna, ø, -at	*hier:* bedeuten
purta, port, -t	tragen	ruga, rog, rugat	bitten
barbă, bărbi	Bart	mănăstire, -i	Kloster
cineva	jemand	abia	erst
glumi, -esc, -it	spaßen	dura, 3. Pers.	dauern
gagicǎ, -i	Freundin, steiler Zahn (ugs.)	durează, -t	
		punctual, -ă, -i, -e	pünktlich
piscinǎ, -e	Swimmingpool	uite!	Sieh mal!
gaşcă	*ugs.* Klüngel, Clique	păţi, -esc, -it	passieren
face baie	baden	ochelari *Pl.*	Brille
(se) uita, ø, -at	sehen, gucken	timp de 2 ore	2 Stunden lang
juca, joc, -t	spielen	până la urmă	schließlich
table	Tricktrack	nas, -uri	Nase
treabă, treburi	Angelegenheit		

GRAMATICĂ ȘI EXERCIȚII

Der Akkusativ der Substantive

Wenn es sich um eine (bestimmte) Person handelt, entspricht der *Akkusativ* nicht dem Nominativ. Dann wird dem Substantiv *pe* vorangestellt und mit der Kurzform des Personalpronomens im Akkusativ verdoppelt:

Radu îl așteaptă pe Florin.
Radu o așteaptă pe Florica.
Maria îi așteaptă pe Maria și Mihai.
Mihai le așteaptă pe Maria și Rodica.

Exercițiul 1   Exersați:

– Radu, ce vezi?
~ Văd hotelul.
Radu vede hotelul.

Maria – magazin universal. Florin – restaurant. Raluca – papetărie. Bogdan – tutungerie. Rodica – tramvai. Doamna Popescu – avion.

Exercițiul 2   Exersați:

– Maria, aștepți un băiat?
~ Nu, aștept o fată.
Maria așteaptă o fată.

Radu – student/studentă. Florin – elev/elevă. Domnul Popescu – ghid/ghidă. Florica – niște prieteni/niște prietene. Mihai – prieten/prietenă. Raluca – economist/economistă.

Der Akkusativ der Personalpronomen (unbetont)

	unbetont			*betont*
Radu	*mă* așteaptă. (Radu wartet auf mich.)	Pe cine? (Wen?)		*Pe mine.* (Mich.)
	te			*Pe tine.* (Dich.)
	îl			*Pe el.* (Ihn.)
	o			*Pe ea.* (Sie.)
	ne			*Pe noi.* (Uns.)
	vă			*Pe voi.* (Euch.)
	îi			*Pe ei.* (Sie m.)
	le			*Pe ele.* (Sie f., n.)

Exerciţiul 3   Exersaţi:

− Raluca, pe cine aştepţi?
~ Pe Florin.
Raluca îl aşteaptă pe Florin.

Maria − Mihai. Rodica − Radu. Mihai − Florin. Doamna Popescu − băiatul ei. Domnul Müller − colegul său. Domnul Stoica − prietenul său.

Exerciţiul 4   Exersaţi:

− Mihai, aştepţi pe cineva?
~ Da, pe Raluca.
Mihai o aşteaptă pe Raluca.

Florin − Maria. Bogdan − Rodica. Maria − Elena. Doamna Ionescu − fata ei. Doamna Müller − colega ei. Doamna Ionescu − prietena ei.

Exerciţiul 5   Exersaţi:

− Mă aştepţi?
~ Da, te aştept.

a căuta, a suna, a crede, a întreba, a invita.

Exersaţi de asemenea:

− Ne aştepţi?   − Îi aştepţi?
~ Da, vă aştept.   ~ Le aştepţi?

Exersaţi acum pluralul.

Exerciţiul 6   Exersaţi:

− Îl cunoşti pe domnul Ionescu?
~ Da, îl cunosc.

Radu, Florin, domnul Müller, domnul Stanciu, băiatul acesta, studentul acela, ghidul.

− O cunoşti pe doamna Ionescu?
~ Da o cunosc.

Florica, Maria, doamna Müller, doamna Stanciu, fata aceasta, studenta aceea, ghida.

– Îi cunoaşteţi pe inginerii aceştia?

~ Da, îi cunoaştem.

studenţii, băieţii, ghizii, economiştii, prietenii.

– Le cunoaşteti pe economistele acelea?

~ Da, le cunoaştem.

ghidele, studentele, fetele, elevele, doamnele.

Exerciţiul 7   Exersaţi:

Pe el îl vede Mihai şi nu pe ea.

Noi – Raluca – voi. Ei – Maria – ele. Voi – Radu – noi. Ele – Florin – ei.
Eu – Maria – tu. Ea – Bogdan – el.

Die *Verneinung* hat wiederum Kurzformen:

nu îl	*nu-l*
nu o	*n-o*
nu îi	*nu-i*

Exerciţiul 8   Repetaţi exerciţiul 6 şi daţi un răspuns negativ (Wieder-
holen Sie Übung 6 und geben Sie eine verneinende Antwort).

Das Perfekt + unbetonte Form des Personalpronomens

Radu	*m-a* aşteptat.	Radu	*ne-a* aşteptat
	te-a		*v-a*
	l-a		*i-a*
	a aşteptat-*o*		*le-a*

Beachten Sie: In der 3. Person Singular wird die feminine Form ange-
hängt.

Exerciţiul 9   Bitte setzen Sie nun die Übungen 1 bis 8 ins Perfekt.

Das Demonstrativpronomen celălalt (der andere):

Singular			*Plural*		
M.	N.	F.	M.	N.	F.
celălalt	*celălalt*	*cealaltă*	*ceilalţi*	*celelalte*	*celelalte*

Exerciţiul 10   Exersaţi:

~ Îl cunoşti pe domnul acesta?
~ Nu, îl cunosc pe celălalt.

fata, domnii, ghidul, doamnele, studentele, elevii, studenţii, băiatul, doamna, ghida.

de când? (seit wann?)

Exerciţiul 11   Exersaţi:

~ De când ai vacanţă? (3 săpătâmani)
~ De vreo trei săptămâni.

De când sunteţi în România. (5 zile) ‒ De când porţi barbă? (o săptămână) ‒ De când n-ai mâncat (2 zile) ‒ De când eşti student? (3 ani) ‒ De când n-aţi mai fost în România? (8 luni) ‒ De când stai pe strada Dr. Lister (2 ani) ‒ De când n-a mai plouat? (2 luni) ‒ De când n-a nins (3 săptămâni).

Unterordnende Konjunktionen

Im Rumänischen gibt es keine Satzklammer. Die Wortfolge im Nebensatz entspricht der Wortfolge im Hauptsatz, nur daß man zwischen die Sätze eine entsprechende Konjunktion setzt.

Die kausalen Konjunktionen *pentru că, deoarece, fiindcă* bedeuten alle *weil* und können beliebig in diesem Sinne angewandt werden.

Exerciţiul 12   Exersaţi:

Nu vreau să lucrez. Eu sunt obosit. → Nu vreau să lucrez pentru că sunt obosit.

El nu poate să vină. El n-are timp. ‒ Trebuie să mă duc la alimentară. Eu vreau să cumpăr muşchi ţigănesc. ‒ Nu plecăm la Braşov. Noi n-avem vacanţă. ‒ Domnul Müller nu manâncă tuslama. Nu-i place. ‒ Doamna Ionescu are foarte mult timp. Ea e singură. ‒ Radu nu pleacă la munte. Ninge. ‒ Florin nu călătoreşte în străinătate. Nu are bani.

Repetaţi acum exerciţiul cu „deoarece" şi „fiindcă".

Das Verb a căuta **(suchen)**

Die Vokalalternation *ă/a* kommt meistens bei Verben vor, deren Haupt-vokal *ă* ist:

(eu)	*ca*ut	(noi)	*că*utăm
(tu)	*ca*uţi	(voi)	*că*utaţi
(el, ea)	*ca*ută	(ei, ele)	*ca*ută

Weitere Verben: a îmbrăca (anziehen), a împăca (versöhnen), a băga (stecken), a căsca (gähnen), a sări (springen), a apărea (erscheinen) a cădea (fallen).

Exerciţiul 13   Exersaţi:

– Ce căutaţi?
~ Caut un hotel ieftin.

o fată frumoasă, un băiat deştept, nişte roşii proaspete, o bere rece, ziua de ieri.

Exersaţi de asemenea:

~ Căutăm nişte hoteluri ieftine.
– Unde să las cartea? (carte)
~ Poţi s-o laşi aici.

caiet, cartof, revistă, scrisoare, strugure.

Exersaţi acum şi la plural.

Citiţi cu glosarul:

Mica publicitate (continuare)

Matrimoniale

CAUT pentru căsă-torie doamnă (dom-nişoară) liniştită, sunt fără obligaţii, am pregătire. Rog mult răspuns scris. Aştept provincia.	**27 ANI, om de afa-ceri, caut tânără de condiţie deosebită, elevată. Popescu Ion, căsuţa poştală 1-39, cod 7700, Bucureşti.**	PENSIONAR intelectual, vârstnic, situat, caută partneră prezentabilă pentru căsătorie. ☎ Tel. 664.50.52

Pierderi

PIERDUT buletin de identitate şi carnet de student pe numele de Mitrică Răzvan. Le declar nule.	**CETAŢEAN** din Honduras pierdut paşaport pe numele Li Hanmin şi acte personale. Aducătorului se dă bună recompensă. Tel. 018.606.331 ziua.	PIERDUT câine lup, zona Triumf – Dorobanţi. Ofer recompensă. Tel. 666.46.28

Decese

LUIZA, cu durere în suflet, anunţă moartea iubitului ei frate colonel (r) STĂNESCU CONSTANTIN (BEBE), veteran de război, cavaler al Ordinului Mihai Viteazul, decorat cu Coroana României, Steaua României şi Crucea de Fier.	*IOANA, soţie, anunţă cu profundă durere moartea iubitului ei soţ, VASILE VALUŞESCU, luptător în rezistenţa armată, deţinut politic timp de 14 ani. Slujba de înhumare va avea loc la biserica Sf. Treime, miercuri 12.06. orele 11 a.m.*

(*din:* Evenimentul zilei, 20.03.1996)

LECȚIA A CINCISPREZECEA

Nu-i frumos să ceri ceva de la prieteni

Doamna Popescu și doamna Ionescu stau pe stradă de vorbă. Doamna Ionescu a fost la piață după cumpărături, iar doamna Ionescu este în drum spre piață.

D-na Ionescu:	Familia Müller ne-a trimis o vedere din Germania.
D-na Popescu:	Of, drăguții de ei! Ce v-au scris?
D-na Ionescu:	Au ajuns cu bine acasă și că domnul Müller va trebui să vină din nou în România.
D-na Popescu:	Când are de gând să vină?
D-na Ionescu:	Nu știu exact, dar cam peste vreo lună.
D-na Popescu:	Să-mi dai și mie adresa lor. Vreau să le cer să-mi aducă niște fleacuri.
D-na Ionescu.	Ce anume?
D-na Popescu:	Niște nimicuri. Eu știu … poate vreun praf pentru mașina noastră de făcut înghețată.
D-na Ionescu:	Nu-i frumos să ceri ceva de la prieteni.
D-na Popescu:	Doar sunt fleacuri, costă doar câțiva pfennigi. Să-mi dai și mie adresa familiei Müller.
D-na Ionescu:	O am acasă. Poți să mă suni diseară.
D-na Popescu:	Apropo, s-o suni pe doamna Cristescu. Te caută de câteva zile. Hai, că plec. Și tu să-l suni și pe Gigi. Mi-a spus că-i e dor de tine …
D-na Ionescu:	Of, bărbații ăstia!

Despre un accident de circulație

Florin și Mihai stau de vorbă pe partea cealaltă a străzii.

Florin:	Unde mergi?
Mihai:	Sunt chemat la poliție.
Florin:	La poliție? Vai, dar de ce?
Mihai:	Nu-i nimic grav. Am fost martor ocular al unui accident de circulație.

Florin: Nu mai spune!

Mihai: Da, mergând pe stradă am văzut venind o maşină „Dacia". Şoferul nefiind atent la semnul de circulaţie, a virat la dreapta nevăzând că-i sens unic şi a tamponat un Mercedes care a ieşit pe nevăzute din stradă.

Florin: Al cui era Mercedes-ul? Era al unui grangur mare?

Mihai: Eu ştiu? Oricum, au venit doi agenţi de circulaţie şi au notat o serie de adrese ale martorilor oculari. Aşa că am fost chemat la poliţie. Şi tu, unde te duci?

Florin: Eu mă duc la „Consignaţia". Vreau să vând maşina mea de spălat şi vreau să aflu cât îmi dă pe ea.

Mihai: Nu-ţi mai trebuie?

Florin: Cum să nu. Dar îmi trebuie şi bani.

VOCABULAR

cer|e, ø, -ut	verlangen	grav, -ă, -i, -e	schwerwiegend
drum, -uri	Weg	martor, -i	Zeuge
trimi|te, -t, -s	schicken	martor ocular	Augenzeuge
veder|e, -i	Ansichtskarte	nu mai spune!	sag bloß!
of	ach	maşin|ă, -i	*hier:* Pkw
drăguţii de ei ...	diese netten ...	şofer, -i	Fahrer
ajun|ge, ø, -s	*hier:* ankommen	aten|t, -tă, -ţi, -te	aufmerksam
cu bine	gut	semn, -e	Zeichen
din nou	erneut	semn de circu-	Verkehrszeichen
avea, am, avut	vorhaben	laţie	
de gând		vir|a, -ez, -at	einbiegen
peste vreo lună	in etwa einem Monat	sens unic	Einbahnstraße
adres|ă, -e	Anschrift	tampon|a, -ez, -t	zusammenstoßen
aduc|e, ø, -s	bringen	pe nevăzute	blindlings
fleac, -uri	Kleinigkeit	grangur, -i	Bonze
nimic, -uri	Bagatelle	agen|t, -ţi	Agent
praf, -uri	Pulver	agent de circu-	Verkehrspolizist
diseară	heute abend	laţie	
a-i fi dor	sich sehnen	not|a, -ez, -t	notieren
accident, -e	Unfall	(se) duc|e, ø, dus	gehen
circulaţie	Verkehr	consignaţi|e, -i	An- und Verkaufs-
poliţie	Polizei		laden
de ce?	warum?		

Gramatică şi exerciţii

Der Dativ der Personalpronomen

Personalpronomen im Dativ wurden bereits im Zusammenhang mit dem Ausdruck *îmi place mâncarea românească* erwähnt (siehe Lektion 7, Seite 47). Die lange Form wird benutzt, wenn man eine Person hervorheben will: *Mie îmi* scrie o scrisoare – *Mir* schreibt er/sie einen Brief (und nicht dir). Ansonsten wird die Kurzform mit *îmi* benutzt.

Cui îi scrie Radu o scrisoare?

> *Mie îmi* scrie o scrisoare (şi nu ţie).
> *Ţie îţi* scrie o scrisoare (şi nu mie)
> *Lui îi* scrie o scrisoare (şi nu ei)
> *Ei îi* scrie o scrisoare (şi nu lui)
> *Nouă ne* scrie o scrisoare (şi nu vouă)
> *Vouă vă* scrie o scrisoare (şi nu nouă).
> *Lor le* scrie o scrisoare (şi nu mie).

Die *Verneinung* lautet:

nu-mi scrie   *nu ne* scrie
nu-ţi scrie   *nu vă* scrie
nu-i scrie   *nu le* scrie

Exerciţiul 1

a) Exersaţi:

– Îmi scrii?
~ Da, îţi scriu.

a da un telefon, a trimite o vedere, a răspunde.

b) Exersaţi şi cu: ne, îi, le.

c) Exersaţi şi forma negativă:

– Nu-mi scrii?
~ Ba da, îţi scriu.

Exerciţiul 2   Exersaţi acum şi cu pluralul.

Das *Perfekt* lautet wie folgt:

mi-a scris   ne-a scris
ţi-a scris   v-a scris
i-a scris   le-a scris

Exerciţiul 3   Repetaţi exerciţiile 1 şi 2 şi puneţi propoziţiile la perfectul compus. (Wiederholen Sie die Übungen 1 und 2 und setzen Sie die Sätze ins Perfekt.)

Im *Konjunktiv* kommen folgende Kurzformen vor:

să-mi, să-ţi, să-i   im Dativ
să-l, s-o, să-i   im Akkusativ

Exerciţiul 4   Formaţi conjunctivul:

El îmi scrie o scrisoare. → El vrea să-mi scrie o scrisoare.

Ea îţi trimite o vedere. Radu îi dă un telefon. Maria îmi spune ceva. Florin îl cheamă la restaurant. Bogdan o vede. Raluca îi răspunde la scrisoare.

Das Passiv

Das *Passiv* wird mit *a fi* + *Partizip* gebildet:

(eu) *sunt chemat* (ich werde gerufen)
(eu) *am fost chemat* (ich wurde gerufen)
(eu) *voi fi chemat* (ich werde gerufen werden)

Exerciţiul 5   Exersaţi:

Radu cheamă o fată. → Fata este chemată de Radu.

Maria îl aşteaptă pe Radu. Mihai o vede pe Rodica. Radu mănâncă mici. Doamna Popescu bea cafea. El bea bere. Doamna Ionescu cumpără muşchi ţigănesc. Domnul Ionescu citeşte un ziar. Doamna Cristescu ia roşii. Florin economiseşte bani.

Exerciţiul 6   Repetaţi exerciţiul 4 la perfectul compus şi viitor (toate cele trei forme). Wiederholen Sie Übung 4 im Perfekt und im Futur (alle drei Formen).

Das Gerundium

Das *Gerundium* (gerunziu) entspricht im Deutschen dem Partizip I. Siehe Lektion 13 (S. 87). Es wird aus dem Wortstamm des Verbs und den Endungen *-ând* oder *-ind* gebildet:

a merge – *mergând* (gehend), veni – *venind* (kommend)

Die Endung -*ind* haben alle Verben der *i-Gruppe* sowie alle Verben, deren Stamm auf -*i* auslautet: studia – stud*ii*nd.

Unregelmäßige Verben haben folgende Gerundien:

a avea	– *având*	a lua	– *luând*	a da	– *dând*
a bea	– *bând*	a vrea	– *vrând*	a fi	– *fiind*

Das Gerundium kann wie folgt benutzt werden:

– Zeitlich: *mergând* pe stradă am văzut (als ich auf der Straße ging, sah ich …)
– Art und Weise: El mănâncă *citind*. (Er ißt lesend.)
– Grund: *Nefiind* atent la sensul unic a intrat într-o altă maşină. (Weil er nicht auf das Verkehrszeichen der Einbahnstraße achtete, stieß er mit einem anderen Wagen zusammen.)

Die Vorsilbe ne- + Gerundium

Mit der Vorsilbe *ne-* (un-) wird die Verneinung ausgedrückt: *Nefiind* sănătos a stat acasă. (Da er nicht gesund war, blieb er zu Hause.)

Exerciţiul 7   Formaţi gerunziul verbelor din paranteză (Wandeln Sie die in Klammern gesetzten Verben in Gerundien um):

El lucrează şi (bea) toată ziua. Ea (are) destule roşii şi îşi face supă de roşii. Când (a citit) articolul din ziar, el a aflat de accidentul de circulaţie. El (nu a fost atent) şi a făcut un accident. Eu (fug) pe strada şi n-am văzut maşina.

Das Supinum (Fortsetzung)

Substantiv + Supinum können Begriffe bilden, die im Deutschen als zusammengesetzte Substantive gelten:

maşină de spălat (= Waschmaschine), *maşină de făcut îngheţată* (= Eismaschine)

Exercițiul 8   Explicați cu ajutorul dicționarului următoarele expresii (Erklären Sie mit Hilfe des Wörterbuches folgende Ausdrücke):

fier de călcat, mașină de bărbierit, aparat de ras, mașină de tuns, mașină de tăiat iarba.

ăsta **und** ăla

Die Demonstrativpronomen *acesta* und *acela* wurden bereits in Lektion 9 (S. 64) behandelt. In der Umgangssprache sind darüber hinaus folgende Formen gebräuchlich:

acesta – *ăsta*	acela – *ăla*	aceasta – *asta*	aceea – *aia*
aceștia – *ăștia*	aceia – *ăia*	acestea – *astea*	acelea – *alea*

Exercițiul 9   Înlocuiți pronumele demonstrativ din exercițiul 6 în lecția 9 și exercițiul 8 în lecția 12 cu formele colocviale. (Ersetzen Sie die Demonstrativpronomen aus Übung 6 in Lektion 9 und Übung 8 in Lektion 12 mit den umgangssprachlichen Formen.)

Der Genitiv-Artikel

Der sogenannte Genitiv-Artikel lautet:

– im Singular maskulin bzw. neutral *al* und feminin *a;*
– im Plural maskulin *ai* und feminin bzw. neutral *ale.*

Mit diesem Artikel wird das Fragewort „*wessen*" gebildet, das im Rumänischen je nach Geschlecht und Zahl des Besitzers die oben genannten vier Formen hat:

al, a, ai, ale cui? = wessen?

Exercițiul 10

– Al cui este caietul acesta?
~ Al meu.

mașina de spălat – eu. Aparat de ras – noi. Roșii – noi. Cafea – ea. Pașapoarte – voi. cartofii – ei. Conopida – ele.

Der Genitiv-Artikel wird auch nach einem Substantiv mit unbestimmten Artikel oder nach einem vom Adjektiv gefolgten Substantiv verwendet:

prietenul lui Radu	un prieten *al* lui Radu
fusta ei este roşie	fusta roşie este *a* ei.
casa doamnei Ionescu este nouă	casa nouă *a* doamnei Ionescu.

Exerciţiul 11   Exersaţi:

Prietena Mariei a fost la Braşov. → O prietenă a Mariei a fost la Braşov.

Fratele lui lucrează la hotel. Sora lui lucrează la Bucureşti. Fratele ei a fost în România. Sora ei vine la mine. Pantofii ei sunt noi. Adidaşii lui sunt frumoşi. Pălăria ei este modernă. Fustele ei sunt vernil. Costumele lui sunt scumpe. Creioanele lui sunt roşii.

Das Verb a vinde **(verkaufen)**

Beim Verb *a vinde* kommt es zu der Vokalalternation *i/â*:

(eu)	v*â*nd	(noi)	v*i*ndem
(tu)	v*i*nzi	(voi)	v*i*ndeţi
(el, ea)	v*i*nde	(ei, ele)	v*â*nd

Partizip: vândut
Konjunktiv: (eu) să vând, (ei, ele) să vândă

Exerciţiul 12   Completaţi cu a vinde:

Ei ..... la piaţă roşii şi cartofi. Eu ..... maşina de scris. Ea a ..... pălăria ei. Doamna Popescu vrea să ..... fustele ei.

Citiţi cu glosarul:

Record

Cel mai mare sanviş din România va fi preparat la Reşiţa

În 29 iunie a. c. lucrătorii societăţii FRUNCEA vor încerca să doboare recordul naţional la sanviş. Cel mai lung sanviş din România a fost preparat şi mâncat la Braşov, în 1992. El a avut o lungime de 3,5 metri. Ideea aparţine poetului Mihai T. Ioan şi interpretului folk Cristian Buică şi este sprijinită de Coca Cola, Fabrica de Pâine din Reşiţa şi Întreprinderea de Industrializare a Cărnii. Sanvişul se va vinde la licitaţie şi banii adunaţi vor fi donaţi familiei cu cei mai mulţi copii minori din Reşiţa. Pentru sfârşitul lunii iulie, organizatorii pregătesc o omletă din 400 de ouă.

(*după*: România liberă, 12.06.1996)

Vânzătorii de casete dispar din pasaj

Începând din 25 iunie intră în vigoare Legea Dreptului de autor. Un prim efect al aplicării acestei legi va fi scoaterea din peisajul stradal a vânzătorilor de casete video şi audio.

Retragerea lor din mica afacere este generată atât de lipsa mijloacelor necesare pentru plata drepturilor şi a unor eventuale daune retroactiv, cât şi de teama că materialele şi aparatura le vor fi distruse de Oficiul Român pentru Drepturile de Autor, ce are acest drept prin lege. Dispariţia vânzătorilor în forma actuală va favoriza, în afară de creşterea preţurilor pe piaţa oficială, dezvoltarea unei reţele underground de producere şi difuzare de muzică şi filme. Copierea de casete va reveni în acest mod la statutul pe care îl avea înainte de '89: acela de ocupaţie extraprofesională, de „umplere" a timpului în mod util şi plăcut, ascultând muzică şi câştigând nişte bani în plus. Acest lucru nu va spori în nici un caz calitatea reproducerii casetelor, care oricum vor fi distribuite în circuit închis, de frica Oficiului pentru Drepturile de Autor.

(*din*: Libertatea, 18.04.1996)

LECȚIA A ȘAISPREZECEA

Interviu într-o stație de autobuz

Reporterul: Nu vă supărați, pot să vă deranjez? Vreau să vă pun niște întrebări. Sunt un reporter al ziarului „Tinerom" și vreau să știu cum își petrece tineretul ziua.

Bogdan: Dacă îmi aduc bine aminte am mai fost intervievat de o reporteriță frumoasă de la ziarul „Tineretul studios".

Reporterul: Era de la concurență. Pot să vă întreb acum?

Bogdan: Mă rog.

Reporterul: Când vă sculați?

Bogdan: Dimineața, când se scoală toată lumea. După ce m-am trezit, bineînțeles.

Reporterul: Și ce faceți apoi?

Bogdan: Ce să fac? Mă spăl, mă îmbrac, mă încalț și mă duc la ștrand ca să-mi petrec timpul acolo. Toți prietenii mei își petrec timpul la ștrand.

Reporterul: N-aveți sesiune?

Bogdan: Ce sesiune, domnule? Nu sunt student. Sunt șomer, căci n-am mai vrut să învăț. E bună viața de șomer, nu-i așa?

Reporterul: Mă rog, și de ce v-ați ras la cap?

Bogdan: Pentru că prietena mea și-a vopsit părul. I-am spus că dacă își vopsește părul, mă rad la cap. Și uite așa m-am tuns și m-am ras și acum sunt frumos ca ... Scaraoțchi.

Repoterul: Și când vă întoarceți de la ștrand?

Bogdan: Mă întorc ... Dar văd că vine autobuzul. Trebuie să mă duc la ștrand ...

Reporterul: ???

Când noi eram copii ...

D-na Popescu: Când eram copil stăteam la bunici, la țară.

D-na Ionescu: Iar eu stăteam la oraș.

D-na Popescu: Aveam o grădină frumoasă. Deși grădina era mică, bunica cultiva căpșuni și legume, iar bunicul o ajuta.

Deseori stătea pe banca din faţa casei şi discuta cu vecinii politică. Chiar dacă erau săraci, erau oameni foarte fericiţi.

D-na Ionescu: Iar eu plecam la ştrand. Cu toate că era departe de casa noastră mergeam pe jos. Îmi plăcea să merg la ştrand. Era mare cu mai multe bazine. Citeam multe cărţi, băieţii jucau fotbal, iar noi, fetele, ne uitam la ei. Uneori mama mergea după masă cu mine prin oraş şi îmi cumpăra dulciuri.

D-na Popescu: Când mă trezeam dis de dimineaţă auzeam păsările ciripind.

D-na Ionescu: Iar eu mă sculam târziu. Părinţii erau la muncă.

D-na Popescu: Frumos era în timpul copilăriei!

D-na Ionescu: Da, dar vremurile au trecut.

VOCABULAR

interviu, -ri	Interview
autobuz, -e	Bus
se supăr|a, ø, -at	sich ärgern
deranj|a, -ez, -t	stören
reporter, -i	Reporter
tineret	Jugend
petrec|e, ø, -ut	verbringen
a-şi aduc|e, ø, adus aminte	sich erinnern
interviev|a, -ez, -at	interviewen
reporteriţ|ă, -e	Reporterin
studio|s, -asă, -şi, -ase	fleißig
concurenţ|ă, -e	Konkurrenz
mă rog	meinetwegen
(se) scula, scol, -t	aufstehen
(se) trez|i, -esc, -it	erwachen
bineînţeles	selbstverständlich
(se) spăl|a, ø, -t	(sich) waschen
(se) îmbr|ăca, -ac, -ăcat	(sich) anziehen
(se) înc|ălţa, -alţ, -ălţat	(sich) die Schuhe anziehen
ştrand, -uri	Freibad
şomer, -i	Arbeitsloser
căci	denn
nu-i aşa?	nicht wahr?
(se) ra|de, -d, -s	(sich) rasieren
cap, -ete	Kopf

(se) vops|i, -esc, -it	(sich) färben
(se) tun|de, -d, -s	(seine) Haare schneiden
Scaraoţchi	Beelzebub
(se) înto|arce, -rc, -s	zurückkehren
bunic, -i	Großvater
bunic|ă, -i	Großmutter
bunici Pl.	Großeltern
grădin|ă, -i	Garten
deşi	obgleich
cultiv|a, -ez, -at	hier: ziehen (Pflanzen)
căpşun|ă, -i	Gartenerdbeere
deseori	oftmals
bancă, bănci	Bank
din faţa casei	vor dem Haus
politică	Politik
chiar dacă	selbst wenn
om, oameni	Mensch
cu toate că	selbst wenn
departe	weit
bazin, -uri	Becken, Bassin
dulciuri Pl.	Süßigkeiten
dis de dimineaţă	frühmorgens
cirip|i, -esc, -it	zwitschern
târzi|u, -e, -i	spät
vrem|e, -uri	Zeit
trec|e, ø, -ut	hier: vergehen

Casă ţărănească
din Ciocăneşti

Gramatică şi exerciţii

Das Reflexivpronomen

Das *Reflexivpronomen* hat für den Dativ und Akkusativ in der 3. Person Singular und Plural eine jeweils eigene Form: *îşi* (sich) im Dativ und *se* (sich) im Akkusativ:

Präsens	*Akkusativ*	*Dativ*
	a se duce (fortgehen*)	a-şi aduce aminte (sich erinnern)
(eu)	mă duc	îmi aduc aminte
(tu)	te duci	îţi aduci aminte
(el, ea)	*se* duce	*îşi* aduce aminte
(noi)	ne ducem	ne aducem aminte
(voi)	vă duceţi	vă aduceţi aminte
(ei, ele)	*se* duc	*îşi* aduc aminte
Perfekt		
el, ea	*s-a* dus	*şi-a* adus aminte
Futur		
el, ea	*se* va duce	*îşi* va aduce aminte
	are să *se* ducă	are să-şi aducă aminte
	o să *se* ducă	o să-şi aducă aminte
Konjunktiv		
el, ea (trebuie)	să *se* ducă	*să-şi* aducă aminte

Hier ist nur die 3. Person Singular angegeben, die mit der 3. Person Plural identisch ist. Die übrigen Formen sind vom Akkusativ und Dativ der Personalpronomen her bekannt. Siehe die Lektionen 7, 14 und 15.

* ist im Deutschen nicht reflexiv.

Exercițiul 1 Puneți pronumele corect (Setzen Sie das richtige Pronomen ein):

Eu ..... scol la ora 6. Voi ..... îmbrăcați. Ei ..... duc în oraș. Noi ..... încălțăm. Tu ..... razi. El ..... duce în oraș. Voi ..... treziți la ora 7. Ea ..... scoală mereu la 10. Ele ..... îmbracă și apoi ..... duc în oraș. Doamna Popescu ..... aduce aminte de copilăria ei. Eu ..... cos nasturele.

Treceți propozițiile la perfectul compus și la viitor (toate cele 3 forme). (Setzen Sie nun die Sätze ins Perfekt und ins Futur [alle 3 Formen]).

Exercițiul 2 Exersați:

Eu mă scol mereu la ora șapte. (Radu) → Și Radu se scoală mereu la ora șapte.

Tu te duci la ora opt la facultate. (Radu și Florin) – Noi ne spălăm dimineața și seara. (Maria) – Voi vă radeți în fiecare zi. (Mihai) – Eu mă duc în fiecare zi în oraș (Florica și Rodica).

Treceți propozițiile la perfectul compus și la viitor (toate cele 3 forme).

Das Imperfekt

Das *Imperfekt* wird verwendet:

- wenn eine in der Vergangenheit begonnene und in der Gegenwart noch nicht abgeschlossene Handlung ausgedrückt werden soll oder
- eine Handlung, die sich in der Vergangenheit wiederholt hat:

Când am plecat la ștrand era soare, iar când am ajuns ploua. (Als ich zum Freibad ging, schien die Sonne und als ich wegging, regnete es.)
Când eram copil, eram în fiecare vară la țară la bunici. (Als ich ein Kind war, war ich jeden Sommer bei den Großeltern auf dem Land.)

Das Imperfekt wird *mit dem Verbstamm + Imperfektendung* gebildet:

Wir haben es hier mit zwei Varianten zu tun. Die erste wird für die *a-Gruppe*, einige *e-Verben* und *i-Verben* mit *-i -* als betonten Vokal (z.B. a scrie, a ști) sowie für *î-*Verben verwendet. Die zweite für *ea-Verben, e-Verben* und *i-Verben*, wo der Stammvokal nicht *i* ist.

	a învăţa	*a veni*		*a învăţa*	*a veni*
(eu)	învăţ*am*	ven*eam*	(noi)	învăţ*am*	ven*eam*
(tu)	învăţ*ai*	ven*eai*	(voi)	învăţ*aţi*	ven*eaţi*
(el)	învăţ*a*	ven*ea*	(ei, ele)	învăţ*au*	ven*eau*

Der Unterschied zwischen beiden Varianten ist sehr gering. Zu beachten ist, daß die 1. Person im Singular und Plural identisch ist.

Exerciţiul 3   Treceţi propoziţiile la imperfect (Setzen Sie die Sätze ins Imperfekt):

Eu comand nişte mici. El fumează des. Ea nu prea lucrează. Noi aflăm mereu ce-i nou. El consumă mereu doar o bere. Ei studiază limba română. Voi nu rezistaţi deloc. Ele comandă o bere. Mereu când vine, el doarme. Ne plac mâncărurile româneşti. Eu mănânc mereu arahide. Mi-e lene toată ziua. Doamna Popescu merge pe stradă. Tu spui mereu bancuri (Witze).

Ausnahmen bilden wieder die bereits bekannten unregelmäßigen Verben:

	a da	*a sta*	*a avea*	*a vrea*	*a fi*
(eu)	dăde*am*	stăte*am*	ave*am*	voi*am*	er*am*
(tu)	dăde*ai*	stăte*ai*	ave*ai*	voi*ai*	er*ai*
(el, ea)	dăde*a*	stăte*a*	ave*a*	voi*a*	er*a*
(noi)	dăde*am*	stăte*am*	ave*am*	voi*am*	er*am*
(voi)	dăde*aţi*	stăte*aţi*	ave*aţi*	voi*aţi*	er*aţi*
(ei, ele)	dăde*au*	stăte*au*	ave*au*	voi*au*	er*au*

Exerciţiul 4   Treceţi propoziţiile la imperfect:

El stă şi aşteaptă. Noi vrem să plecăm la Bucureşti. În copilărie suntem cu toţii fericiţi. El îmi dă o ţigară. El nu are niciodată noroc.

Weitere Vokalalternationen

ă/e   a cump*ă*ra (kaufen)

    (eu)   cump*ă*r
    (tu)   cump*e*ri
    (el/ei)   cump*ă*ră
    (el/ei)   să cump*e*re

Dazu gehören auch die Verben: a num* ăra (zählen), a enumera (aufzählen), a răscumpăra (einlösen, freikaufen), a [se] supăra ([sich] ärgern).

Exerciţiul 5 Desfaceţi parantezele (Lösen Sie die Klammern auf):

Doamna Popescu (a cumpăra) roşii de la piaţă. Noi (a număra) banii. Tu (a se supăra) pe mine dacă îţi (a cere) o ţigară?

ă/e/a	a învăţa (lernen)
(eu)	învăţ
(tu)	înveţi
(el, ea/ei, ele)	învaţă
(el, ea/ei, ele)	să înveţe

Hierzu gehören noch: a [se] spăla ([sich] waschen), a [se] desfăta ([sich] erfreuen), a [se] îmbăta ([sich] berauschen), a răsfăţa (verwöhnen).

Exerciţiul 6 Desfaceţi parantezele:

De ce Radu (a se îmbăta) mereu? Eu nu vreau să-l (a răsfăţa) pe băiatul meu. Tu cu ce (a se spăla)? Eu (a se spăla) cu apă.

Konzessivkonjunktionen

Und noch etwas über die Konzessivkonjunktionen, die einen einräumenden Sinn haben. Es sind dies: *deşi* (trotzdem), *cu toate că* (obgleich), *chiar dacă* (selbst wenn).

Exerciţiul 7 Exersaţi:

Nu-mi era foame. Totuşi am mâncat ceva. → Deşi nu-mi era foame am mâncat ceva.

Era frig. Totuşi ei au plecat la munte. – Ei au învăţat mult. Totuşi n-au ştiut prea mult. – Ploua. Totuşi el a mers la ştrand. – Ea nu avea mulţi bani. Totuşi a cumpărat o maşină de spălat. – Ei n-au aveau nimic de făcut. Totuşi n-au venit.

Formaţi acum propoziţii cu „cu toate că" şi „chiar dacă"

Die indirekte Rede

Der erste Dialog dieser Lektion soll nun in indirekter Rede wiedergegeben werden. Beachten Sie die zuvor aufgeführten Änderungen.

Folgende Verben verlangen dabei den Dativ:

a spune (sagen), *a zice* (sagen), *a răspunde* (antworten), *a explica* (erklären), *a cere* (verlangen, fordern), *a confirma* (bestätigen), *a infirma* (dementieren), *a mulțumi* (danken), *a ura* (wünschen), *a cere scuze* (sich entschuldigen), *a recomanda* (empfehlen).

Ferner werden folgende Verben mit Akkusativobjekten versehen:

a întreba (fragen), *a ruga* (bitten), *a saluta* (grüßen), *a chema* (rufen), *a invita* (einladen), *a pofti* (auffordern).

Das Demonstrativpronomen *acest(a)* wandelt sich in *acel(a)* und seine Varianten um:

aici	→ acolo	poimâine	→	peste două zile
acum	→ atunci	ieri	→	în ziua precedentă
azi	→ în ziua aceea	alaltăieri	→	cu două zile înainte
mâine	→ a doua zi			

Und jetzt der Text in indirekter Rede:

Interviu într-o stație de autobuz

Un reporter al ziarului „Tinerom" îl întreabă pe Bogdan dacă poate să-i pună niște întrebări. Bogdan este de acord și reporterul îl întreabă când se scoală. Bogdan răspunde că se scoală când se scoală toată lumea. Pe urmă reporterul îl întreabă ce face apoi. Bogdan spune că se spală, se îmbracă și se duce la ștrand ca să-și petreacă timpul acolo. Întrebat dacă nu are sesiune, Bogdan zice reporterului că este șomer căci n-a mai vrut să învețe și că viața de șomer este bună. Reporterul îl mai întreabă de ce s-a ras la cap, la care acesta răspunde reporterului că prietena sa și-a vopsit părul și că i-a spus că dacă ea își vopsește părul, se va rade la cap. Reporterul mai întreabă când se întoarce Bogdan de la ștrand, dar vine autobuzul și Bogdan îl lasă pe reporter singur.

Exercițiul 8   Setzen Sie obigen Text ins Imperfekt.

Exercițiul 9   Schreiben Sie nun den zweiten Text „*Când noi eram copii* …" in indirekter Rede.

Citiți cu glosarul:

Din programul TV

TVR 1		TVR 2	
7.00	Telematinal	**7.00**	La prima oră
8.30	La prima oră		Știri Rompres
	Actualități		Buletin meteo
	Puncte cardinale		Informații utile
	Desene animate		Cronica șoselei
	Revista presei		Desene animate
	Maxima zilei		Avocatul casei
9.20	Santa Barbara		Ce spun astrele?
	Serial SUA	**8.30**	TVR Cluj-Napoca
Pro TV		**Antena 1**	
7.00	Ora 7	**7.00**	Telematinal
	Bună dimineața!	**9.00**	Viața în trei
	O emisiune cu		(serial)
	Florin Călinescu		Episodul 89
8.55	Doar o vorbă	**9.00**	Știrile dimineții
	să-ți mai spun …	**9.45**	Din lumea
9.00	Tânăr și nelini-		afacerilor
	știt, Serial episodul 1		
9.45	Sport la minut		

(*din:* Libertatea, 18.04.1996)

LECŢIA A ŞAPTESPREZECEA

Am probleme

Bate la uşă.
Florin: Intră! E deschis!

Radu deschide uşa şi intră.

Florin: Bună, Radule!
Radu: Salut!
Florin: Cu ce ocazie pe la mine?
Radu: Măi, am probleme.
Florin: Ce probleme? De ce nu stai jos când vii la mine?
Radu: Pot să fumez o ţigară? Sunt nervos.
Florin: Nu fuma aici. În camera mea nu se fumează. Ce s-a întâmplat?
Radu: Măi, am o ocazie nemaipomenită să primesc o broscuţă aproa-
          pe nouă!
Florin: Nu vorbi! Cu cât?
Radu: Cu doar câteva mii de lei. E aproape pe gratis! Mă crezi?
Florin: Nu te cred!
Radu: Poţi să mă crezi.
Florin: Şi atunci care-s problemele?
Radu: N-am nici un sfanţ!

La biroul de informaţii

Un călător intră grăbit în sala ghişeelor de la Gara de Nord din Bucureşti
şi se duce la primul ghişeu.

Călătorul: Nu vă supăraţi, aici se găsesc bilete pentru vagonul de
                dormit?
Funcţionarul: Nu mă supăr, dar bilete pentru vagonul de dormit găsiţi
                la al treilea ghişeu.
Călătorul: La dreapta sau la stânga?
Funcţionarul: La dreapta.

Călătorul merge la ghişeul respectiv.

Călătorul:	Un bilet pentru vagonul de dormit până la Oradea.
Funcţionara:	Cu acceleratul sau cu rapidul?
Călătorul:	Eu ştiu? Care-i primul tren?
Funcţionara:	Rapidul.
Călătorul:	Opreşte şi la Câmpina?
Funcţionara:	Nu, prima staţie e la Ploieşti, iar a doua la Sinaia. Dar vreţi să plecaţi la Oradea. Ce treabă aveţi la Câmpina?
Călătorul:	Mătuşa mea vroia să vină la gară ca să mă vadă.
Funcţionara:	Atunci plecaţi cu acceleratul sau cu personalul.
Călătorul:	Eu cu personalul? Este prima dată că mă duc la Oradea cu personalul.
Funcţionara:	Faceţi cum vreţi, dar nu încurcaţi lumea care aşteaptă!
Călătorul:	Când pleacă rapidul?
Funcţionara:	Rapidul pleacă peste zece minute de la linia a treisprezecea.
Călătorul:	Şi acceleratul?
Funcţionara:	Peste douăzeci de minute de la linia a şaptea.
Călătorul:	Nu, treisprezecele şi şaptele îmi aduc ghinion. Mai bine plec cu personalul.
Funcţionara:	Îmi pare rău, dar personalul n-are vagoane de dormit. Duceţi-vă la ghişeul pentru personale. Şi acum faceţi loc pentru cei care aşteaptă! Vedeţi ce mare-i coada!

Vocabular

problem|ă, -e	Problem	gratis	kostenlos
băt|ea, bat, -ut	schlagen, klopfen	sfanţ, -i	Heller, Groschen
deschi|de, -d, -s	öffnen	birou, -ri	*hier:* Büro
bună!	*ugs.* Tagchen!	informaţi|e, -i	Auskunft
ocazi|e, -i	Gelegenheit	călător, -i	Reisender
pe la mine	bei mir	grăbi|t, -tă, -ţi, -te	beeilt
sta jos	sich setzen	sală, săli	Saal
nervo|s, -asă, -şi, -ase	nervös	ghişeu, -ri	Schalter
se întâmpl|a, 3. Pers. -ă, -at	geschehen	gară, gări	Bahnhof
		prim|ul, -a, -ii, -ele	erster
nemaipomeni|t, -tă, -ţi, -te	unerhört	vag|on, -oane	Waggon
		vagon de dormit	Schlafwagen
prim|i, -esc, -it	bekommen	respectiv, -ă, -i, -e	betreffend
broscuţ|ă, -e	Fröschlein, *hier:* (VW-)Käfer	accelerat, -e	Schnellzug
		rapid, -uri	D-Zug
aproape	fast	opr|i, -esc, -it	anhalten
ţin|e, ø, -ut	halten	mătuş|ă, -i	Tante
ţine-te bine!	halt dich fest!	ca să	um zu

personal, -uri	*hier:* Personenzug	lini/e, -i	*hier:* Bahnsteig
prima dată	erstmalig	loc, -uri	Platz
încurca, ø, -at	behindern	coadă, cozi	*hier:* Schlange, Reihe

GRAMATICĂ ȘI EXERCIȚII

Der Imperativ

Beim *Imperativ* gibt es vier Formen: die 2. Person Singular und Plural bejahend bzw. verneinend.

Die Pluralform ist am leichtesten, da sie identisch mit der 2. Person Plural Präsens ist:

| voi mergeți | → *mergeți!* | Verneinung: *nu mergeți!* |
| voi lucrați | → *lucrați!* | *nu lucrați!* |

Bei der 2. Person Singular kompliziert sich die Sache. Hier wird in der bejahenden Form meistens die 3. Person Singular verwendet:

el lucrează → *lucrează!*

Bei einigen Verben der 3. Konjugation hat der Imperativ die gleiche Form wie die 2. Person Singular:

tu mergi → *mergi!*

Die *Verneinung* wird mit dem Infinitiv gebildet:

a lucra → *nu lucra!*

Für die anderen Personen wird der *Konjunktiv* benutzt, auch bei der negativen Form:

| el, ea / ei, ele lucrează | → *să lucreze!* | *să nu lucreze!* |
| noi lucrăm | → *să lucrăm!* | *să nu lucrăm!* |

Exercițiul 1   Exersați:

De ce nu *întrebați?* → Întrebați, vă rog!

a mânca, a veni, a răspunde, a sta jos, a aștepta, a încerca, a discuta, a suna.

Exersați de asemenea:

De ce întrebați? → Nu mai întrebați!

Exerciţiul 2   Exersaţi:

Nu întrebaţi! → Nu întreba!

a mânca, a aştepta, a scrie, a veni, a spera, a cădea, a încerca, a face.

Exerciţiul 3   Exersaţi:

Dacă trebuie să *mânânci*, atunci mănâncă!

a bea, a scrie, a merge, a spune, a coborî, a hotărî, a cere.

Exerciţiul 4   Exersaţi:

Mâncaţi ciorba de burtă! → Mânâncă ciorba de burtă!

Intraţi în cameră! Cumpăraţi legume! Stabiliţi o întâlnire! Notaţi adresa!
Spuneţi-mi de unde sunteţi! Deschideţi uşa! Cereţi informaţii! Viraţi
spre dreaptă! Sunaţi la uşă!

Die Ordnungszahlen

Die *Ordnungszahlen* werden nach Geschlecht unterschieden. Vor Masku-
lina und Neutra wird der Genitivartikel *al* gesetzt und die Endung *-ea*
angefügt; vor Feminina kommt der feminine Genitivartikel *a* und die
Endung *-a* wird angefügt:

	Singular		Plural	
	M. + N.	F.	M.	F. + N.
1.*	*primul, întâiul*	*prima, întâia*	*primii, întâii*	*primele, întâile*
2.	*al doilea*	*a doua*		
3.	*al treilea*	*a treia*		
4.	*al patrulea*	*a patra*		
21.	*al douăzeci şi unulea*	*a douăzeci şi una*		
100.	*al o sutălea*	*a suta*		
1000.	*al o mielea*	*a mia*		
	ultimul	*ultima*	*ultimii*	*ultimele*

*Im Rumänischen werden Ordnungszahlen nicht durch einen Punkt gekenn-
zeichnet.

Exerciţiul 5   Citiţi:

6. = al şaselea, a şasea

18.; 3.; 29.; 105.; 233.; 6.; 18.; 1526.; 12.; 45.

Exerciţiul 6   Exersaţi:

Cu care autobuz pleci? (1.) → Cu primul.

Cu care maşină pleacă Radu? (3) – Cu care avion pleacă domnul Popes-
cu? (5.) – Cu care tren plecaţi? (2.) – Cu care maşină pleacă Rodica şi
Raluca? (1.) – Cu care tren pleci? (1).

Exerciţiul 7   Răspundeţi:

Care este prima zi din săptămână? Luni.

Continuaţi.

Răspundeţi de asemenea:

Care este prima lună a anului? Prima lună este ianuarie.

Continuaţi.

Exerciţiul 8   Treceţi textele „Am probleme" şi „La biroul de infoma-
ţii" la vorbirea indirectă.

Die Rechtschreibung

Seit 1993 gelten neue Regeln für die Rechtschreibung. Doch bereits
1953 wurde beispielsweise das Apostroph bei Auslassungen durch einen
Bindestrich ersetzt (n'am wurde zu n-am). Das war wichtig, da zuvor bei
Verbindungen mit dem Personalpronomen im Dativ oder Akkusativ der
Bindestrich geschrieben wurde und es dadurch oft zu Verwechslungen
kam (am văzut-o). Darüber hinaus wurde die Großschreibung von
Wochentagen und Monatsnamen abgeschafft. „Verschlimmbessert" hat
man jedoch die Schreibung von *î* und *â*. Bekanntlich sind beide Vokale
gleichlautend. Deshalb konnte man das *â*, das lateinischen Ursprungs
ist, abschaffen und alles mit *î* schreiben. Man wollte Stalin beweisen, daß
man doch slawischen und nicht romanischen Ursprungs war! So hieß es
beispielsweise *Romînia*, statt *România*. Dies brachte viele Rumänen auf,

da die Roma sich im Rumänischen *romi* nennen, und man jetzt hätte meinen können, Rumänien sei das Land der Zigeuner. Es leben zwar viele Roma in Rumänien, doch wollten die Rumänen diesen Eindruck eben nicht erwecken. Also wird seit 1965 alles mit dem Rumänischen in Zusammenhang stehende wieder mit *â* geschrieben (z. B. *România, român, românesc*). 1993 wurde zudem die Präsensform des Hilfsverbs *a fi* von *sînt* (slawischen Ursprungs und nur dialektal verwendet) in *sunt* (romanischen Ursprungs) geändert.

Die folgenden zwei Gedichte sind in der Rechtschreibung von 1953 wiedergegeben:

Citiţi acum cu glosar două poezii ale lui Ştefan O. Iosif (1875–1913)

Cîntec de primăvară

Înfloresc grădinile
Ceru-i ca oglinda
Prin livezi albinele
Şi-au pornit colinda.

Cîntă ciocîrliile
Imn de veselie;
Fluturii cu miile
Joacă pe cîmpie.

Joacă fete şi băieţi
Hora-n bătătură –
Ah, de ce n-am zece vieţi
Să te cînt, Natură!

Cîntec

Dragă codrule, te las ...
Plec pe căi străine ...
Chezăşie mi-a rămas
Inima la tine.

Tu m-ai învăţat să cînt
Din copilărie
Şi de atunci n-am pe pămînt
Altă bucurie! ...

LECȚIA A OPTSPREZECEA

Pe litoral

Ați fost vreodată pe litoralul românesc al Mării Negre? Dacă nu ați fost, vă recomandăm să petreceți un concediu într-una din stațiunile de pe „Riviera română" cum se mai spune la litoral. Aveți aici de toate! Soare, chiar foarte mult soare. Apa mării este vara de obicei foarte caldă și plăcută. Hotelurile sunt în general bune, chiar dacă nu sunt atât de moderne. Dar personalul este amabil și încearcă să satisfacă toate dorințele vilegiaturiștilor. Cine nu vrea să stea numai cu burta la soare, poate practica surfing și schi nautic, se poate plimba cu minicarele prin stațiuni, poate face cumpărături la Constanța sau la Mangalia. Seara se poate merge la dans într-o discotecă sau la popice, sau pur și simplu poți să stai la un restaurant, bând un pahar de vin și să faci cunoștință cu românii. Cel suferind de reumatism poate face băi de nămol la Eforie sau Mangalia, cel ahtiat după călărie se poate duce la herghelia din Mangalia, iar cel interesat de monumente istorice poate vizita la Constanța faimosul mozaic roman sau alte vestigii din timpul antichității. Desigur că se pot face și excursii în țară, la București de pildă sau pe Valea Prahovei, în Delta Dunării sau la mănăstirile din nordul Moldovei. Deci fiecare poate găsi câte ceva interesant, plecând cu amintiri frumoase de pe litoral!

Pe scurt despre istoria Româninei

Este foarte greu să scrii despre o istorie atât de lungă a românilor, plină de evenimente. Strămoșii românilor au fost dacii care sub regele Burebista (82–44 înaintea lui Hristos) au fost uniți într-un mare stat. În timpul regelui Decebal acest stat a fost cotropit de către romani și a fost transformat într-o provincie romană. Astfel populația dacă s-a amestecat cu cotropitorii romani formându-se cu timpul poporul român. După marea migrație a popoarelor, peste teritoriul actual al României trecând printre alții goții și hunii, s-au format primele state feudale românești. Transilvania a fost cucerită în secolul al zecelea de triburile maghiare. La sud de Carpați, Basarab I. (1324–1352) unește micile state prefeudale în voievodatul Valahiei, iar Bogdan (1359-1365) înfiinţează voievodatul Moldovei, aflat la est de Carpaţi. La sfârşitul secolului al paisprezecelea ţările române sunt ameninţate de expansiunea Imperiului otoman. Mari conducători de oaste şi voievozi cum ar fi Mircea cel Bătrân, Iancu de Hunedoara, Vlad Ţepeş, Ştefan cel Mare şi alţii au învins în lupte crâncene trupele otomane. Totuşi Muntenia şi Moldova cad sub suzeranitatea otomană, păstrându-şi însă autonomia lor. În anul 1600 Mihai Viteazul reuşeşte să unifice cele trei provincii româneşti pentru scurt timp. Abia în secolul al nouăsprezecelea românii reuşesc unirea Munteniei cu Moldova în 1859 sub domnitorul Alexandru Ioan Cuza. După abdicarea lui în 1866 este chemat un principe german din casa Hohenzollern-Sigmaringen care este mai târziu încoronat devenind primul rege al României moderne, numindu-se Carol I. (1881). După primul război mondial se împlineşte un vis milenar al românilor şi anume are loc unirea cu Transilvania. În urma pactului Ribbentrop-Molotov din 1939 România pierde Basarabia, Bucovina de nord şi părţi ale Dobrogei cât şi o mare parte a Transilvaniei de nord, recuperată după cel de al doilea război mondial. După intrarea trupelor sovietice în 1944 are loc instaurarea regimului comunist care culminează cu persoana dictatorului odios Ceauşescu. În 1989 are loc o revoluţie populară care îl îndepărtează pe Ceauşescu, instaurându-se o democraţie după model occidental. Iată în câteva cuvinte istoria României. Desigur se pot spune încă multe lucruri, dar poate veţi studia cândva istoria acestei ţări în mod amănunţit.

Vocabular

vreodată	irgendwann	amabil, -ă, -i, -e	freundlich
litoral, -uri	Meeresküste	satis|face, -fac, -făcut	zufriedenstellen
Marea Neagră	Schwarzes Meer	dorinţ|ă, -e	Wunsch
recomand|a, ø, -at	empfehlen	vilegiaturi|st, -şti	Sommerfrischler
petrec|e, ø, -ut	verbringen	practic|a, ø, -at	ausüben
concedi|u, -i	Urlaub	schi	Ski
staţiun|e, -i	hier: Seebad	schi nautic	Wasserski
ap|ă, -e	Wasser	minicar, -e	Bummelbahn
vară, veri	Sommer	discotec|ă, -i	Diskothek
cal|d, -dă, -zi, -de	warm	popice	Kegeln
plăcu|t, -tă, -ţi, -te	angenehm	cunoştinţ|ă, -e	Bekanntschaft
în general	im allgemeinen	suferin|d, -dă, -zi, -de	leidend
chiar dacă	wenn auch	reumatism	Rheuma
personal	Personal	nămol, -uri	Schlamm

ahtia|t, -tă, -ţi, -te	erpicht	conducător, -i	Führer
călărie	Reiten	oaste, oşti	Heer
hergheli|e, -i	Gestüt	voievo|d, -zi	Wojedwode, Fürst
monument, -e	Denkmal	învin|ge, -g, -s	siegen
istoric, -ă, -i, -e	geschichtlich	lupt|ă, -e	Kampf
faimo|s, -asă, -şi, -ase	berühmt	crâncen, -ă, -i, -e	erbittert
		trup|ă, -e	Truppe
mozaic, -uri	Mosaik	totuşi	trotzdem
roman, -ă, -i, -e	römisch	cădea, cad, căzut	fallen
vestigi|u, -i	Überrest, Relikt	suzeranitate	Oberhoheit
antichitate	Antike	păstr|a, -ez, -at	beibehalten
interi|or, -oare	Inneres	reuş|i, -esc, -it	gelingen
interiorul ţării	Landesinneres	unific|a, ø, -at	vereinigen
de pildă	zum Beispiel	abia	erst
vale, văi	Tal	independenţă	Unabhängigkeit
delt|ă, -e	Delta	domnitor, -i	Herrscher
Dunărea	Donau	abdicare	Abdankung
deci	also	princip|e, -i	Fürst
amintir|e, -i	Andenken	încoron|a, -ez, -at	krönen
eveniment, -e	Ereignis	reg|e, -i	König
strămoş, -i	Vorfahre	război, -oaie	Krieg
dac, -i	Daker	război mondial	Weltkrieg
un|i, -esc, -it	vereinen	milenar, -ă, -i, -e	tausendjährig
stat, -e	Staat	avea loc	stattfinden
transform|a, ø, -at	umwandeln	anume	nämlich
provinci|e, -i	Provinz	în urma	infolge
astfel	auf diese Weise	pact, -e	Pakt
amestec|a, ø, -at	(ver)mischen	pierd|e, ø, -ut	verlieren
cotropitor, -i	Eroberer	parte, părţi	Teil
pop|or, -oare	Volk	recuper|a, -ez, -at	zurückerlangen
migraţi|e, -i	Wanderung	sovietic, -ă, -i, -e	sowjetisch
teritori|u, -i	Territorium	instaur|are, -ări	Errichtung
actual, -ă, -i, -e	gegenwärtig	regim, -uri	Regime
trec|e, ø, -ut	vorbeigehen, -ziehen	comuni|st, -stă, -şti, -ste	kommunistisch
go|t, -ţi	Gote	atin|ge, -g, -s	erreichen
hun, -i	Hunne	culm|e, -i	Gipfel
feudal, -ă, -i, -e	mittelalterlich	dictator, -i	Diktator
secol, -e	Jahrhundert	odio|s, -asă, -şi, -ase	verhaßt
cucer|i, -esc, -it	erobern		
trib, -uri	Stamm	revoluţi|e, -i	Revolution
maghiar, -ă, -i, -e	*hier:* magyarisch	popular, -ă, -i, -e	Volks-
prefeudal, -ă, -i, -e	vorfeudalistisch	îndepărt|a, -ez, -at	beseitigen
voievodat, -e	Wojewodschaft	model, -e	Modell
înfiinţ|a, -ez, -at	gründen	occidental, -ă, -i, -e	westlich
ameninţ|a, ø, -at	(be)drohen	cândva	irgendwann
expansiun|e, -i	Ausweitung	mod, -uri	Art und Weise
imperi|u, -i	Reich, Imperium	amănunţi|t, -tă, -ţi, -te	eingehend
otoman, -ă, -i, -e	osmanisch		

Peisaj montan

Exerciţii recapitulative

1. Treceţi propoziţiile la perfectul compus

El pleacă la Braşov. El mă întreabă mereu. Eu nu pot să vin. Încerc să vorbesc cu el. Ea îl caută. Eu o văd. Domnul Müller nu mă aşteaptă. Nu mă simt bine şi zac la pat. Florin nu învaţă nimic. Stau de vorbă cu doamna Ionescu. Încerc tot timpul să-l sun. Nu-mi răspunde la întrebarea mea.

2. Exersaţi

- Mă aşteaptă Florin?
~ Da, el te aşteaptă.

Mă aude Raluca? Mă crezi? Mă suni diseară? Mă vizitezi? Mă caută Rodica? Pe mine mă întrebi?

3. Treceţi răspunsurile la plural.

4. Treceţi acum răspunsurile la perfectul compus.

5. Exersaţi

− Îmi dai o ţigară?
~ Nu-ţi dau.

Îmi răspunzi la întrebarea mea? Îmi scrii o vedere? Îmi spui când vii? Îmi trimiţi nişte bani? Îmi zici cum îl cheamă? Îmi telefonezi diseară?

6. Treceţi răspunsurile la plural.

7. Treceţi acum răspunsurile la perfectul compus.

8. Treceţi propoziţiile la imperfect

Eu mănânc mult. El se duce la Bucureşti. Domnul Müller vorbeşte bine româneşte. Tu îl vezi mereu. Noi învăţăm foarte mult. Rodica şi Raluca locuiesc la Bucureşti.

9. Treceţi acum propoziţiile la imperfectul negativ.

10. Exersaţi

− Când te razi?
~ Mă rad în fiecare dimineaţă.

a se scula, a se spăla, a se îmbrăca, a se încălţa, a se duce la ştrand.

11. Repetaţi exerciţiul astfel

− Când se rade Florin?
~ El se rade în fiecare dimineaţă.

12. Treceţi acum exerciţiile mai întâi la perfectul compus, apoi la imperfect.

13. Exersaţi

Am plecat pentru că era foarte târziu. → Fiind foarte târziu am plecat.

Am plecat acasă pentru că eram foarte obosit. Eu nu mai am vorbit cu el pentru că eram supărat foc. El ştia totul pentru că era foarte deştept. Am scris o scrisoare mamei mele pentru că era ziua ei. Rodica a trecut bine examenul pentru că era harnică. Florin a picat la examen pentru că era leneş.

14. Formulaţi întrebări

a) Aici este un *creion*. → Al cui este creionul acesta?

caiet de lingivistică, nişte roşii, o bere, nişte ochelari, nişte ţigări, un pix, o carte, nişte copii, un ziar, o revistă.

Întrebaţi deasemenea:

Al cui este creionul acela?

b) Şi acum răspundeţi.

Creionul este al meu (tău, său, ei).

15. Răspundeţi la întrebări

Ce găsim pe litoralul românesc al Mării Negre? Cum este apa mării vara? Dar personalul hotelurilor? Ce încearcă el? Ce se poate practica pe litoral? Cu ce se pot plimba turiştii prin staţiuni? Unde pot face cumpărături? Ce se poate face seara? Ce pot face cei suferinzi? Dar cei ahtiaţi după călărie? Unde se află mozaicul roman? Unde se mai pot face excursii?
Numiţi conducătorii de oaste şi voievozii care au învins în luptele cu turcii! Când îşi dobândesc românii în sfârşit independenţa naţională? Sub cine are loc unirea Moldovei cu Muntenia? Cine a fost primul rege al românilor? De unde venea? Când are loc unirea României moderne cu Transilvania? Ce pierde România în urma pactului nefast Ribbentrop-Molotov? Când are loc instaurarea regimului comunist? În ce an a avut loc revoluţia populară? După care model se instaurează în România o democraţie?

16. Povestiti ce ştiţi despre istoria ţării dumneavoastră.

Citiţi cu glosarul:

Două reţete culinare

Ciorbă de salată verde: 2 morcovi, 1 pătrunjel, 1 bucată bună de ţelină, 2 cepe, 100 ml de ulei, 3 salate verzi mari, leuştean şi pătrunjel verde, 3 ouă, 50 g de unt, 1 lămâie mare, 200 g de smântână, sare.
 Curăţaţi şi spălaţi bine zarzavatul, tocaţi-l foarte mărunt, apoi căliţi-l în ulei, stingeţi-l cu apă şi puneţi-l la fiert. Spălaţi salata, tăiaţi-o în fâşii late şi puneţi-le în ciorbă împreună cu verdeaţa tăiată fin. Din unt şi ouă

pregătiţi o omletă, tăiaţi-o în cuburi şi puneţi-le în corbă. Potriviţi gustul cu lămâie, puneţi sare, smântână şi verdeaţă.

Tocăniţă de cartofi: 1 kg de cartofi, 1 ceapă, 1 lingură de făină, 3 roşii, piper, usturoi, pătrunjel verde, mărar, sare, 1 foaie de dafin şi 200 g de smântână.

În uleiul fierbinte căliţi ceapa tocată mărunt, adăugaţi făina şi când aceasta s-a aurit stingeţi cu apă caldă. În continuare puneţi sare, piper, verdeaţă şi foaia de dafin. Când cartofii s-au muiat, adăugaţi usturoiul şi smântâna. Daţi vasul la cuptor pentru 10 minute. Preparatul este gata şi se poate servi fierbinte.

(*din:* Reţete culinare pentru familia mea, Bucureşti, 1995)

TEST 3

Kreuzen Sie von den drei Möglichkeiten die richtige an:

1.   a) Eu am lucrat foarte mult. ☐
       b) Eu am lucrut foarte mult. ☐
       c) Eu am lucrât foarte mult. ☐

2.   a) Eu am plecat la Braşov. ☐
       b) Eu am plăcut la Braşov. ☐
       c) Eu am plecit la Braşov. ☐

3.   a) El dorme foarte puţin. ☐
       b) El dormeşte foarte puţin. ☐
       c) El doarme foarte puţin. ☐

4.   a) Pe eu mă cheamă Florin. ☐
       b) Pe mie mă cheamă Florin. ☐
       c) Pe mine mă cheamă Florin. ☐

5.   a) Eu îi trimit o vedeare Ralucăi. ☐
       b) Eu îi trimit o vedere Ralucăi. ☐
       c) Eu îi trimit o văzure Ralucăi. ☐

6.   a) Rodica îl aşteaptă pe Florin. ☐
       b) Rodica o aşteaptă pe Florin. ☐
       c) Rodica aşteaptă pe Florin. ☐

7.   a) Îi cunoaştem pe ghidul acesta. ☐
       b) Îl cunoaştem pe ghidul acesta. ☐
       c) Le cunoaştem pe ghidul acesta. ☐

8.   a) N-o cunosc pe Florin. ☐
       b) Nu-l cunosc pe Florin. ☐
       c) Nu-i cunosc pe Florin. ☐

9.   a) Florin l-a aştepat pe Rodica. ☐
       b) Florin le-a aştepat pe Rodica. ☐
       c) Florin a aşteptat-o pe Rodica. ☐

10. a) Noi cautăm o carte bună. ☐
     b) Noi căutăm o carte bună. ☐
     c) Noi cautam o carte bună. ☐

11. a) Pe mine mă aşteaptă. ☐
     b) Pe eu mă aşteaptă. ☐
     c) Pe ei mă aşteaptă. ☐

12. a) Radu vede pe un hotel. ☐
     b) Radu îl vede pe un hotel. ☐
     c) Radu vede un hotel. ☐

13. a) Mă scrii o vedere? ☐
     b) Îmi scrii o vedere? ☐
     c) Te scrii o vedere? ☐

14. a) L-a scris o scrisoare. ☐
     b) M-a scris o scrisoare. ☐
     c) Mi-a scris o scrisoare. ☐

15. a) A cui este acest caiet? ☐
     b) Ale cui este acest caiet? ☐
     c) Al cui este acest caiet? ☐

16. a) El vinde mereu legume proaspete. ☐
     b) El vânde mereu legume proaspete. ☐
     c) El vindecă mereu legume proaspete. ☐

17. a) Radu fiind chemat la poliţie. ☐
     b) Radu sunt chemat la poliţie. ☐
     c) Radu este chemat la poliţie. ☐

18. a) Mergeam pe stradă am văzut o maşină roşie. ☐
     b) Mergând pe stradă am văzut o maşină roşie. ☐
     c) Am mers pe stradă am văzut o maşină roşie. ☐

19. a) El învăţa bine la şcoală. ☐
     b) El învăţea bine la şcoală. ☐
     c) El înveaţă bine la şcoală. ☐

20. a) M-am dus aminte de copilărie. ☐
     b) Mi-am adus aminte de copilărie. ☐
     c) Îmi am adus aminte de copilărie. ☐

21. a) Eu n-aveam bani.
     b) Eu n-avem bani.
     c) Eu n-avam bani.

22. a) Tu învăţi mult.
     b) Tu inveţi mult.
     c) Tu învaţi mult.

23. a) Deoarece n-avea bani este fericit.
     b) Pentru că n-avea bani ete fericit.
     c) Deşi n-avea bani era fericit.

24. a) Mama spune băiatului: Înveţi!
     b) Mama spune băiatului: Învăţaţi!
     c) Mama spune băiatului: Învaţă!

25. a) Trenul pleacă de la linia al doilea.
     b) Trenul pleacă de la linia a doilea.
     c) Trenul pleacă de la linia a doua.

26. a) Pe litoral plouă mereu.
     b) Pe litoral e mult soare.
     c) Pe litoral ninge vara.

27. a) Seara se poate sta cu burta la soare.
     b) Seara se pot face cumpărături.
     c) Seara se poate merge la discotecă.

28. a) Dacia a fost cucerită de romani în timpul lui Burebista.
     b) Dacia a fost cucerită de romani în timpul lui Decebal.
     c) Dacia a fost cucerită de romani în timpul migraţiei
        popoarelor.

29. a) Basarab întemeiază voivodatul Moldovei.
     b) Vlad Ţepeş întemeiază voivodatul Moldovei.
     c) Bogdan întemeiază voivodatul Moldovei.

30. a) Primul rege român era un principe german din casa
        Habsburg.
     b) Primul rege român era un principe german din casa
        Thurn şi Taxis
     c) Primul rege român era un principe german din casa
        Hohenzollern-Sigmaringen.

Lösungen siehe Seite 215

Sie haben ..... von ingesamt 30 Punkten erzielt.

30–25 Punkte: ausgezeichnet
24–20 Punkte: sehr gut
19–15 Punkte: gut
14–0   Punkte: Wiederholen Sie nochmals die Lektionen 13–18.

LECȚIA A NOUĂSPREZECEA

Discuţii ... în familie

Doamna Popescu:	Dă-mi te rog o ţigară.
Domnul Popescu:	N-avem ţigări în casă.
Doamna Popescu:	Atunci du-te şi cumpără.
Domnul Popescu:	Eu să mă duc? Mereu zici: Du-te, fă cutare şi cutare. M-am săturat.
Doamna Popescu:	Taci! Eu fac totul în casă. Toată ziua sunt numai la cratiţă. Dacă vrei, bea mai întâi cafeluţa, că ne-am făcut câte o cafeluţă.
Domnul Popescu:	Cafea fără ţigară nu merge.
Doamna Popescu:	Atunci mergi la tutungerie şi ia nişte pachete de ţigări şi treci pe la brutărie şi cumpără o pâine că n-avem pâine în casă.
Domnul Popescu:	Nu mă duc. Du-te tu, dacă vrei!
Doamna Popescu:	Fii rezonabil! Ia nişte bani de la mine şi du-te.
Domnul Popescu:	Mereu eu. Tu stai toată ziua la taclale cu doamna, zi cum o cheamă?
Doamna Popescu:	Vrei să zici, Ioneasca?
Domnul Popescu:	Da, Ioneasca. Nu faci nimic în casă. Eu mă duc la lucru, eu gătesc ...
Doamna Popescu:	Hai, nu plânge imediat. Hai, dragule, vino încoace să te sărut şi apoi du-te.
Domnul Popescu:	Lasă-mă în pace. Da, râzi, dar mie îmi vine să plâng.
Doamna Popescu:	Plângi atunci. Fii bărbat, măi omule. Bărbaţii nu plâng. Hai iubitule, te rog să te duci şi să aduci nişte ţigări şi pâine.
Domnul Popescu:	Ai răbdare, stai să mă încalţ. Nu pot să mă duc des-culţ pe stradă.
Doamna Popescu:	Hai, motanule, încalţă-te!
Domnul Popescu:	Zi ce ne mai trebuie.
Doamna Popescu:	Mie îmi trebuie un sărut şi apoi pleacă!

La doctor

Doamna Ionescu intră la doctor.

Doctorul:	Bună ziua, doamna …
D-na Ionescu:	Mă cheamă Aristiţa Ionescu. Frumos prenume, nu-i aşa?
Medicul:	Foarte frumos. Spuneţi-mi, aţi mai fost la mine?
D-na Ionescu:	Mai fusesem odată la dumneavoastră. Ştiţi, atunci cu apendicita, ştiţi eram pacienta aia care avusese greţuri şi dureri îngrozitoare.
Medicul:	Toţi suferinzii de apendicită au greţuri şi dureri abdominale.
D-na Ionescu:	Da, domnule doctor, eu făcusem …
Medicul:	Bine, bine, doamnă, ce vă supără acum?
D-na Ionescu:	Domnule doctor, tare mă doare capul, îmi vâjâie urechile, apoi şi pielea mă ustură şi mă pişcă la inimă, mă deranjează şi stomacul.
Medicul:	Haideţi, să vă iau tensiunea (Medicul îi ia tensiunea) Da, bănuiam eu bine. Aveţi tensiune cam mare.
D-na Ionescu:	Cât?
Medicul:	15 cu 9. E mare. Doamnă, nu cumva beţi prea multe cafele?
D-na Ionescu:	Cam beau.
Medicul:	Câte?
D-na Ionescu:	Păi ştiu eu? Dimineaţa vreo două, la prânz una, după amiază mă duc la prietena mea, doamna Popescu şi nu ştiu câte cafele beau la ea …
Medicul:	Doamnă, cafelele-s de vină. Nu mai beţi cafele!
D-na Ionescu:	Eu şi fără cafele!
Medicul:	Beţi apă minerală sau sucuri naturale. Sucurile naturale întineresc. Iar cafeaua îmbătrâneşte!
D-na Ionescu:	Nu zău!

VOCABULAR

discuţi|e, -i	Gespräch, Streit	rezonabil, -ă, -i, -e	vernünftig
crati|ţă, -e	Kochtopf	plâng|e, ø, -s	weinen
brutări|e, -i	Bäckerei	sărut|a, ø, -at	küssen
(se) sătura, satur,	satt haben	pace	Frieden
săturat		râ|de, -d, -s	lachen
pâin|e, -i	Brot	iubi|t, -tă, -ţi, -te	geliebt

răbd|are, -ări	Geduld	ustur|a, 3. Pers. -ă, -t	jucken, brennen
descul\underline{t}, -ă, -i, -e	barfuß	dure\underline{a}, doare, durut	schmerzen
mota\underline{n}, -i	Kater	pișc|a, ø, -at	zwicken
săru\underline{t}, -uri	Kuß	inim|ă, -i	Herz
do\underline{c}tor, -i	Doktor	deranj|a, -ez, -at	stören
me\underline{d}ic, -i	Arzt	stoma\underline{c}, -uri	Magen
a se chem|a, ø, -at	heißen	tensiun|e, -i	Spannung, Druck
apendicit|ă, -e	Blinddarm-	bănu\underline{i}, -esc, -t	ahnen
	entzündung	prânz, -uri	Mittag
gre|ață, -țuri	Brechreiz	ap\underline{ă}, -e	Wasser
durer|e, -i	Schmerz	apă minerală	Mineralwasser
abdomina\underline{l}, -ă, -i, -e	Bauch-	după ami|ază, -eze	Nachmittag
vâjâi, 3. Pers. -e, -t	sausen	natura\underline{l}, -ă, -i, -e	natürlich
urech|e, -i	Ohr	de vină	schuld
cap, -ete	Kopf	întiner|i, -esc, -it	jünger werden
pie|le, -i	Haut	z\underline{ău}	wirklich!

*Case din Munții
Apuseni*

GRAMATICĂ ȘI EXERCIȚII

Der Imperativ (Fortsetzung)

Viele Verben auf -*e* bilden Ausnahmen:

a face	→	*fă!*	a merge	→	*mergi!*
a duce	→	*du!*	a plânge	→	*plângi!*
a zice	→	*zi!*	a râde	→	*râzi!*

Der Imperativ der unregelmäßigen Verben:

a fi	*fii!*	*nu fi!*	*fiţi!*	*nu fiţi!*
a avea	*ai!*	*nu avea!*	*aveţi!*	*nu aveţi!*
a bea	*bea!*	*nu bea!*	*beţi!*	*nu beţi!*
a da	*dă!*	*nu da!*	*daţi!*	*nu daţi!*
a lua	*ia!*	*nu lua!*	*luaţi!*	*nu luaţi!*
a mânca	*mănâncă!*	*nu mânca!*	*mâncaţi!*	*nu mâncaţi!*

Exerciţiul 1   Exersaţi:

Domnul Popescu îi spune doamnei Popescu să facă mâncare. → Fă mâncare!

Mama îi spune copilului să aibă grijă. Doamna Popescu îi spune soţului să ia nişte bani. Mama îi spune copilului sa mănânce. Radu îi spune Rodicăi să bea ceai. Domnul Popescu îi spune doamnei Popescu să fie rezonabilă. Emil îi spune lui Florin să ducă maşina de spălat la reparat. Rodica îi spune Ralucăi să meargă la piaţă.

Die *Personalpronomen* im Dativ oder Akkusativ werden an den Imperativ angehängt:

Îmi scrii o scrisoare?   *Scrie-mi!*
Mă suni?   *Sună-mă!*

Exerciţiul 2   Exersaţi:

Copilul nu vrea să se trezească. Mama spune: Trezeşte-te!

Copilul nu vrea să se spele. Copilul nu vrea să se îmbrace. Copilul nu vrea să se încalţe. Copilul nu vrea să se ducă la şcoală. Copilul nu vrea să mănânce. Copilul nu vrea să-şi bea ceaiul. Copilul nu vrea să înveţe. Copilul nu vrea să asculte.

Der Imperativ kann durch den Konjunktiv abgeschwächt werden:

Fă mâncare → *Să faci mâncare!* oder *Te rog să faci mâncare.* (Du sollst das Essen machen *oder* Ich bitte dich, das Essen zu machen.)

Exerciţiul 3   Treceţi propoziţiile de la imperativ folosind conjunctivul:

Fii mai rezonabil! Bea mai puţin! Du-te la alimentară! Dă-mi o ţigară! Ia nişte pâine! Scrie-mi o vedere! Zi, ce vrei? Aşteaptă-mă! Crede-mă!

Das Plusquamperfekt

Das *Plusquamperfekt* wird wie folgt gebildet:

Verbstamm + Suffix des Partizips + -se- + Endung

Bei den Verben auf *-e* wird hinter dem Suffix noch ein -e- eingeschoben.

	a consuma	*a vedea*	*a merge*	*a citi*	*a coborî*
Partizip:	consum*at*	văzu*t*	mer*s*	citi*t*	coborâ*t*
(eu)	consuma*sem*	văzu*sem*	merse*sem*	citi*sem*	coborâ*sem*
(tu)	consuma*seşi*	văzu*seşi*	merse*seşi*	citi*seşi*	coborâ*seşi*
(el, ea)	consuma*se*	văzu*se*	merse*se*	citi*se*	coborâ*se*
(noi)	consuma*serăm*	văzu*serăm*	merse*serăm*	citi*serăm*	coborâ*serăm*
(voi)	consuma*serăţi*	văzu*serăţi*	merse*serăţi*	citi*seră*	coborâ*serăţi*
(ei, ele)	consuma*seră*	văzu*seră*	merse*seră*	citi*seră*	coborâ*seră*

Von den unregelmäßigen Verben wird hier nur die 1. Person Singular angegeben:

	a fi	a avea	a sta	a da	a vrea (voi)
(eu)	*fusesem*	*avusesem*	*stătusem*	*dădusem*	*vrusesem (voisem)*

Exerciţiul 4 Puneţi verbele din parantează la mai mult ca perfect (Setzen Sie die Verben in Klammern ins Plusquamperfekt):

Când el a venit, ea (a mânca) deja. Când ai sunat, eu (a se trezi) de mult timp. Radu (a făcea) lecţiile înainte ca să se ducă la şcoală. În drum spre Bucureşti familia Müller (a trece) pe la noi. Noi (a bea) vinul, când aţi venit voi. Eu (a se hotărî) deja ce trebuie să fac. Nu (a fi) niciodată în România. Noi (a avea) foarte mult timp pentru el. Eu le (a da) nişte sticle de vin. Ei (a vrea) să vadă Bucureştiul. Voi (a voi) să ne daţi nişte cărţi bune de citit.

Der Vokativ

Im Rumänischen gibt es einen 5. Fall: den *Vokativ* (Anredefall). Dieser wird dann benutzt, wenn wir eine Person anreden oder rufen. Der Vokativ und der Nom./Akk. sind in der Regel formengleich; zuweilen lautet der Vokativ bei den Feminina auf *-o* und bei den Maskulina auf *-(ul)e* aus:

Florin → Florin*e*!   Rodica → Rodic*o*!
motan → motan*ule*!

Exerciţiul 5   Formaţi vocativul:

Ioan, Raluca, Maria, Bogdan, iubit, drăguţ, drăguţă, iubită, domn, profesor, bunic, bunică.

Verben mit Personalpronomen

Im Rumänischen gibt es *Verben*, die unbedingt *mit einem Personalpronomen* stehen müssen. Sie haben bereits gelernt: *a-i plăcea, a-i fi sete*. Hier nun einige Verben, die mit dem Personalpronomen im Akkusativ stehen: *a-l durea, a-l pişca, a-l deranja, a-l supăra, a-l interesa* (interessieren) *a-l pasiona* (sich begeistern).

Exerciţiul 6   Exersaţi:

- Ce vă deranjează?
~ Nu mă deranjează nimic.

a-l durea, a-l pişca, a-l interesa, a-l pasiona.

cât? câtă? câţi? câte?

Das Fragewort *cât?, câtă?, câţi?, câte? (wieviel?)* wird je nach Zahl und Geschlecht eingesetzt. Bereits an den Endungen können Sie erkennen, um was für ein Geschlecht es sich handelt.

Exerciţiul 7   Completaţi:

..... cafele beţi zilnic? ..... bani ai? ..... roşii să cumpăr? ..... e ceasul? ..... muncă! ..... elevi au venit la şcoală? Şi ..... eleve? ..... costă?

câte doi, câte trei (je zwei, je drei)

Exerciţiul 8   Exeresaţi:

Am băut azi două cafele → Am băut azi câte două cafele.

Am mâncat azi trei sarmale. Am băut împreună o sticlă de vin. Ia două reviste pentru mine. Cumpără-mi trei ziare de azi. Am scris ieri două cărţi poştale. Am luat patru pixuri. Am cumpărat azi cinci pachete de ţigări.

Familiennamen, umgangssprachlich

In der Umgangssprache werden oftmals Familiennamen, die auf *-escu* enden, in der weiblichen Form zu *-easca:*

Ion*escu* − Ion*easca*

Exerciţiul 9   Transformaţi numele de familie la feminin:

Popescu, Herescu, Petrovicescu, Protopopescu, Petrescu.

Diminutive

In der rumänischen Sprache gibt es unzählige *Diminutive* (Verkleinerungsformen). Im ersten Text dieser Lektion wird beipielsweise aus *cafea* → *cafeluţă* (die Österreicher würden sagen: ein Kaffeetscherl). Bei den Verkleinerungen geht die Betonung auf den Vokal der Nachsilbe über. Infolgedessen kommt es zu Vokalalternationen:

-uţă	stradă	stră*duţă*	Rodica	Rodic*uţa*
-el	pahar	pahăr*el*	Irina	Irin*el*
-ică	carte	cărtic*ică*	Emil	Emil*ică*
-aş	cuţit	cuţit*aş*	Emil	Emil*aş*

Exerciţiul 10   Formaţi diminutive:

cu *-uţă*: masă, casă, pisică, Olga; cu *-el*: carnet, motan, cuvânt, băiat; cu *-aş*: creion, băiat.

Exerciţiul 11   Răspundeţi la întrebări:

Ce vrea doamna Ionescu de la soţul ei? De ce domnul Ionescu nu vrea să se ducă după ţigări? Ce face doamna Popescu toată ziua? Ce spune ea? Ce spune soţul ei? Ce probleme are doamna Ionescu? Câtă tensiune are? De ce? Câte cafele bea pe zi? Ce fac sucurile şi ce fac cafelele?

Exerciţiul 12   Treceţi dialogurile lecţiei la vorbirea indirectă.

Exercițiul 13

1. Sagen Sie jemanden, er möge Zigaretten, Brot, Zeitungen, Zeitschriften usw. kaufen.
2. Erzählen Sie über Ihre (hoffentlich nicht vorhandenen) Wehwehchen!

Citiți cu glosarul:

Bună dimineața!

- Soarele răsare la 6 h și 57 min. și apune la 19 h și 21 min.
- Vremea va fi încă rece pentru această dată. Cerul va fi variabil, mai mult senin noaptea și dimineața în sudul țării. Înnorări mai accentuate se vor menține în regiunile nordice și centrale. Va ploua slab pe alocuri. În zona de munte, la peste 1500 de metri, precipitațiile pot fi și sub forma de ninsoare. Temperaturile maxime vor fi cuprinse între 10 și 22 de grade. În București, vremea va fi frumoasă, dar încă rece, mai ales noaptea și dimineața.
- 1665 – Miron Costin este atestat ca având funcția de mare paharnic al Moldovei
- Ion Ghica este ales președinte al Societății Academice Române.
- A murit istoricul Grigore Tocilescu.
- 1911 – Grigore Brezeanu realizează primul film artistic românesc, „Amor fatal", cu Lucia Sturdza și Tony Bulandra.

(*din:* România liberă, 18.09.1996)

LECŢIA A DOUĂZECEA

Sunt deja milionar!

Bogdan: Ce ai face dacă ai fi milionar? Dacă ai avea să zicem un milion
          de mărci.
Florin: Ce aş face? Mi-aş cumpăra o maşină mişto. M-aş muta într-o
          vilă. Aş invita-o pe prietena mea şi ne-am duce undeva în
          vacanţă.
Bogdan: Unde te-ai duce?
Florin: Ştiu eu, poate la Las Vegas sau în Honolulu. N-aş mai toci şi
          n-aş mai mânca la cantina studenţească. Aş mânca numai la
          cele mai bune cârciumi, ce cârciumi, la cele mai bune restau-
          rante din Bucureşti. Dar ce ai face tu dacă ai fi milionar?
Bogdan: Drept să-ţi spun că nu-mi trebuie mărci. Iar în afară de acea-
          sta sunt deja milionar.
Florin: Cum aşa?
Bogdan: Am deja un milion de … lei!

Prost să fii, noroc să ai!

D-na Popescu: Dragă, te-ai întors din vacanţă! Ia spune, cum ţi-ai petre-
                cut concediul? Pe unde ai mai umblat, ce ai văzut, pe
                cine ai mai cunoscut?
D-na Ionescu: Dragă, ce să-ţi spun. Dacă aş fi avut mai mulţi bani aş fi
                făcut mai multe. Doar ştii că am fost la Eforie.
D-na Popescu: O, frumoasă staţiune. Ai făcut şi nămol?
D-na Ionescu: Nu, dragă. E periculos să faci nămol cu tensiunea mea.
D-na Popescu: Deci ai stat tot timpul la umbră. Ştii doar că soarele nu-i
                bun la oameni cu hipertensiune.
D-na Ionescu: Ştiu. Dar ce soare? A plouat aproape tot timpul! Înainte
                de a pleca am ascultat şi eu starea vremii la radio. Urma
                să fie vreme frumoasă. Dar ce vreme! Dacă vremea ar
                fi fost mai bună aş fi plecat în Deltă sau m-aş fi plimbat
                de-a lungul litoralului. Dar în tot timpul concediului a
                fost vreme nasoală. Iar din cauza vremii am stat mai

mult la hotel. Dar tu ce ai făcut? Doar ați fost și voi în concediu!

D-na Popescu: Da, dragă. Am fost cu soțul la munte. Am fost în Bucegi. Am stat la o cabană și în fiecare zi ne-am plimbat dimineața. M-aș fi plimbat și după amiază dacă n-aș fi fost atât de obosită.

D-na Ionescu: Și spune-mi, cum a fost vremea?

D-na Popescu: Vremea? Splendidă. Nici un nor pe cer. Era cald, era frumos. Totul a fost excelent.

D-na Ionescu: Prost să fii, noroc să ai!

Pelicani în Delta Dunării

VOCABULAR

deja	schon, bereits	noroc	Glück
milionar, -i	Millionär	prost să fii,	der Dumme hat's
marcă, mărci	Mark	noroc să ai	Glück
mișto	toll	(se) întoarce,	zurückkehren
invita, ø, -t	einladen	-orc, -ors	
toci, -esc, -it	büffeln	nămol	Schlamm
vilă, -e	Villa	periculos, -oasă,	gefährlich
cârciumă, -i	Kneipe	-oși, -oase	
drept să-ți spun	aufrichtig gesagt	umbră, -e	Schatten
în afară	außerdem	hipertensiune	Bluthochdruck
de aceasta		aproape	fast
prost, -astă, -ști,	dumm	de-a lungul	entlang
-aste		în timpul	während

starea vremii	Wetterlage	nor, -i	Wolke
dacă	wenn	cer, -uri	Himmel
splendid	wunderbar	excelent, -tă, -ţi, -te	ausgezeichnet
nasol, -ală, -i, -ale	mies		

GRAMATICĂ ŞI EXERCIŢII

Der Optativ

Vom *Optativ* (Wunschform des Verbs) gibt es eine Präsens- und eine Perfektform (s. S. 146).

- Die *Präsensform* wird ins Deutsche mit dem Konjunktiv II übersetzt (*aş pleca* – *ich würde fahren*). Gebildet wird der Optativ aus einer *Sonderform des Hilfsverbs „a avea" und dem Infinitiv ohne a:*

(eu)	*aş* pleca	(noi)	*am* pleca
(tu)	*ai* pleca	(voi)	*aţi* pleca
(el, ea)	*ar* pleca	(ei, ele)	*ar* pleca

Exerciţiul 1   Exersaţi:

- Ce vrei?
~ Aş vrea o îngheţată!

nişte roşii, o ciorbă de burtă, un milion de lei, o maşină elegantă, o carte în limba română.

Repetaţi exerciţiul la plural.

Exerciţiul 2   Repetaţi acum exerciţiul 1 formulând astfel întrebările:

- Ce vrea Florin?

Bogdan, doamna Popescu, domnul şi doamna Müller, doamna Ionescu, Raluca.

Bei *reflexiven Verben* hängt man das *Reflexivpronomen* an die Sonderform des Hilfsverbs *a avea* an:

m-aş duce la Braşov; *mi-aş lua* o maşină.

Exerciţiul 3   Exeresaţi:

Vreau să mă plimb. M-aş plimba.

Ea vrea să-şi cumpere o maşină nouă. Ei vor să se scoale mereu la ora
zece. Gigel nu vrea să se spele. Noi vrem să ne ducem la Bucureşti. Când
vreţi să vă întoarceţi? Eu nu vreau să mă rad azi. Ei nu vor să se gră-
bească.

Die negative Form wird mit der verkürzten Form von *nu* gebildet:

Vrei o îngheţată? → *N-aş vrea.*

Exerciţiul 4   Exersaţi:

Vrei acum o bere? → Nu, n-aş vrea.

o salată de roşii, un pahar de vin, o cafea, o casă mare, un ceas nou, un
căţel.

Treceţi acum exerciţiul la plural.

Exerciţiul 5   Repetaţi exerciţiul 4 la persoana a treia singular şi plu-
ral:

Florin, Raluca, Bogdan, băieţii, fetele, domnul şi doamna Müller.

– Die *Perfektform* wird ins Deutsche mit dem Konjunktiv Plusquamper-
   fekt übersetzt (*eu aş fi plecat – ich wäre gefahren*):

   Sonderform von „a avea" + fi + Partizip

Exerciţiul 6   Exersaţi:

Nu am bani. Eu nu plec în concediu. → Dacă aş fi avut bani, aş fi plecat în
concediu.

Noi nu avem timp. Nu ne ducem la teatru. – Rapidul nu opreşte la Câm-
pina. Nu plec cu el. – Ea este obosită. Nu se duce în oraş. – Nu-mi place
costumul. Nu mi-l cumpăr. – Nu am numărul de telefon. Nu-i dau un
telefon. – Nu ne este foame. Nu mâncăm. – Ei nu găsesc un dicţionar
român-german. Nu-l cumpără. – Tu nu te duci la ştrand. Nu vin cu tine.

Die Zukunft in der Vergangenheit

Es gibt im Rumänischen auch eine *Zukunft in der Vergangenheit,* die wie folgt gebildet wird:

Imperfekt von a urma + *Konjunktiv.* A urma *wird nur in der 3. Person Singular und Plural verwendet.*

Vremea urma să fie bună. (Das Wetter sollte gut werden.)

Exerciţiul 7   Desfaceţi parantezele (Setzen Sie die Verben in die richtige Form):

Ei urmau să (a veni) direct de la gară. Noi urma să (a fi) mâine la Braşov. Soţii Popescu urmau (a avea) doi copii. Voi urma să (a face) o vacanţă la mare. Rodica urma să (a merge) în vizită la Florin. Ei urmau să (a învăţa) foarte mult. Florin urma să (a primi) o maşină nouă. Doamna Popescu urma (a vinde) maşina ei de spălat.

Der Gebrauch des Infinitivs

Nach *pentru* und *înainte de* wird meist der Infinitiv gebraucht:

pentru a înţelege   = ca să înţelegi (um zu verstehen)
înainte de a pleca = înainte să plec (bevor ich wegfahre)

Exerciţiul 8   Exersaţi:

Ca să înţelegi acest text, trebuie să ştii şi cuvintele. → Pentru a înţelege acest text trebuie să ştii şi cuvintele.

Ca să poţi face baie la ştrand trebuie să fie vreme frumoasă. Ca să înveţi îţi trebuie timp. Ca să fii treaz dimineaţa trebuie să dormi bine noaptea. Înainte să vin am fost la alimentară. Înainte să mă plimb m-am dus la tutungerie. Înainte să-l rog pe Florin să-mi aducă nişte ţigări am dat un telefon Rodicăi.

Präpositionen mit dem Genitiv und Dativ

Die meisten *Präpositionen* erfordern im Rumänischen den Akkusativ. Den Dativ hingegen verlangt die Präpostition *datorită* (infolge) und den Genitiv verlangen mehrere zusammengesetzte Präpositionen, darunter *în timpul* (während) und *de-a lungul* (längs). Siehe auch Lektion 21.

Exercițiul 9 Exersați:

În copilărie mă duceam des la ștrand. → În timpul copilăriei mă duceam des la ștrand.

Vara este foarte cald. Iarna este foarte frig. Dimineața nu mănânc nimic. Seara l-am vizitat pe Florin. Ziua nu prea beau apă. În concediu n-am avut vreme bună.

Exercițiul 10 Exersați:

În toți anii am studiat limba română. → De-a lungul anilor am învățat limba română.

Pe toată strada sunt multe magazine. Toată vara n-a plouat. Toată iarna a nins foarte mult. Pe tot litoralul sunt multe stațiuni. În toastă istoria României poporul român a dorit o viață mai bună.

Exercițiul 11 Răspundeți la întrebări:

Ce și-ar cumpăra Florin dacă ar fi milionar? Pe cine ar invita? Unde s-ar duce în vacanță? Unde ar mânca? Ce ar face Bogdan dacă ar fi milionar? Oare este deja milionar? Cum și-a petrecut doamna Ionescu vacanța? Cum a fost vremea? De ce n-a făcut nămol? Unde a fost doamna Popescu cu soțul ei în concediu? Unde au stat? Cum era vremea?

Exercițiul 12 Treceți dialogurile lecției la vorbire indirectă.

Exercițiul 13

1. Erzählen Sie, was Sie tun würden, wenn Sie Millionär wären.
2. Berichten Sie über Ihren letzten Urlaub, wo Sie waren und wie das Wetter war.

Citiţi cu glosarul:

Germania, invadată de bancnote false

Poliţia germană a anunţat că se înregistrează o creştere îngrijorătoare a bancnotelor false puse în circulaţie în ţară. În 1995, potrivit unui bilanţ oficial, au fost descoperite şi confiscate circa 30.000 dintre acestea, cu 7.000 mai mult decât în anul precedent.

Poliţia din Bonn, după cum afirmă cotidianul „Bild", apreciază că acestea sunt „produse" în Turcia, Polonia sau în Olanda.

Bancnotele false circulă pe întreg teritoriul Germaniei, dar mai ales în landurile Rhenania de Nord-Westfalia, Bavaria, Baden-Württemberg şi Hessa, menţionează poliţia.

Umor

La o expoziţie de pictură modernistă, scriitorul român Liviu Rebreanu se opreşte nedumerit în faţa unui tablou.
- Ce reprezintă tabloul? îl întreabă el pe pictor.
- Un „apus de soare", maestre, îi răspunde acesta.
  Rebreanu se mai uită puţin la el, apoi, pe tonul cel mai firesc:
- Se pare că l-ai pictat în străinătate, fiincă pe-aici n-am prea văzut apusuri de soare ca asta!

(*după*: Magazin, nr. 36 [65] / 1966)

LECŢIA A DOUĂZECI ŞI UNA

Eşti un nepriceput!

Bogdan: Unde te duci?

Florin: Mă duc acasă. Mă dor picioarele deja de atâta mers.

Bogdan: Dar unde ai umblat?

Florin: Am fost la ceasornicar. M-am dus să-mi duc ceasul la reparat şi m-a costat o groază de bani.

Bogdan: Ai fi putut să vii la mine. Oricând puteai să dai un telefon că veneam să ţi-l repar. Înainte de a te duce la ceasornicar ai fi putut să mă suni.

Florin: Ei da, pentru a da un telefon trebuie să ai un telefon. Şi tu ştii foarte bine că n-am telefon.

Bogdan: Şi ce dacă? În stânga casei tale este o cabină telefonică. Eşti un nepriceput! Eşti chiar cel mai nepriceput dintre toţi prietenii.

Florin: Oricum era greu de reparat. S-a rupt arcul. Hai că plec. Sunt obosit.

Bogdan: Apropo, ce ai de gând să faci după amiază? Ştii că suntem invitaţi de ziua Mariei.

Florin: E ziua ei de naştere?

Bogdan: Nu, de onomastică. E Sfânta Maria. Iar Emil serbează ziua lui de naştere. Am cumpărat la amândoi ceva.

Florin: Mă iei cam pe neaşteptate. Am deja alt program.

Bogdan: Dar ce program ai ca să nu vii la prietenii noştri?

Florin: Mă duc cu Rodica ori la teatru să vedem „Surorile Boga" ori la film să vedem „Unora le place jazul"*.

Bogdan: Oricum nu-mi place jazul şi nici muzica uşoară, doar ştii că sunt amator de muzică populară şi clasică. Da, unii se duc la teatru, iar alţii îşi serbează ziua lor.

---

* „Manche mögen's heiß"

Unde o fi familia Müller?

D-na Popescu: Dragă, ai o fustă nouă. Îţi stă foarte bine.
D-na Ionescu: Zici că-mi stă bine?
D-na Popescu: Da, extraordinar de bine. Te întinereşte.
D-na Ionescu: Nu zău!
D-na Popescu: Dar hai, aşează-te. Ia spune-mi ce ştii de domnul Müller? O fi plecat din ţară?
D-na Ionescu: Nu cred. Urma să plece în nordul Olteniei la mănăstiri.
D-na Popescu: Dar ăsta se cam plimbă. A fost deja de-a lungul şi de-a latul ţării. Cred că-şi petrece o vacanţă de neuitat în România.
D-na Ionescu: Oricum el şi soţia sa sunt nişte oameni drăguţi. Ei au să mai rămână vreo două, trei săptămâni aici. Dar, dragă, fierbe ceva în bucătărie.
D-na Popescu: Of, ouăle. Le-am pus la fiert pentru că vreau să fac cartofi cu ouă.
D-na Ionescu: Cât o fi ceasul?
D-na Popescu: Vai dragă, e deja cinci fără un sfert. Încă n-am nimic gata, iar la cinci îmi vine soţul.
D-na Ionescu: Hai, că plec şi eu. Pe mâine!
D-na Popescu: Să ştii că mâine nu suntem acasă. Ne ducem la o onomastică.
D-na Ionescu: Da, mâine e Sfânta Maria. Ai vreo Marie în familie?
D-na Popescu: Da, nora cumnatei mele se numeşte Maria.
D-na Ionescu: Am plecat. Pe curând.

VOCABULAR

nepricepu|t, -tă, -ţi, -te	unbeholfen	sfânt, sfântă,	heilig
pici|or, -oare	Fuß	sfinţi, sfinte	
ceasornicar, -i	Uhrmacher	serb|a, -ez, -at	feiern
repar|a, ø, -at	reparieren	soră, surori	Schwester
groază	Schrecken	soţii Pl.	Ehepaar
o groază de	schrecklich viel	muzic|ă, -i	Musik
da un telefon	anrufen	muzică uşoară	Unterhaltungs-
cabină telefonică	Telefonzelle		musik
rup|e, ø, -t	brechen	muzică populară	Volksmusik
arc, -uri	Feder	clasic, -ă, -i, -e	klassisch
onomastic|ă, -i	Namenstag	teatr|u, -e	Theater

film, -e	Film	cumnat|ă, -e	Schwägerin
neuita|t, -tă, -ţi, -te	unvergeßlich	cumna|t, -ţi	Schwager
extraordinar, -ă, -i, -e	außergewöhnlich	de-a lungul şi	kreuz und quer
fierb|e, ø, fiert	kochen	de-a latul	
noră, nurori	Schwiegertochter	pe curând	bis bald

Gramatică şi exerciţii

Der Präsumtiv Präsens

Der *Präsumtiv* drückt entweder eine Ahnung aus oder eine Unkenntnis und wird meist in Fragen benutzt:

Cât o fi ceasul? (Wieviel Uhr mag es wohl sein?)
Unde o fi acum familia Popescu? (Wo mag wohl Familie Popescu jetzt sein?)

Der Präsumtiv wird folgendermaßen gebildet:

Präsens	Perfekt
o fi + Gerundium	*o fi + Partizip*
o fi mergând ceasul?	o fi fost la Bucureşti?

Beim Hilfsverb *a fi* fällt im Präsens gewöhnlich das Gerundium weg. Der Präsumtiv wird vor allem in der 3. Person Singular und Plural verwendet:

Când o fi acasă? (Wann wird er wohl zu Hause sein?)

Exerciţiul 1   Exersaţi:

Cât este ceasul? → Cât o fi ceasul?

Unde este Câmpina? Vine domnul Müller mâine? Cine este doamna aceasta? Merge televizorul tău? Ei pleacă azi în Germania? Rodica lucrează şi azi? Cine vine? Câte pâini aduce Florin? Când pleacă Rodica? De ce învaţă Florin atât de puţin? Ce aşteaptă Rodica? Cum lucrează Maria?

Exerciţiul 2   Exersaţi:

Cine a fost Decebal? → Cine o fi fost Decebal?

Familia Müller a plecat? Cum a fost vremea la mare? Cine a cucerit Dacia? Doamna Popescu a venit? Cine a spus acest lucru? Cine a fost Carol I.? Unde a umblat Florin? Când a plecat Bogdan?

Das Supinum (Fortsetzung)

Mit dem *Supinum* werden sehr oft Kausalkonstruktionen gebildet:

De băut multe cafele mă doare inima. (Weil ich so viel Kaffee getrunken habe, tut mir das Herz weh.)

Exerciţiul 3   Exersaţi:

Deoarece am fumat foarte mult, acum mă doare capul. → De fumat mă doare capul.

Pentru că el a mers foarte mult pe jos, îl dor picioarele. Deoarece noi am băut prea mult, ne este rău acum. Pentru că am lucrat foarte mult suntem acum obosiţi. Deoarece tu ai mâncat prea mult nu te simţi bine. Pentru că ai dormit foarte bine te simţi astăzi bine.

Sehr oft wird das *Partizip* auch als Substantiv verwendet:

Am dus ceasul la *reparat*. (Ich habe die Uhr zur Reparatur gebracht.)
Cât costă un *tuns*? (Wieviel kostet einmal Haare schneiden?)

Exerciţiul 4   Exersaţi:

Acest ceas se repară greu. → Acest ceas este greu de reparat.

Această fustă se spală greu. Această adresă se află uşor. Această regiune se cucereşte greu. Pe acest drum se merge greu. Acest lucru se crede uşor. Casa aceasta se găseşte uşor. Apa de aici nu se poate bea.

Adverbialkonstruktionen

Mit dem Partizip können auch Adverbialkonstruktionen gebildet werden:

pe ne + Partizip + e

pe neaşteptate	fără să mă aştept (unerwartet)
pe nemâncate	fără să mănânc (ohne etwas gegessen zu haben, nüchtern)
pe nepregătite	fără să mă pregătesc (unvorbereitet)

Exercițiul 5

El a avenit fără să-l aud. → El a venit pe neauzite.

El a intrat fără să-l simt. El m-a întrebat fără să mă pregătesc. Nu pot bea fără să mănânc. Ea a plecat fără s-o vedem.

Die unpersönliche Verben a-i sta **und** a-i veni

Die Verben *a-i sta* und *a-i veni* sind unpersönlich:

Îți stă bine, îți vine bine. (Es steht dir gut.)

Der Superlativ

Im Rumänischen spricht man von einem *absoluten* und einem *relativen* *Superlativ.* Der *absolute Superlativ* drückt aus, daß es eigentlich nichts Besseres (bzw. Schlechteres) gibt:

$$\left.\begin{array}{l} \textit{foarte} \\ \textit{extraordinar de} \\ \textit{grozav de} \end{array}\right\} \text{frumos}$$

Exercițiul 6   Exersați:

− Îmi stă bine fusta?
∼ Da, îți stă extraordinar de bine.

costum, pălărie, pantofi, adidași, haina.

Der *relative* Superlativ lautet so:

cel (cea, cei, cele) mai ... din/dintre

Exercițiul 7   Exersați:

Radu este un băiat grozav. → Radu este cel mai grozav dintre toți băieții.

Rodica este o fată bună. Florin este un student leneș. Rodica și Maria sunt eleve harnice. Domnul Stancu și domnul Popescu sunt ingineri pricepuți. Emil este un tânăr frumos. Raluca este o tânără frumoasă.

ori-

ori- entspricht dem Deutschen „gleichültig" oder „ganz gleich":

orice	(egal was)	*oricând*	(egal wann)
oricine	(gleichgültig wer)	*oricum*	(egal wie, wie dem auch sei)
oricare	(gleich welcher)	*oriunde*	(egal wo)

Exerciţiul 8   Răspundeţi la întrebări după model:

− Unde vrei să pleci?
∼ Oriunde.

Unde vrei să mergem? Când pot să vin la tine? Când putem să plecăm la Braşov? Ce cadou să cumpăr? Ce carte vrei să citeşti? Ce vrei să mănânci? Şi ce vrei să bei? Care ceasornicar poate să repare ceasul? Cât mai vorbeşti?

Pronomen + Pronomen

Wenn zwei Pronomen nebeneinander stehen, dann in der Reihenfolge

Pronomen im Dativ + Pronomen im Akkusativ:

Vreau să-mi iau cartea cu mine.
Vreau să mi-o iau cu mine.

Exerciţiul 9

a) Exersaţi:

Dă-mi te rog scrisoarea! → Dă-mi-o!

bere, vin, ţuică, roşii, pantofi, ochelari, scrisori, revistă, ziar, adidaşi.
b) Exersaţi acum şi:

Nu mi-o da.

Exerciţiul 10   Exersaţi:

Daţi-mi berea! Spuneţi-mi adevărul! Vrem să-ţi dăm revistele. Vă dau banii imediat. Îţi dau pantofii mâine.

Exerciţiul 11

El îşi cumpără singur adidaşii. → Şi-i cumpără singur.

cartofi, haine, televizor, revistă, caiet, ceas, ziar.

Partizipien auf -t

Einige Verben auf -e bilden das Partizip auf -t, zum Beispiel:
a rupe – rupt.

Weitere Verben sind: a frânge – frânt (knicken, brechen), a se răsfrânge
– răsfrânt (widerspiegeln), a sparge – spart (zerbrechen), a suge – supt
(saugen).

unul/altul (der eine/der andere)

Wenn im Genitiv oder Dativ nach dem unbestimmten Pronomen eine
weitere Bestimmung folgt, dann verwendet man *unui, unor* bzw. *altui,
altor.* Stehen sie jedoch allein, dann benutzen wir die Form *unuia, unora*
bzw. *altuia, altora.* Zum Beispiel: Cui ai dat caietul? *Unor studenţi.* Aber:
Unora!

	M.	N.	F.	M.	N.	F.
Singular						
Nom. + Akk.	unul	unul	una	alt(ul)	alt(ul)	alt(a)
Gen. + Dat.	unui(a)	unui(a)	unei(a)	altui(a)	altui(a)	altei(a)
Plural						
Nom. + Akk.	unii	unele	unele	alţi(i)	alte(le)	alte(le)
Gen. + Dat.	unor(a)	unor(a)	unor(a)	altor(a)	altor(a)	altor(a)

Exerciţiul 12

a) Exersaţi:

a lucra – a se plimba. → Unul lucrează, altul se plimbă.

a scrie – a citi. a se distra – a munci. a învăţa – a umbla prin oraş. a se duce
la film – a se duce la teatru. a pleca la munte – a pleca la mare.

b) Exersați acum și femininul, iar apoi pluralul la cele două forme:

muzica ușoară → Unuia îi place muzica ușoară, altuia nu-i place

muzica populară, muzica clasică, jaz, ciorbă de burtă, tuslama, școala, munte, mare.

Treceți acum propozițiile și la feminin și la plural.

amândoi/amândouă (beide)

Auf *amândoi* folgt das Substantiv mit dem bestimmten Artikel. Je nach Geschlecht des Substantivs wird *amândoi* neben Maskulina verwendet:

Domnul Popescu și domnul Ionescu sunt din Brașov. *Amândoi* domnii sunt din Brașov.

amândouă steht neben Feminina und Neutra:

Doamna Rusu și doamna Slav sunt din Târgoviște. *Amândouă* doamnele sunt din Făgăraș.
Hotelul „Union" și hotelul „Negoiul" sunt în București. *Amândouă* hotelurile se află pe strada Academiei.

Amândoi und *amândouă* können auch allein verwendet werden:

Amândoi sunt din Brașov. *Amândouă* sunt din Făgăraș. *Amândouă* se află pe strada Academiei.

Der Dativ wird in der Umgangssprache mit *la* gebildet: *la amândoi, la amândouă* (beiden)

Exercițiul 13   Formați propoziții:

a veni − Florin − Bogdan → Au venit Florin și Bogdan. → Au venit amândoi.

A pleca − domnul Popescu − domnul Müller. A sosi − Rodica − Raluca. A suna − Florin − Raluca.

Exercițiul 14   Formați propoziții:

sticlă de vin – Bogdan – Florin → Am cumpărat lui Bogdan și lui Florin câte o sticlă de vin. Am cumpărat la amândoi câte o sticlă de vin.

O sticlă de țuică – domnul Stanciu – domnul Popescu. O mașină de făcut înghețată – Florica – Raluca. Un televizor – Maria – Mihai.

Präpositionen mit dem Genitiv (Fortsetzung)

de-a lungul	(längs)	*la dreapta*	(rechts)
de-a latul	(quer)	*dedesuptul*	(unter)
la stânga	(links von)	*în jurul*	(gegen, in etwa)

Exercițiul 15   Completați cu prepoziții:

Ei au umblat ..... țării ..... blocului lui Florin este o cabină telefonică ..... tutungeriei este brutăria ..... copilăriei am fost foarte fericiți. Cățelul este ..... mesei. El vine ..... orei patru.

Unregelmäßige Pluralformen der Substantive

Maskulina
om (Mensch) – *oameni* (Menschen), *tată* (Vater) – *tați* (Väter)

Neutra
ou (Ei) – *ouă* (Eier), *cap* (Kopf) – *capete* (Köpfe), *râs* (Lachen) – *râsete*

Feminina
soră (Schwester) – *surori* (Schwestern), *noră* (Schwiegertochter) – *nurori* (Schwiegertöchter)

Exercițiul 16   Treceți propozițiile la plural:

Omul nu poate învăța totul. Pun oul la fiert. Sora mea locuiește la țară. Dar nora mea locuiește la oraș. Tatăl copilului este inginer. Nu știi niciodată ce este în capul omului. Din cameră se auzea un râs.

Exerciţiul 17   Răspundeţi la întrebări:

Cu cine se întâlneşte Bogdan? Unde se duce Florin şi unde a fost? De ce
a fost la ceasornicar? Ce s-a întâmplat cu ceasul? Unde sunt invitaţi prie-
tenii? Cu ce ocazie? Unde vrea să se ducă Florin? Ce părere are Bogdan
despre jaz, îi place? Dar ce-i place?
Cum îi stă fusta doamnei Ionescu? Ce ştiu despre familia Müller? Ce fier-
be în bucătărie? Când vine soţul doamnei Popescu? Unde se duce fami-
lia Popescu mâine?

Exerciţiul 18

1. Sie sind zu einem Geburtstag eingeladen. Was schenken Sie?
2. Erkunden Sie sich nach irgendwelchen Bekannten. Wo könnten die
   jetzt sein? Was haben die wohl gemacht?

Citiţi cu glosarul:

Creierul animalelor domestice este mai mic decât al celor sălbatice

Animalele domestice au creierul mult mai redus decât semenele lor care
trăiesc în libertate, sunt de părere oamenii de ştiinţă de la Institutul din
Kiel pentru studiul animalelor domestice. „Aceasta nu înseamnă că ele
sunt proaste, ci că ele s-au adaptat la o situaţie diferită", au precizat ei.
Potrivit unui studiu, pierderea capacităţii creierului diferă de la o specie
la alta.

   În cazul animalelor mai puţin evoluate, cum sunt şoarecii de laborator
sau iepurii, capacitatea creierului este cu 14 la sută mai mică. În cazul
unor specii ca porcul, oaia, câinele sau pisica, diminuarea capacităţii
creierului variază între 18 şi 34 la sută.

(*din* „Adevărul", 24.09.1996)

LECŢIA A DOUĂZECI ŞI DOUA

Iar acum începem cheful!

La Maria s-au adunat foarte mulţi prieteni. Cu ocazia zilei onomastice i-a invitat pe toţi.

Maria: Mai lipseşte vreunul?
Bogdan: Mi se pare că mai lipseşte Emil.
Maria: Tocmai el, căruia i se cuvine toată onoarea. Chiar mi-s-a făcut dor de el.
Bogdan: Iar mie mi s-a făcut sete. Nu bem ceva?
Maria: Să-l aşteptăm pe Emil!
Mihai: Dar unde o fi?
Bogdan: O fi undeva la vreo gagică.
Maria: Cândva a fost şi el mai punctual. După părerea mea ar fi trebuit să fie mai punctual.

Cineva sună la uşă.

Maria: O fi Emil. Hai, că ne-a venit prietenul!

Emil intră şi toţi încep să cânte.

Toţi: Mulţi ani trăiască, mulţi ani trăiască, la mulţi ani!
Bogdan: Cine să trăiască?
Mihai: Să trăiască Maria şi Emil! Hai să ciocnim paharele! Noroc!
Bogdan: Fraţilor, iar acum începe cheful!

Mi-am găsit un iubit

D-na Ionescu: Alo, Miţa, Aristiţa la telefon.
D-na Popescu: Ce faci, dragă? De vreo două săptămâni n-ai mai sunat. Unde ai fost? Şi azi te-am sunat de vreo trei ori.
D-na Ionescu: Dragă, acum sunt cam ocupată. Mi-am găsit un iubit!
D-na Popescu: Nu mai spune!
D-na Ionescu: Da, uite aşa, la bătrâneţe.
D-na Popescu: Eu să fi fost în locul tău mi-aş fi găsit de mult un amant.

D-na Ionescu:	Ce să fac? Să fi fost şi eu mai tânără şi să fi avut mai mulţi bani, de …
D-na Popescu:	Şi te iubeşte?
D-na Ionescu:	E nebun după mine.
D-na Popescu:	Ia zi, cum e? Frumos, blond, înalt?
D-na Ionescu:	Nu, e mic, negru, are păr creţ şi este foarte iubăreţ şi drăgălaş.
D-na Popescu:	Nu mai vorbi! Şi câţi ani are? E mai în vârstă decât tine?
D-na Ionescu:	Nu, e foarte tânăr. N-are decât un an.
D-na Popescu:	Nu înţeleg.
D-na Ionescu:	Doar e simplu de înţeles. Iubitul meu − e caniş!

VOCABULAR

chef, -uri	Fete	iubit, -ţi	*hier:* Geliebter
adun|a, ø, -at	(ver)sammeln	loc, -uri	Ort, Stelle
ocazi|e, -i	Gelegenheit	aman|t, -ţi	Geliebter
cu ocazia	anläßlich	de	tja
lips|i, -esc, -it	fehlen	iub|i, -esc, -it	lieben
tocmai	eben, gerade	nebun, -ă, -i, -e	verrückt
ono|are, -ruri	Ehre	păr, peri	Haar
dor	Sehnsucht	creţ, -aţă, -ţi, -ţe	kraus
punctual, -ă, -i, -e	pünktlich	vârst|ă, -e	Alter
părer|e, -i	Meinung	în vârstă	betagt
cândva	irgendwann	mai în vârstă	älter
tră|i, -esc, -it	leben	caniş, -i	Pudel
pahar, -e	Glas		

GRAMATICĂ ŞI EXERCIŢII

Der Konjunktiv Perfekt

Der *Konjunktiv Perfekt* wird gebildet:

să fi + Partizip
eu să fi fost (ich wäre gewesen)

Exerciţiul 1   Exersaţi:

Tu (a crede) aşa ceva? → Să fi crezut tu aşa ceva?

Eu (a fi) bogat, aş fi avut deja pe cineva. Tu (a avea bani) ai fi cumpărat de mult o maşină elegantă. Doamna Popescu (a vedea) această fustă ar fi întrebat imediat cât costă. Nu cred ca noi (a pune) caietul aici. Voi (a învăţa) mai mult aţi fi trecut examenul cu brio. Raluca şi Rodica (a face) un chef m-aş fi dus şi eu la ele.

Die Verben a i se părea, a i se cuveni, a i se face

Die Verben *a i se părea* (scheinen), *a i se cuveni* (zustehen) und *a i se face* (in etwa: werden) sind unpersönlich:

mi se pare	(es scheint mir)
mi se cuvine	(es steht mir zu)
mi se face foame	(ich werde hungrig)

Exerciţiul 2   Exersaţi:

După părerea mea vine acum Emil. → Mi se pare că acum vine Emil.
După părerea lui a fost un chef foarte frumos. După părerea noastră doamna Ionescu este cam singură. După părerea lor familia Müller a ple-cat în nordul Olteniei. Şi voi sunteţi de aceeaşi părere?

Exerciţiul 3   Exersaţi:

Mi-e foame → Mi se face foame.

frig, sete, cald, rău.

Treceţi acum aceste propoziţii la toate persoanele, iar apoi la perfectul compus.

vreun, vreo (irgend-)

Wenn das unbestimmte Pronomen allein steht, benutzt man die Form *vreunul, vreuna.* Die Deklination ist die gleiche wie bei *unul* (siehe Lektion 21), doch gibt es hier keinen Plural. Wichtig zu merken ist, daß *vreo* eine Unbestimmtheit ausdrückt; dabei bleibt es unverändert:

Familia Müller mai rămâne *vreo* două săptămâni în România. (Familie Müller bleibt noch etwa zwei Wochen in Rumänien.)

Exerciţiul 4   Completaţi cu vreun, vreo:

Mai aveţi ..... cameră liberă? Cunoaşteţi ..... hotel bun la Braşov? A spus
..... prieten că familia Müller pleacă din România? Ştiţi unde este .....
berărie aici? Plecăm pentru ..... trei zile în nordul Moldovei. Toţi prie-
tenii sunt plecaţi. V-a scris ..... o scrisoare?

-va

entspricht meist dem Deutschen irgend-:

cineva	(irgend jemand)
ceva	(irgend etwas)
cândva	(irgendwann)
cumva	(irgendwie, vielleicht)
undeva	(irgendwo)

Exerciţiul 5   Completaţi:

A venit ..... ? Ai fost ..... la Târgu Mureş? Aveţi ..... un creion? Vreau să
plec ..... unde-i frumos. Aveţi ..... de mâncare?

Der possessive Dativ

Der *possessive Dativ* ist eine Eigentümlichkeit der rumänischen Sprache.
Die persönlichen und reflexiven Pronomen können ein Besitzverhältnis
ausdrücken:

ne-a venit prietenul   = a venit prietenul nostru
(Unser Freund ist gekommen.)
şi-a rupt piciorul   = el a rupt piciorul său
(Er hat sich den Fuß gebrochen.)

Exerciţiul 6   Exersaţi:

Unde mi-e caietul de lingvistică? (pe masă) → Caietul tău e pe masă.

Unde ţi-e prietenul? (la Braşov)–Unde îmi este biletul de avion?(în dulap)
– Unde ne sunt paşapoartele? (în geamantan) – Unde vă sunt sticlele de
vin? (în bucătărie) – Unde le sunt bagajele? (în hotelul hotelului) – Unde
îmi sunt ochelarii? (pe nas) – Unde îi sunt adidaşii? (în sacoşă) – Unde îţi
sunt cheile? (pe masă) – Unde ne sunt fetele? (la mare) – Unde vă sunt
cartofii? (în bucătărie) – Unde le sunt lucrurile? (în cameră)

Exerciţiul 7   Exersaţi:

A venit prietena mea. → Mi-a venit prietena.

A plecat prietenul tău. A sosit sora sa. A scris colegul ei. Au venit prie-
tenii mei. Au plecat prietenii tăi. Au sosit surorile sale. Au scris colegele
ei.

Treceţi acum propoziţiile la plural.

să trăiască

să trăiască wird mit *es lebe* übersetzt. Dieser Ausspruch erinnert an Zeiten
des Kommunismus, wo alles leben sollte.

Das Lied *Mulţi ani trăiască*, das bei Feten, Geburtstags- und Namens-
tagsfeiern gern gesungen wird, folgt der Melodie von „Hoch soll er
leben". Nebenbei bemerkt spielen Namenstage bei den Rumänen eine
große Rolle. Oft werden sie mit mehr Aufwand gefeiert als Geburtstage,
besonders wenn es sich um Namen von (orthodoxen) Heiligen handelt,
wie beispielsweise *Constantin* und *Elena, Vasile* usw. Mit *noroc!* (Glück)
wird angestoßen.

Wichtig ist, die Worte „Prosit" oder schlimmer noch „Prost" zu ver-
meiden. „Prost" heißt nämlich „dumm, doof" auf Rumänisch.

Wiederholungszahlen

Die Wiederholungszahl *o dată* (einmal) wird mit dem Substantiv *dată*
gebildet. Für die weiteren Zahlen wird von *oară* (mal) die Pluralform *ori*
benutzt:
de două ori, ... de cinci ori, ... (zweimal, ... fünfmal ...).

Exerciţiul 8   Răspundeţi la întrebări:

De câte ori ai fost la Braşov? (3) – De câte ori a sunat Rodica? (2) – De
câte ori a fost domnul Popescu în Germania? (2) – De câte ori pe an te
duci la film? (10) – De câte ori mănânci îngheţată? (n)

ne-

ne- entspricht dem deutschen Präfix *un-*. Mit *ne-* können Substantive (*noroc* – *nenoroc*), Adjektive (*fericit* – *nefericit*), das Gerundium (*nefiind*) aber auch Partizipien (*nepriceput*) verneint werden. Doch muß darauf geachtet werden, daß sich manchmal der Sinn ändert: *bun* (gut), *nebun* (verrückt)!

Exerciţiul 9   Formaţi negativul următoarelor adjective:

sigur, ocupat, alcoolic, plăcut, copt, obosit.

Exerciţiul 10   Formaţi expresii negative pornind de la infinitiv, formaţi gerunziul şi participiul. Explicaţi sensul cuvintelor:

a găsi – găsind – negăsind – negăsit

a face, a crede, a cunoaşte, a întreba, a încerca.

Der Vokativ Plural

Der *Vokativ Plural* kann dem Nominativ Plural entsprechen oder auf *-lor* enden:

băieţi!	fraţi*lor*!
prieteni!	domni*lor*!
copii!	doamne*lor*!
studenţi!	fete*lor*!

Exerciţiul 11   Răspundeţi la întrebări:

Cine s-a adunat la Maria? Cu ce ocazie i-a invitat pe toţi prietenii? Cine mai lipseşte? Ce i s-a făcut lui Bogdan? Cum era Emil cândva? Cine vine? Ce fac prietenii? Ce cântă ei?

De ce n-a mai sunat doamna Ionescu? Ce şi-a găsit doamna Ionescu? Ce e iubitul ei?

Exerciţiul 12   Treceţi dialogurile la vorbirea indirectă.

Exercițiul 13   Povestiți:

1. Ați fost și dumneavoastră la un chef. Povestiți cum a fost!

2. Povestiți despre prietenul (prietena), soțul (soția) dumneavoastră!

Citiți cu glosarul:

Câștigătorul marelui premiu de muzică populară va primi un măgăruș de două luni și jumătate

Câștigătorul Marelui premiu la concursul „Alină-te dor, alină" va primi un măgăruș de două luni și jumătate. Premiul va fi acordat de cunoscutul cântăreț de muzică populară Nicolae Sabău. Ceilalți premiați vor primi, pe lângă diplome, animale și păsări de casă, obiecte de artă populară și bani.

Festivalul-concurs de folclor românesc și al minorităților din Transilvania a început sâmbătă, în localitatea Seini, de lângă Baia Mare, din inițiativa cântărețului Nicolae Sabău. Acesta are în localitatea Seini, de unde este originar, o prosperă gospodărie din care răsplătește, în fiecare an, pe câștigătorii concursului, cu premii atât de inedite. Manifestarea a ajuns la a IV-a ediție și este destinată soliștilor vocali și instrumentali, rapsozilor, tarafurilor, culegătorilor de folclor și povestitorilor populari.

Steaua pleacă azi spre Madrid

Astăzi, la ora 14.00, campioana României la fotbal, Steaua București, va decola la bordul unei curse charter TAROM spre Madrid, în vederea meciului pe care-l va susține, miercuri seară, cu Atletico, în cadrul Ligii Campionilor. Vor face deplasarea toți jucătorii din lot. Sosirea la Madrid este preconizată a avea loc după circa 3 ore și jumătate de zbor. Delegația oficială a clubului va locui la hotelul „Miguel Angel" în timp ce ziariștii, VIP-urile, suporterii, rudele și prietenii jucătorilor vor fi cazați la „Holiday Inn". Ieri la stadionul bucureștean Ghencea echipa a efectuat ultimul antrenament înaintea plecării spre Spania.

(*din*: Evenimentul zilei, 09.09.1996)

LECŢIA A DOUĂZECI ŞI TREIA

TEXTE

La aeroport

Este ultima zi a familiei Müller în România. Acum ea se află împreună cu toţi prietenii a căror ospitalitate a fost pur şi simplu ... românească la aeroportul Otopeni în apropiere de Bucureşti.

D-nul Müller:	Trebuie să ne luăm rămas bun de la voi.
D-na Ionescu:	Da, este mereu acelaşi lucru, cum zice franţuzul: A pleca înseamnă a muri puţin.

(cu lacrimi în ochi)

D-na Popescu:	Ce ai dragă? Te-a apucat nostalgia?
D-l Popescu:	Dar aţi învăţat nemaipomenit de bine româneşte, domnule Müller.
D-l Müller:	De învăţat am învăţat, acum mai trebuie puţină practică.
D-na Ionescu:	Atunci mai rămâneţi!

(ştergându-şi nasul)

D-na Müller:	Din păcate nu mai putem sta. Dar scrieţi-ne! Să sperăm că aveţi adresa noastră.
D-l Popescu:	Cred că am uitat să vă luăm adresa.
Dl. Müller:	Atunci scrieţi-o!
D-na Popescu:	Hai dragă s-o scriem. Dar eu n-am cu ce scrie.
D-l Popescu:	Ia un pix.

Dintr-o dată se aude megafonul.

Voce:	Pasagerii pentru cursa TAROM spre Düsseldorf sunt invitaţi la avion.
Dl. Müller:	Vai, trebuie să plecăm.
D-na Ionescu:	Şi cum rămâne cu adresa?
Dl. Müller:	Nu face nimic. Am eu adresa voastră. Vă scriu imediat ce am ajuns acasă. (Se îndreaptă cu soţia spre ieşire). Rămâneţi cu bine!
Toţi românii:	Cu bine! Călătorie plăcută. La revedere!

O scrisoare

Dragii mei,

Mai întâi ţin să vă mulţumesc pentru tot ceea
ce aţi făcut pentru noi. Aţi fost nişte domni.
Noi am ajuns cu bine acasă. Aici e frig ca în
nord şi ne aşteaptă o groază de muncă. De aceea
n-am scris fiecăruia în parte ci scriu o scri-
soare „colectivă" la toţi. Am uitat să vă mai
spun că am mai cumpărat un dicţionar grozav de
tot român-german de un oarecare Anuţei şi nişte
cărţi româneşti. Printre altele şi „Principele"
de Eugen Barbu. Citindu-l acum, îmi dau seama
cât de dificilă este limba română. Dar n-am ce
face. Trebuie acum citite toate cărţile pe care
mi le-am cumpărat. Şi apoi să încerc să vorbesc
foarte mult.
Oprindu-ne în gara din Köln pentru a schimba
trenul, am dat de o familie de ... români. Noi
am fost încântaţi când am auzit vorbindu-se
româneşte.
Apropo! O surpriză: şeful mi-a propus să conduc
reprezentanţa firmei noastre la Bucureşti.
Ce ziceţi? Nu-i grozav? Nu degeaba am învăţat
atât!
Dar acum vă las. Am încă multe de făcut azi.
Mai întâi trebuie să încercăm şi ţuica. Ne-am
cumpărat vreo două kilograme de ţuică. Mâine
o să se miroasă de la o poştă că am băut ceva.
Dar nu-i nimic. Sănătoşi să fim cu toţii!

Cu foarte mult drag
al vostru

Horst Müller

Vocabular

aeroport, -uri	Flughafen	pasager, -i	Passagier
ospitalitate	Gastfreund-	se îndrept|a, ø, -at	seine Schritte
	schaft		lenken
român|esc, -ească, -ești	rumänisch	ieșir|e, -i	Ausgang
rămas bun	Abschied	în parte	einzeln
franțu|z, -ji	Franzose	colectiv	kollektiv
însemn|a, ø, -at	bedeuten	a-și da seama	einsehen
muri, mor, -t	sterben	dificil, -ă, -i, -e	schwierig
nemaipomenit	unerhört	încânta|t, -tă, -ți, -te	begeistert
a-l apuc|a, -ă, -at	überkommen	propu|ne, -n, -s	vorschlagen
practic|ă, -i	Praxis	condu|ce, -c, -s	leiten
răm|âne, -ân, -as	bleiben	reprezen-	
șterg|e, ø, -s	wischen	tanț|ă, -e	Vertretung
lacrim|ă, -i	Träne	firm|ă, -e	Firma
ochi	Auge	degeaba	vergeblich
să sperăm	hoffentlich	sănăt|os, -oasă, -oși, -oase	gesund
uit|a, ø, -at	vergessen	drag	*hier:* Liebe
megaf|on, oane	Lautsprecher	ceea ce	das was
voc|e, -i	Stimme	de la o poștă	von weitem

Biserică din lemn în Maramureș

Gramatică şi exerciţii

Briefe schreiben

Man beginnt einen Brief an Bekannte mit

Dragă + *Vorname* (eventuell im Vokativ, muß aber nicht sein).

Dabei spielt es keine Rolle, ob es sich um eine Person männlichen oder weiblichen Geschlechts handelt. Sollte man mit dem Adressaten vertrauter sein, kann man schreiben:

Dragul meu oder *Draga mea* oder *Dragii mei*

An eine Persönlichkeit oder eine Person, die man weniger gut kennt, richtet man sich mit:

(Prea) Stimate domnule ... oder *(Prea) Stimată doamnă ...*

Als Abschluß kann man wie folgt schreiben:

Cu (mult) drag oder an weniger bekannte Personen *Cu (deosebită) stimă*

Unregelmäßige Substantive

Neben den bereits erwähnten Ausnahmen (siehe Lektion 21) gibt es Substantive, die im Singular und Plural unveränderlich sind (wie im Deutschen beispielsweise *Arbeiter*):

Maskulina:
alle *Monatsnamen*   *pui* (Jungtier, Hühnchen)
ardei (Paprika)   *tei* (Linde)
ochi (Auge)   *unchi* (Onkel)

Feminina:
alle Substantive, die auf -*oare* enden, zum Beispiel *învăţătoare*

Neutra:
nume (Name)

Exerciţiul 1   Treceţi la plural:

Vrei un ardei (nişte)? Hai să cumpărăm un pui! (5) Văd acolo departe un tei. (5) Florin are un unchi? (3) Omul nu are un ochi ci (2) La şcoală este acum o învăţătoare? (7) Am pe listă un nume? (5)

Gerundium + unbetontes Personalpronomen

Beim *Gerundium* werden die unbetonten Formen des Personalprono-
mens angehängt. Dabei wird – außer bei der femininen Form – aus pho-
netischen Gründen ein *-u-* dazwischengeschoben:

citindu-l   oprindu-ne   ștergându-și nasul   văzând-o

Exercițiul 2   Exersați:

Când am sosit în gara din Köln am auzit că se vorbește românește. →
Sosind în gara din Köln am auzit vorbindu-se românește.

Când m-am dus la ștrand m-am întâlnit cu Florin. Când am căutat
ochelarii mi-am găsit caietul de lingivistă. Dacă-l pun acum la locul
lui, am să-l găsesc imediat. Dacă ne spălăm mereu cu apă rece rămânem
tineri.

a avea + Infinitiv

In der rumänischen Sprache wird oft der Infinitiv benutzt, wenn das
Hilfsverb „a avea" zusammen mit einem Relativpronomen oder Adverb
steht:

n-am cu ce scrie = n-am cu ce să scriu

Exercițiul 3   Exersați:

Ai ce să faci? → Ai ce face?

Ai cu ce să scrii? Ai cu cine să vorbești? Ai unde să mergi? Ai unde să
dormi? Ai unde să stai?

Treceți acum aceste propoziții la plural. Dați un răspuns la ele. Mai întâi
afirmativ, iar apoi negativ.

Die Reduzierung des Passivs

In der rumänischen Sprache kann nach *trebuie* das Passiv reduziert wer-
den:

Cărțile *trebuie* citite statt Cărțile *trebuie să fie* citite.

Exerciţiul 4   Exersaţi:

Examenul trebuie să fie dat. Lecţia trebuie să fie învăţată. Ouăle trebuie să fie fierte. Onomastica trebuie să fie serbată. Prietenii trebuie să fie aşteptaţi. Ţuica trebuie să fie încercată. Berea trebuie să fie băută. Ciorba trebuie să fie mâncată încă azi.

Die Wiederholungsformen der Verben

Eine Eigentümlichkeit der rumänischen Sprache ist die *Wiederholung von Verben*, wenn man etwas besonders hervorheben will. Dann steht das erste Verb im Supinum und das wiederholte Verb im Perfekt.

De învăţat am învăţat, dar încă nu am practică. (Was das Lernen anbelangt, habe ich gelernt, doch habe ich keine Praxis.)

Exerciţiul 5   Răspundeţi la întrebare în felul următor:

− Ai citit cartea şi ai scris o compunere (Aufsatz)?
~ De citit am citit-o dar de scris n-am scris nimic.

Ai învăţat cuvintele şi le-ai repetat? Ai făcut mâncare şi ai făcut ordine în casă? Ai băut cafeaua şi ai mâncat? Ai fost la doamna Popescu şi ai întrebat-o de adresa domnului Müller?

care (Fortsetzung)

In Lektion 5 wurde erwähnt, daß *care* im Nominativ für alle drei Geschlechter unveränderlich ist; im Genitiv und Dativ dagegen sind die Formen unterschiedlich:

	Singular			*Plural*		
	M.	N.	F.	M.	N.	F.
(a, al, ai, ale)	*cărui(a)*	*cărui(a)*	*cărei(a)*	*căror(a)*	*căror(a)*	*căror(a)*

Beim Genitiv kommt noch der Genitivartikel (a, al, ai, ale) hinzu, der stets mit dem Eigentum übereinstimmen muß. Die lange Form wird angewendet, wenn kein Bezugswort folgt.

Ähnlich verhält es sich mit dem unbestimmten Pronomen *fiecare* (jeder, jede, jedes), das jedoch keine Pluralform hat. Im Genitiv und Dativ lauten die Formen:

M.	N.	F.
fiecărui(a)	*fiecărui(a)*	*fiecărei(a)*

Das unbestimmte Pronomen *oarecare* kann dem Substantiv vor- oder nachgestellt werden. Wird es vorgestellt, dann hat es die Bedeutung von *ein gewisser, eine gewisse, ein gewisses*; nachgestellt hat es die Bedeutung von *irgendein, irgendeine*:

un *oarecare* domn Popescu (*ein gewisser* Herr Popescu)
un domn *oarecare* (*irgendein* Herr)

Exerciţiul 6

Vorbesc cu doamna Popescu. Fiul ei este inginer. → Vorbesc cu doamna Ionescu al cărei fiu este inginer.

Mă întîlnesc cu Raluca. Fiica ei e studentă. – Acesta este domnul Popescu. Soţia lui este doctoriţă. – Iar aceasta este doamna Stanciu. Soţul ei este tot medic. – Hai săţi-l prezint pe Bogdan. Fratele lui este ghid. – Iar aceasta este Maria. Sora ei e tot ghidă. – Iată şi soţii Popescu. Copiii lor merg cu fiica noastră la şcoală. – Vă prezint pe colegele mele. Fetele lor lucrează la aeroport.

Exerciţiul 7   Exersaţi:

Acesta este domnul Ionescu. Lui i-am reparat maşina de spălat. → Acesta este domnul Popescu căruia i-am reparat maşina de spălat.

Aceasta este doamna Ionescu. Ei i-am cumpărat un caniş. – Aceştia sunt soţii Popescu. Lor le-am scris o scrisoare. – Acestea sunt elevele mele. Lor le spun toate regulile gramaticale. – Acesta este Florin. Lui i-am dat locuinţa mea.

acelaşi, aceeaşi

Das Pronomen *acelaşi, aceeaşi* (derselbe, dasselbe, dieselbe) wird aus *acela* + Suffix *-şi* gebildet. Dekliniert wird es wie *acela* und *aceea*. (Siehe Lektion 9, Seite 64)

Mereu este acelaşi tren care întârzie. (Es ist immer derselbe Zug, der sich verspätet.)
Este aceeaşi problemă pe care am avut-o eu. (Es ist das gleiche Problem, das ich gehabt habe.)
Der Plural lautet *aceiaşi* und *aceleaşi*.

Exercițiul 8   Completați cu „acelaşi" la forma corectă:

Ei sunt din ..... sat. S-au născut chiar în ..... an. Stăteau pe ..... stradă şi se jucau cu ..... copii. Se duceau la ..... şcoală unde aveau ..... învăţători şi învăţătoare. Citeau ..... cărți. Eu am dat ..... băiat cărţile mele. Ai dat şi tu cărţile tale ..... fete? Am adus mereu ..... oameni lucruri frumoase din Germania.

nemai-

Um etwas noch nie Dagewesenes auszudrücken, benutzt man im Rumänischen die Präfixe *ne + mai + Partizip:*

nemaipomenit	(noch nie erwähnt)
nemaiauzit	(unerhört)
nemaivăzut	(noch nie gesehen)
nemaicunoscut	(noch nicht bekannt)

Nationalitäten und Sprachen

M.	F.	Adjektiv	Adverb
român	româncă	românesc	românește
german	germană	german	
neamţ	nemţoaică	nemţesc	nemţeşte
francez		francez	
franţuz*	franţuzoaică		franţuzeşte
englez	englezoaică	englez	englezeşte
italian	italiancă	italian	italieneşte
rus	rusoaică	rusesc	ruseşte

* wird in der Umgangssprache verwendet.

Exerciţiul 9   Completaţi:

Florin este din Bucureşti. El este ..... şi are paşaport ..... El vorbeşte
numai ..... Raluca este tot din Bucureşti. Ea este ..... şi are tot paşaport .....
Ea vorbeşte ..... Helmuth este din Berlin. El este ..... şi are paşaport .....
El vorbeşte ..... Uta este tot din Berlin. Ea este ..... şi are tot paşaport .....
Ea vorbeşte numai ..... Claude este din Paris. El este ..... şi are paşaport
..... El vorbeşte ..... Marie-Jeanne este tot. din Paris. Ea este ..... şi are paşa-
port ..... Ea vorbeşte ..... John este din Londra. El este ..... şi are paşaport
..... El vorbeşte ..... Hazel este tot din Londra. Ea este ..... şi are paşaport
..... Ea vorbeşte ..... Mario este din Roma. El este ..... şi are paşaport .....
El vorbeşte ..... Gina este tot din Roma. Ea este ..... şi are paşaport .....
Ea vorbeşte ..... Ivan este din Moscova. El este ..... şi are paşaport .....
El vorbeşte ..... Nataşa este tot din Moscova. Ea este ..... şi are paşaport
..... Ea vorbeşte tot .....

Die Jahreszeiten

Die *Jahreszeiten* sind feminin:

primăvară	Frühling	*toamnă*	Herbst
vară	Sommer	*iarnă*	Winter

La vară mergem în Germania. (Im Sommer fahren wir nach Deutschland.)

Die Himmelsrichtungen

Die *Himmelsrichtungen* sind maskulin:

est (răsărit)	Osten	*vest* (apus)	Westen
nord (miazănoapte)	Norden	*sud* (miazăzi)	Süden

Die in Klammern stehenden Bezeichnungen haben literarischen Wert.

la est de = östlich von   *în estul ţării* = im Osten des Landes

Maße und Gewichte

kg	= un kilogram (de carne)	*cm*	= un centimetru
g	= un gram	*mm*	= un milimetru
km	= un kilometru	*l*	= un litru (de lapte)
m	= un metru (de stofă)		

In der Umgangssprache wird meist *litru* mit *kilogram* ersetzt: *1 kg de lapte.*

Abkürzungen

a. c.	=	anul curent (l. J.)
dv., dvs.	=	dumneavoastră
e. n.	=	era noastră (unsere Zeitrechnung)
etc.	=	etcetera (usw.)
ex.	=	exemplu (Beispiel)
î. e. n.	=	înaintea erei noastre (vor unserer Zeitrechnung)
ş. a.	=	şi altele (und andere)
ş. a. m. d.	=	şi aşa mai departe (usw.)

Exerciţiul 10   Răspundeţi la întrebări:

Unde se află prietenii familiei Müller şi de ce? De ce plânge doamna Ionescu? Cum vorbeşte domnul Müller româneşte? Au prietenii lui adresa sa? De ce pleacă fără să le dea adresa?
Cine scrie cui? Cum au ajuns acasă soţii Müller? Cum este limba română după părerea lui? Ce surpriză are domnul Müller pentru prietenii săi români? Ce mai vrea să încerce împreună cu soţia sa?

Exerciţiul 11   Povestiţi:

1. Dacă aţi fost în România povestiţi impresiile dumneavoastră despre această ţară. Dacă nu, povestiţi impresiile dumneavoastră despre o altă ţară pe care aţi vizitat-o.

2. Scrieţi o scrisoare în limba română.

Citiţi cu glosarul:

Festivalul sarmalelor

În inima Ardealului, în localitatea Praid din judeţul Harghita, sâmbătă şi duminică a avut loc „Festivalul sarmalelor", o inedită manifestare culinară, garnisită cu dansuri folclorice, muzică de fanfară, mâncare ca la nuntă, palincă din belşug, şi bineînţeles alegerea „prinţesei sarmalelor" la care au participat români şi maghiari, oficialităţi precum şi oaspeţi din străinătate. […]
    Turismul rural se dezvoltă de câţiva ani în ţări occidentale (Franţa, Elveţia, Austria, Germania, Belgia, Olanda, Italia) cu rezultate spectaculoase. Populaţia satelor are locuri de muncă chiar acasă, s-a oprit exodul

către oraşe, iar turistul, plictisit de hoteluri şi stresat de vacarmul marilor staţiuni poluate fonic şi uneori chimic, găseşte ceva inedit: cazare la localnici, mâncare tradiţională, folclor, zone geografice aproape virgine, adică o vacanţă la ţară, în mijocul naturii. [...]

În Praid, localitate cu cca 7000 de locuitori, din care mai puţin de 100 români, restul maghiari, mobilizarea pentru festival a fost exemplară. Sătenii îmbrăcaţi în costume populare, flăcăi călare pe cai împodobiţi cu panglici multicolore, fanfarele minerilor de la salină şi a copiilor, ansamblul de dansuri, cu toţi dornici să binedispună oaspeţii.

Asta, în timp ce bucătăria devenise neîncăpătoare pentru cei aproape 20 de bucătari care au preparat 7 feluri de sarmale. Juriul a mâncat din fiecare, a făcut eforturi considerabile să judece corect şi a acordat 5 premii.

Prinţesa Sarmalelor a fost declarată Lucia Stănescu din Buzău, 26 de ani, care a primit un tort cu două etaje, în vârful căruia trona o varză.

S-a râs din plin, a fost o atmosferă de chermeză populară, toată lumea s-a simţit bine. Palinca şi vinul alb de regiune au curs în valuri.

(*prescurtat din*: Expres magazin, nr. 37 [316])

LECŢIA A DOUĂZECI ŞI PATRA

O invitaţie în munţi

Acum v-aş invita să mergeţi în munţii Carpaţi. Sau aţi mai fost pe acolo?
Dacă sunteţi pasionaţi de linişte v-aş propune să petreceţi o vară undeva
într-o staţiune montană. Puteţi să faceţi drumeţii lungi. Puteţi merge
chiar zile întregi prin pădure fără să vă întâlniţi cu vreun om. Poate mai
vedeţi câte o căprioară sau dacă aveţi noroc şi un urs. Să nu vă fie frică de
ei. În general sunt paşnici. Caprele negre le veţi vedea cu siguranţă. Mai
treceţi şi pe la un cioban care păzeşte oi în munţi şi cumpăraţi de la el o
brânză proaspătă cum n-o găsiţi nicăieri. Apoi iarna puteţi merge la schi.
Sau să vă daţi cu săniuţa pe una din nenumăratele pante. Puteţi chiar să
vă plimbaţi cu sania trasă de cai prin staţiunea montană, indiferent dacă
o fi Poiana Braşov, Predeal sau Sinaia. Oricum, munţii din România sunt
frumoşi în orice anotimp!

Ceva despre economia României

Economia României a avut mult de suferit în urma regimului comunist.
Cu toate că economia este în stare să satisfacă nevoile populaţiei creând
în acelaşi timp baza pentru schimburi internaţionale solide, structura ei
a rămas mult în urmă faţă de ţările occidentale, ceea ce se vede şi la nive-
lul de trai al populaţiei, enorm de scăzut faţă de alte ţări ale Europei. Dar
datorită privatizării unor uriaşe centrale industriale cât şi a agriculturii,
unde fostele Cooperative Agricole de Producţie au fost redate ţăranilor,
există multe perspective noi. Există foarte multe posibilităţi de export,
România dispunând de foarte multe resurse naturale. Desigur că multe
firme occidentale avide de bani văzând în România un partener comer-
cial de perspectivă, au dat buzna să-şi deschidă filialele lor ori la Bucu-
reşti ori în alte oraşe. Astfel oraşele României capătă din ce în ce mai
mult un aspect occidental. În ultimii ani a crescut şi exportul produselor
româneşti nu numai în ţările Uniunii Europene dar şi în alte ţări din Asia
şi America. Există speranţe ca economia să se redreseze cu timpul,
devenind o economie care va putea concura cu produsele de pe piaţa
mondială.

VOCABULAR

invitaţi|e, -i	Einladung	faţă de	gegenüber
pasiona|t, -tă, -ţi, -te	begeistert	occidental, -ă,	westlich
linişte	Ruhe	-i, -e	
propu|ne, -n, -s	vorschlagen	nivel, -uri	Stand
petrec|e, ø, -ut	verbringen	nivel de trai	Lebensstandard
montan, -ă, -i, -e	Gebirgs-	datorită	dank
drumeţi|e, -i	Wanderung	privatizare	Privatisierung
întin|s, -să, -şi, -se	ausgedehnt	uriaş, -ă, -i, -e	riesig, mächtig
pădur|e, -i	Wald	central|ă, -e	Zentrale
căprioar|ă, -e	Reh	centrală	Industriezentrale
ur|s, -şi	Bär	industrială	
a-i fi frică	sich fürchten	domeni|u, -i	Bereich
în general	im allgemeinen	Cooperativă	Landwirtschaft-
paşnic, -ă, -i, -e	friedlich	Agricolă de	liche Produktions-
capr|ă, -e	Ziege	Producţie	genossenschaft
capră neagră	Gemse	(C.A.P.)	(LPG)
siguranţ|ă, -e	Sicherheit	reda, -u, -t	*hier:* zurück-
trec|e, ø, -ut	vorbeigehen		erstatten
cioban, -i	Hirte	ţăran, -i	Bauer
păz|i, -esc, -it	hüten	perspectiv|ă, -e	Perspektive
oaie, oi	Schaf	posibilit|ate, -ăţi	Möglichkeit
staţiune-montană	Gebirgskurort	dispu|ne, -n, -s	verfügen
săniuţ|ă, -e	Rodel	desigur	natürlich
sani|e, -i	Schlitten	avi|d, -dă, -zi, -de	gierig
pant|ă, -e	Hang	partener, -i	Partner
tra|ge, -g, -s	ziehen	comercial, -ă, -i, -e	Handels-
indiferent	einerlei	a da, -u, -t buzna	sich stürzen
suf|eri, -ăr	leiden	filial|ă, -e	Zweigstelle
în urma	infolge	produs, -e	Erzeugnis
cu toate că	trotzdem	uniun|e, -i	Vereinigung,
a fi în stare	imstande sein		Union
satis|face, -fac, -făcut	befriedigen	europe|an, -ană,	europäisch
nevo|ie, -i	Bedarf	-ni, -ne	
cre|a, -ez, -at	schaffen	speranţ|ă, -e	Hoffnung
baz|ă, -e	Grundlage	redres|a, -ez, -at	ankurbeln,
schimb, -uri	Austausch		sanieren
structur|ă, -i	Struktur	de|veni, -vin,	werden
urm|ă, -e	Spur	-venit	
răm|âne, -ân, -as	zurückbleiben	mondial, -ă, -i, -e	Welt-
în urmă		concur|a, -ez, -at	konkurrieren

Stând la taifas

EXERCIŢII RECAPITULATIVE

1. Exersaţi formele neregulate ale imperativului

De ce nu eşti liniştit? → Fii liniştit!

De ce nu bei ceai? De ce nu stai puţin la mine? De ce nu-mi dai o ţigară? De ce nu iei loc când vii la mine? De ce nu mănânci ciorba? De ce nu faci lecţia? De ce nu te duci la şcoală? De ce nu taci? De ce nu treci pe la mine? De ce nu vii odată la mine? De ce nu zici ce-ţi trebuie? De ce nu râzi?

2. Treceţi acum propoziţiile la o formă mai politicoasă (höflich)

De ce nu eşti liniştit? → Te rog să fii liniştit!

3. Completaţi cu verbele la mai mult ca perfect

Eu (a vedea) deja filmul „Unora le place jazul". Tu (a fi) deja în munţii Carpaţi? El (a şti) deja că voi veniţi. Ea (a vrea) să plece la mare dar s-a dus la munte. Eu (a veni) tocmai de la munte când a sosit şi familia Müller. Tu (a dori) mult să-l vezi pe Florin, şi iată-l! El (a avea) mult timp când era şomer. Ea (a sta) vreo trei săptămâni la Sinaia înainte de a veni la Bucureşti. Eu îi (a da) lui nişte mărci când a plecat în Germania.

4. Treceţi acum propoziţiile la plural.

5. *Exersaţi optativul*

~ Vrei să bei un vin roşu cu mine?
~ Da, aş vrea.

Vii mâine la Braşov? Mergi cu mine la ştrand? Poţi să stai cu mine vreo oră? Lucrezi mâine? Înveţi acum pentru examen? Faci acum mâncare? Bei o bere cu mine? Mănânci nişte sarmale?

6. *Treceţi acum propoziţiile la plural.*

7. *Exersaţi conditionalul trecut*

Dacă vrei, putem merge împreună la piaţă → Dacă ai fi vrut am fi putut merge împreună la piaţă.

Dacă aveţi timp, veniţi la tine. Dacă îmi dai adresa domnului Popescu mă duc la el. Dacă mergem în munţi te-am lua şi pe tine. Dacă îmi place fusta, o cumpăr. Dacă găsim bilete de avion, plecăm la Timişoara. Dacă vrei să înveţi limba germană, îţi trebuie un dicţionar şi un manual bun. Dacă vrei să ştii bine limba romăna, trebuie să înveţi mult. Dacă am bani plec în străinătate. Dacă locuieşti lângă mine, ne putem vedea în fiecare zi. Dacă dormi, nu eşti obosit.

8. *Exersaţi modul prezumtiv*

Cine este domnul Anuţei? Ce este de meserie? Unde este doamna Ionescu? Cât costă roşiile? Ce găteşte doamna Popescu? Poate găteşte nişte cartofi cu brânză. Când pleacă în nordul Olteniei? Poate pleacă astazi. Din ce se face brânza? De unde este familia Müller?

9. *Completaţi cu* cine? ce? când? cum? de ce? unde?

..... pleacă familia Müller? ..... este domnul Popescu de meserie? ..... ai dormit? ..... vii atât de târziu? Cu ..... ai vorbit ieri la telefon? ..... ai fost la Bucureşti? ..... ai cumpărat? ..... mai faci? ..... n-ai venit ieri la serbarea lui Emil? ..... ai fost? ..... vii la mine? Cu ..... mergi la Târgovişte?

10. *Completaţi cu* îşi, şi-, -şi, se *sau* s-

El ..... spală în fiecare dimineaţă. Ce ..... întâmplat? El ..... cumpără mereu fructe proaspete. Ea ..... a cumpărat o fustă foarte elegantă. El ..... plăteşte singur berea. Ea ..... duce la piaţă. Ei ..... au dus la Iaşi. Florin vrea să ..... cumpere o maşină nouă.

11. *Răspundeți la întrebări*

Ce se poate face în munți? Ce puteți întâlni prin păduri? Cu cine vă mai întâlniți? Ce puteți face iarna în Carpați? Cum sunt munții României? Ce poate satisface economia României? Cum este structura economiei românești? Ce au făcut firmele occidentale în România? Ce aspect primesc orașele României? Ce a făcut exportul? Ce speranțe există pentru economia românească?

12. *Povestiți*

1. Despre o vacanță petrecută în munți.
2. Despre situația economică din țara dumneavoastră.

Citiți cu glosarul:

Praznicul zilei: luni, 9 septembrie: sfinții Ioachim și Ana

Potrivit credinței creștine, Ioachim se trăgea din neamul lui David, iar soția lui Ana din cel al lui Aaron. Deși trecuseră peste 50 de ani de la căsătoria lor, amândoi erau triști pentru că nu aveau nici un copil. Potrivit credinței poporului evreu, toți cei căsătoriți fără copii erau socotiți oameni nevrednici și neplăcuți lui Dumnezeu. De aceea, cei doi bătrâni se rugau neîncetat lui Dumnezeu să le binecuvânteze casa cu un prunc. Într-una din zile, lui Ioachim nu i-au fost primite darurile la templul din Ierusalim, fiind mustrat că nu are copii. Întristat și rușinat, Ioachim s-a retras în pustiu rugându-se și mai insistent lui Dumnezeu.

Peste câteva zile, în timp ce Ana se ruga în grădină, un înger i-a vestit că rugăciunea i-a fost ascultată și va naște o fiică. După aceea, îngerul i-a anunțat aceeași veste și bătrânului Ioachim în pustiu. Peste nouă luni, Ana a născut-o pe Maria, prin care apoi s-a întrupat Mântuitorul Hristos.

Astăzi, este ziua onomastică a celor care au primit la botez numele Ana.

(*din* „Adevărul", 21 septembrie 1996)

TEST 4

Kreuzen Sie von den drei Möglichkeiten die richtige an*:

1.   a) Zi, ce vrei?   ☐
      b) Zice, ce vrei?   ☐
      c) Zii, ce vrei?   ☐

2.   a) Dă-mă un pahar de apă!   ☐
      b) Dă un pahar de apă!   ☐
      c) Dă-mi un pahar de apă!   ☐

3.   a) Când am venit, el pleca deja   ☐
      b) Când am venit, el pleacă deja   ☐
      c) Când am venit, el plecase deja   ☐

4.   a) Cât frați ai?   ☐
      b) Câte frați ai?   ☐
      c) Câți frați ai?   ☐

5.   a) Eu aş pleca la Sinaia.   ☐
      b) Eu am pleca la Sinaia.   ☐
      c) Eu a pleca la Sinaia.   ☐

6.   a) Îmi aş cumpăra o rochie nouă.   ☐
      b) Mă-aş cumpăra o rochie nouă.   ☐
      c) Mi-aş cumpăra o rochie nouă.   ☐

7.   a) În timpul zilei beau multă apă.   ☐
      b) De-a lungul zilei beau multă apă   ☐
      c) De-a latul zilei beau multă apă   ☐

8.   a) Înainte de a pleca spun „La revedere".   ☐
      b) Înainte de eu plec spun „La revedere".   ☐
      c) Înainte de eu să plec spun „La revedere".   ☐

9.   a) Cine o fi Decebal?   ☐
      b) Cine o fi fost Decebal?   ☐
      c) Cine va fi Decebal?   ☐

* Lösungen siehe Seite 219

10.   a) Mă doare capul în fum.
      b) Mă doare capul cu fum.
      c) Mă doare capul de fumat.

11.   a) Fusta îți stă extraordinar bine.
      b) Fusta îți stă extraordinar de bine.
      c) Fusta îți stă extraordinar de bun.

12.   a) Emil este cea mai bun elev.
      b) Emil este cel mai bun elev.
      c) Emil este cei mai bun elev.

13.   a) Oricum nu veneam ieri.
      b) Orice nu veneam ieri.
      c) Oriunde nu veneam ieri.

14.   a) Te rog dă-mi o țigară!   – Ia-o!
      b) Te rog dă-mi o țigară!   – Ia-i!
      c) Te rog dă-mi o țigară!   – Ia-le!

15.   a) Una vorbește, alta face.
      b) Unul vorbește, alții face.
      c) Unele vorbesc, altele face.

16.   a) El avusese câtva mulți bani.
      b) El avut cândva mulți bani.
      c) El avusese cândva mulți bani.

17.   a) El a fost bolnav, ar fi stat la pat.
      b) El să fi fost bolnav, ar fi stat la pat.
      c) El fusese bolnav, ar fi stat la pat.

18.   a) Dragul domnule Müller, …
      b) Dragă domnul Müller, …
      c) Dragă domnule Müller, …

19.   a) Ducându-mi în oraș, m-am întâlnit cu Maria.
      b) Ducând mă în oraș, m-am întâlnit cu Maria.
      c) Ducându-mă în oraș, m-am întâlnit cu Maria.

20.   a) N-am ce eu lucrez.
      b) Nu am de ce lucrez.
      c) N-am ce lucra.

21. a) Am scris fiecărui o scrisoare. ☐
     b) Am scris lui fiecare. ☐
     c) Am scris fiecăruia. ☐

22. a) Dânsa este doamna care am dat un cadou. ☐
     b) Dânsa este doamna căreia i-am dat un cadou. ☐
     c) Dânsa este doamna pe care am dat un cadou. ☐

23. a) Muzeul trebuie vizitat. ☐
     b) Muzeul trebuie fi. ☐
     c) Muzeul trebuie să-l vizit. ☐

24. a) Venind de la piaţă, l-am văzut pe Emil. ☐
     b) Când vin de la piaţa, l-am văzut pe Emil. ☐
     c) După ce vin de la piaţa, l-am văzut pe Emil. ☐

25. a) În munţii României se găsesc multe capre. ☐
     b) În munţii României nu se găsesc capre negre. ☐
     c) În munţii României se găsesc multe capre negre. ☐

26. a) România este o ţară rămasă în urmă. ☐
     b) România are acelaşi nivel de trai ca şi Germania. ☐
     c) România are cel mai înalt nivel de trai din Europa. ☐

27. a) CAP-urile n-au fost redate ţăranilor. ☐
     b) CAP-urile au devenit firme particulare. ☐
     c) CAP-urile au fost redate ţăranilor. ☐

28. a) Economia României se va redresa cu timpul. ☐
     b) Economia României se va redresa peste un an. ☐
     c) Economia României se va redresa în doi ani. ☐

29. a) Firme occidentale au cumpărat România. ☐
     b) Firme occidentale s-au mutat în România ☐
     c) Firme occidentale au deschis filiale în România. ☐

30. a) România nu mai dispune de resurse naturale. ☐
     b) România nu dispune de loc de resurse naturale. ☐
     c) România dispune de multe resurse naturale. ☐

Sie haben ..... von ingesamt 30 Punkten erzielt.

30–25 Punkte: ausgezeichnet   24–20 Punkte: sehr gut
19–15 Punkte: gut
14–0 Punkte: Wiederholen Sie nochmals die Lektionen 19–24!

ULTIMA LECŢIE

Ce-i tipic românesc?

Acum aţi făcut cunoştinţă cu limba română. Sunt sigur că puteţi chiar vorbi foarte bine. Poate aţi fost deja în România şi poate aţi cunoscut români şi v-aţi împrietenit cu ei. Nu e greu să te împrieteneşti cu românii. Ei sunt foarte volubili şi prietenoşi mai ales dacă este vorba de străini. Aţi cunoscut în acest manual nişte studenţi zburdalnici cum sunt studenţii peste tot. Unii sunt harnici, alţii mai leneşi. Aţi făcut şi cunoştinţă cu cele două doamne care stăteau toată ziua la taifas şi v-aţi întrebat poate: oare toţi românii sunt aşa? Desigur că nu. Românilor le place însă să stea de vorbă. Au mereu ceva de discutat. Le place şi să se ducă seara la restaurant, dacă au bani, şi să bea câte un „şpriţ". Românii sunt foarte sufletişti. O să vă daţi sema de acest lucru foarte curând. Ei îşi iubesc foarte mult copiii şi se îngrijesc de ei. Dacă copiii sunt la ananghie părinţii nu-i lasă singuri. Sunt mereu în preajma lor. Un mare rol joacă bunicii. Deseori ei sunt singurii care au timp să se îngrijească de nepoţi, dacă părinţii sunt în câmpul muncii. Sunt români care încearcă să fie şmecheri. Dar ei fac acest lucru pentru a supravieţui, pentru că în general sunt săraci. Sigur, acum există chiar foarte mulţi oameni bogaţi, dar ei nu şi-au câştigat banii în mod cinstit ci au şmecherit pur şi simplu pe alţii. Ei nu sunt agreaţi de cei cinstiţi, căci omul simplu, ţăranul de exemplu, este foarte cinstit şi bun la suflet.

Dacă veţi merge în România îi veţi cunoaşte pe români mai bine decât vă povestesc eu aici, şi sigur o să vă daţi seama cum sunt românii. Vă doresc din tot sufletul succese în continuare la învăţarea limbii române şi un concediu cât se poate de plăcut în România!

Gramatică

Probleme tipice ale gramaticii române

În primul rând alternanţele consonantice şi cele vocalice.
Spuneţi cu care alternanţe v-aţi întâlnit la: substantiv
adjectiv
verb

Articolul enclitic.
Repetaţi exerciţiul nr. 10 din lecţia întâi.

Articolul genitival este iarăşi o altă particularitate a limbii române.
Repetaţi exerciţiul nr. 1 din lecţia a cinsprezecea.

Genul neutru care pe vremuri se numea şi ambigen, adică de două genuri (la singular masculin, iar la plural feminin).

Cazul vocativ.
Repetaţi exerciţiul 5 din lecţia a nouăsprezecea.

Superlativul absolut (format cu *de*)
Repetaţi exerciţiul nr. 6 de la lecţia 21.

Dublarea dativului şi a acuzativului
Repetaţi exerciţiul nr. 9 de la lecţia 8 precum şi exerciţiile 3 şi 4 de la lecţia 14.

Modul conjunctiv când două verbe stau împreună
Repetaţi exerciţiul nr. 4 de la lecţia 10.

Viitorul popular
Repetaţi exerciţiul nr. 5 de la lecţia 11.

Supinul
Repetaţi exerciţiul nr 3. de la lecţia 13, exerciţiul nr. 8 de la lecţia 15, precum şi exerciţiul 4 de la lecţia 21.

Modul optativ
Repetaţi exerciţiul nr 23 de la lecţia 20.

Modul prezumtiv
Repetaţi exerciţiile nr. 1 şi 2 de la lecţia 22

Citiți cu glosarul:

Ion Luca Caragiale (1852–1912): Rromânul

Moftangiul este eminamente român; cu toate astea, înainte de a fi român, el este moftangiu.

Născut dintr-o familie săracă dar onestă, el este fiul operelor sale, și, deși democrat prin naștere, el face parte din aristocrația inteligenții, a meritului, științei, artei, culturii, ș.a.m.d.

Dar ... născut dintr-o veche familie de adevărați boieri, care au știut întotdeauna să pună interesul patriei mai presus de interesele de clasă renunțând la privilegii, el, aristocratul get-beget, este adevărat democrat ...

Moftangiul este patriot hotărât, naționalist exclusiv, român până în măduva oaselor! Toată lumea trebuie s-o știe!

Guvernamental, sau, când din nenorocire nu se poate asta, opozant, moftangiul felicită Rromânia în cazul întâi, o deplânge în cazul al doilea, în ambele cazuri o iubește până la nebunie. De aceea el urăște cu furie tot ce nu e român, tot ce nu e național.

El stimează agricultura, dar visează o industrie mare națională, care să ne scape de tributul ce-l dăm străinilor; ceea ce îl înspăimântă este o cucerire a României pe terenul economic de către infamii de străini, ajutați de copiii vitregi ai țărișoarei lui!

E om de partid, câtă vreme nu-i vorba decât de vederi asupra politicii interioare. Îndată însă când e vorba de a ne prezenta față cu străinii, el crede că toți rromânii trebuie să uite micile pasiuni, dându-și mâna frățește, să pășească strâns uniți față cu primejdia economică, politică, socială și culturală a națiunii! Inamicul comun este străinul! Jos Străinismul! Sus Rromânismul. [...]

Moftangiul român este:

De la clasele primare până la bacalaureat – anarhist;

De la bacalaureat până la primul examen de universitate – socialist;

De la primul examen până la licență – progresist;

De la licență până la slujbă – liberal;

De la slujbă până la pensie – conservator.

De la pensie încolo, împărtășește principiile tinerimii universitare ... Fii sigur că ai să-l găsești oriunde e vreo manifestațe mai mult sau mai puțin politică sau nepoliticoasă a studenților mai mult sau mai puțin rromâni!

(*din*: Caragiale, I. L., Scrieri alese, Brașov, 1995)

LECTURI UŞOARE ŞI MAI PUŢIN UŞOARE

Proverbe

Ce ţie nu-ţi place altuia nu face.

Mâţa blândă zgârie rău.

Câinele care latră nu muşcă.

Când pisica nu-i acasă, şoarecii joacă pe masă.

Ce faci cu mâna ta e bine făcut.

Graba strică treaba.

Ce poţi face azi nu lăsa pe mâine.

Ce-i în mână nu-i minciună.

Fiecare îşi laudă marfa.

Foamea e cel mai bun bucătar.

Mai bine mai târziu decât niciodată.

Ce naşte din pisică tot şoareci mănâncă.

Până nu-i foc fum nu iese.

Calul de dar nu se caută la dinţi.

Pofta vine mâncând.

Lac să fie, că broaşte se adună.

Cine se scoală dimineaţa departe ajunge.

Încet, încet, departe ajungi.

Prietenul la nevoie se cunoaşte.

Câte capete atâtea păreri.

Cine râde la urmă, râde mai bine.

Omul cât trăieşte învaţă.

După faptă şi răsplată.

(*din:* Proverbele românilor, Bucureşti 1957)

Ghicitori

Hoţul intră-n casă
şi capul afară-şi lasă.
(Cuiul)

Şerveţel vărgat
peste mare-aruncat.
(Curcubeul)

Două fete-mi poartă salba:
una-i neagră, alta-i albă.
Ne-ncetat se tot alungă
şi nu pot să se ajungă.
(Ziua şi noaptea)

Nici în casă,
nici afară;
nici în cer,
nici în pământ.
(Fereastra)

Ce iese noaptea-n sat
şi nu-l latră câinii?
(Fumul)

Bulgăre de aur
cu coarne de taur.
(Luna nouă)

(*din:* Andrei, Al.: Literatura clasică română, Bucureşti 1996)

Doină

Doină ştiu şi doină zic:
de când am ajuns voinic
eu cu doina mă plătesc
de bir şi de boieresc
tot cu doinişoara mea
de podveadă, de belea

Doină, doină cântec dulce,
de la mine când te-i duce?
Cin-te scoase-n calea mea,
bată-te pârdalnica,
că mi-ai secat inima
şi tu mi-ai scurtat viaţa.

Birul

Biru-i greu, podveada grea,
sărăcuţ de maica mea:
unde merg şi orice fac,
de belele nu mai scap,
nicăieri nu mai încap.
De frica parului
şi de groaza birului

uitai drumul satului
şi coarnele plugului:
Luai drumul crângului
şi poteca haiducului;
Că, decât în calicie,
mai bine la haiducie,
ce-o vrea Dumnezeu să fie!

(*din*: Poveştile anului, II, Bucureşti 1996)

Colinde

O, ce veste minunată
În Bethleem ni se-arată
C-astăzi s-a născut
Cel făr' de început
Cum au spus prorocii

Că la Bethleem Maria
Săvârşind călătoria
În sărac lăcaş
Lâng' acel oraş
A născut pe Mesia

Pe fiul Cel din vecie
Ce L-a trimis Tatăl mie
Să se nască
Şi să crească
Să ne mântuiască.

Moş Crăciun cu plete dalbe
A sosit de prin nămeţi
Şi aduce daruri multe
Pe la fete şi băieţi.
　　Moş Crăciun, Moş Crăciun!

Din bătrâni se povesteşte:
Că-n tot anul negreşit
Moş Crăciun pribeag soseşte,
Niciodată n-a lipsit.
　　Moş Crăciun, Moş Crăciun!

Moş Crăciun cu plete dalbe,
Încotro vrei să apuci?
Ţi-aş cânta „Florile dalbe"
Dac-aş ştii că nu te duci.
　　Moş Crăciun, Moş Crăciun!

(*din:* Toma, Marin: Lecturi literare, Bucureşti 1996)

Snoave

Un domn călare întâlnind pe un om, îl întreabă cine-i?
- Păcală, răspunde omul.
- Bine, că tot am auzit de un aşa păcală, că ştie bine păcăli oamenii; ia-ncearcă, păcăleşte şi pe un om învăţat!
- Hei, domnule, se vede că ai noroc, că mi-am uitat păcalele acasă, altcum şi de domn ş-ar râde lumea.
- Du-te şi adu-le!
- Sunt cam departe şi dumneata nu poţi aştepta până vin; numai dacă îmi vei da calul mă voi putea reîntoarce îndată cu păcalele.
Domnul îi dă calul, dar sărmanul aşteaptă şi azi după Păcală să vină cu păcalele să-l păcălească.

––––––––––––

Un domn întâlneşte pe Păcală şi-l întreabă:
- Ce ţi-ai făcut cei trei fii ai tăi?
Păcală răspunde:
- Pe unu l-am făcut hingher, pe al doilea palavragiu şi pe al treilea cerşetor.
- Ei cum asta? îl întreabă domnul mirat.
- Pe hingher l-am făcut doctor, pe palavragiu, avocat, iar pe cerşetor, popă.

––––––––––––

- Tu câine! zicea Păcală către un om.
- De-aş fi câine, aş şti lătra, răspundea omul.
- Dar ştii, zicea iarăşi Păcală, şi apoi întreba: Cum se cheamă unealta în care trag caii?
- Ham! răspundea omul.
- Vezi că ştii lătra, încheia Păcală.

(din: Snoava populară românească, Bucureşti 1987)

Vasile Alecsandri (1821–1890)

Paştele

De Paşti în satul căsuţele-nălbite
Lucesc sub a lor malduri de trestii aurite
Pe care cocostârcii, înfipţi într-un picior,
Dau gâtul peste aripi, tocând din ciocul lor.

Un scrânciob mai la vale pe lângă el adună
Flăcăi şi fete mândre ce râd cu voie bună;
Şi-n sunet de vioare, de cobze şi de nai
Se-ntoarce hora lină, călcând pe verde plai.

Bătrâni cu feţe stinse, români cu feţe dalbe,
Românce cu ochi negri şi cu ştergare albe
Pe iarba răsărită fac praznic la un loc
Iar pe-mpregiur copiii se prind la luptă-n joc.

Şi scrânciobul se-n toarce, purtând în legănare
Perechi îmbrăţişate cu dulce înfocare,
Ochiri scânteietoare şi gingaşe zâmbiri
Ce viu răspând în aer electrice luciri.

(*din:* Vasile Alecsandri: Poezii, Bucureşti 1959)

MIHAI EMINESCU (1850–1889)

Lacul

Lacul codrilor albastru
Nuferi galbeni îl încarcă;
Tresărind în cercuri albe
El cutremură o barcă.

Şi eu trec de-a lung de maluri,
Parc'-ascult şi parc'-aştept
Ea din trestii să răsară
Şi să-mi cadă lin pe piept;

Să sărim în luntrea mică,
Îngânaţi de glas de ape,
Şi să scap din mână cârma
Şi lopeţile să-mi scape;

Să plutim cuprinşi de farmec
Sub lumina blândei lune -
Vântu'n trestii lin foşnească
Unduioasă apa sune!

Dar nu vine … Singuratic
În zadar suspin şi sufăr
Lângă lacul cel albastru
Încărcat cu flori de nufăr.

Revedere

– Codrule, codruţule,
Ce mai faci, drăguţule,
Că de când nu ne-am văzut
Multă vreme a trecut
Şi de când m-am depărtat,
Multă lume am îmblat.

Iar eu fac ce fac de mult,
Iarna viscolu-l ascult,
Crengile-mi rupându-le,
Apele-astupându-le,
Troienind cărările
Şi gonind cântările;
Şi mai fac ce fac de mult,
Vara doina mi-o ascult
Pe cărarea spre izvor
Ce le-am dat-o tuturor,
Împlându-şi cofeile
Mi-o cântă femeile.

Codrule cu râuri line
Vreme trece, vreme vine,
Tu din tânăr precum eşti
Tot mereu întinereşti.

Ce mi-i vremea, când de veacuri
Stele-mi scânteie pe lacuri,
Că de-i vremea rea sau bună,
Vântu-mi bate, frunza-mi sună;
Şi de-i vremea bună, rea
Mie-mi curge Dunărea.
Numai omu-i schimbător,
Pe pământ rătăcitor,
Iar noi locului ne ţinem,
Cum am fost aşa rămânem:
Marea şi cu râurile,
Lumea cu pustiurile,
Luna şi cu soarele,
Codrul şi izvoarele.

(*din:* Mihai Eminescu: Poezii tipărite în timpul vieţii, Iaşi 1996)

GEORGE COŞBUC (1866–1918)

Noapte de vară

Zările, de farmec pline
Strălucesc în luminiş;
Zboară mierlele-n tufiş
Şi din codri noaptea vine
    Pe furiş.

Care cu poveri de muncă
Vin încet şi scârţâind;
Turmele s-aud mugind,
Şi flăcăii vin pe luncă
    Hăulind.

Cu cofiţa pe-ndelete
Vin neveste de la râu;
Şi cu poala prinsă-n brâu
Vin cântând în stoluri fete
    De la grâu.

De la gârlă-n pâlcuri dese
Zgomotoşi copiii vin
Satul e de vuiet plin;
Fumul alb alene iese
    Din cămin.

Dar din ce în ce s-alină
Toate zgomotele-n sat,
Muncitorii s-au culcat.
Liniştea-i acum deplină
    Şi-a-nnoptat.

Focul e-nvelit pe vatră,
Iar opaiţele-au murit,
Şi prin satul adormit
Doar vrun câne-n somn mai latră
    Răguşit.

Iat-o! Plină, despre munte
Iese luna din brădet
Şi se nalţă, -ncet-ncet,
Gânditoare ca o frunte
    De poet.

Ca un glas domol de clopot
Sună codrii mari de brad;
Ritmic valurile cad,
Cum se zbate-n dulce ropot
    Apa-n vad.

Dintr-un timp şi vântul tace;
Satul doarme ca-n mormânt -
Totu-i plin de Duhul sfânt:
Linişte-n văzduh şi pace
    Pe pământ.

Numai dorul mai colindă,
Dorul tânăr şi pribeag,
Tainic se-ntâlneşte-n prag,
Dor cu dor să se cuprindă,
    Drag cu drag.

(*din:* G. Coşbuc: Poezii, Bucureşti 1995)

Anton Pann (1794–1854)

Când se găteşte în laturi
numai din miros te saturi

Nastratin Hogea-ntr-o seară la fereastră cum şedea
Îşi lungea nasul aiurea, p-alţii fără a-i vedea;
Trecând unul din prietini: – Ce miroşi? l-a întrebat.
Vecinul meu – el răspunse – găteşte scumpe mâncări,
Şi d-al lor miros mă satur, trăgându-l cu gust prin nări.

Grijile-s la creditori
mai mult decât la datori

Unul, întâlnind pe Hogea, s-oprit a-l întreba
De ş-a plătit datoria. Iar el îi răspunse: – Ba.
– Dar ce umbli fără grije, când te ştii că eşti dator?
– Grija – zise el – s-o poarte cel ce este creditor.

(*din:* A. Pann: Cele mai frumoase scrieri, Bucureşti 1996)

GEORGE TOPÂRCEANU (1886–1937)

La Paşti

Astăzi în sufragerie,
Dormitau pe-o farfurie,
Necăjite şi mânjite,
Zece ouă înroşite.

Un ou alb, abia ouat,
Cu mirare le-a-ntrebat:
– Ce vă este, frăţioare,
Ce vă doare?
Nu vă ninge, nu vă plouă,
Staţi gătite-n haină nouă,
Parcă, Dumnezeu mă ierte,
N-aţi fi ouă …
– Suntem fierte!
Zise-un ou rotund şi *fraise*
Lângă pasca cu orez.
Şi schimbându-şi brusc alura,
Toate-au început cu gura:
– Pân' la urmă tot nu scap!
– Ne găteşte de paradă.
– Ne ciocneşte cap în cap
Şi ne zvârle coaja-n stradă …
– Ce ruşine!
– Ce dezastru!
– Preferam să fiu omlet!
– Eu, de m-ar fi dat la cloşcă,
Aş fi scos un pui albastru …
– Şi eu, unul violet …
– Eu, mai bine-ar fi să tac:
Aşa galben sunt, că-mi vine
Să-mi închipui că pe mine
M-a ouat un cozonac …

Toamna în parc

Cad grăbite pe aleea
Parcului cu flori albastre
Frunze moarte, vorba ceea,
Ca iluziile noastre.

Prin lumina estompată
De mătasa unui nor,
Visătoare trece-o fată
C-un plutonier major.

Rumen de timiditate
El se uită-n jos posac
Ea priveşte foi uscate
Sub pantofii mici de lac.

Şi-ntr-o fină discordanţă
Cu priveliştea sonoră
Merg aşa, cam la distanţă
El major şi ea minoră …

(*din:* G. Topârceanu: Cele mai frumoase pagini, Bucureşti 1966)

TUDOR ARGHEZI (1880–1967)

Vântul

Nu ştiu cine, pe furiş,
Mi-a smuls toamna-n miez de noapte,
Din grădini, ca un afiş.

Cineva, vorbind în şoapte,
De pe-o scară de coşar,
A-ntocmit-o-n şase, şapte

Şi-a vârât-o-n buzunar.
Hoţ de frunze, cine-l ştie
Să ia seama: vine iar.

(*din:* Poveştile anului, II, Bucureşti 1996)

NICOLAE LABIŞ (1935–1956)

Vara

> Până-n zări se-nvălură
> mări de grâu bălan;
> nici un fir de mălură
> nu zăreşti în lan.
>
> Îşi rotesc paletele
> mari secerători,
> desfăcându-şi betele,
> zvârle snopi uşori.
>
> Doar un spic îşi presură
> plânsul, că-i pribeag,
> ca un pui de presură
> stând într-un toiag.

(*din:* Literatura clasică română, Bucureşti 1996)

MARIN SORESCU (1936–1997)

Bunica şi chibriturile

> Păstra bunica nişte riduri
> Într-o cutie de chibrituri
> şi numai ce şi le punea
> De câte ori se enerva.
>
> Nepotul – neastâmpărat –
> A dat de riduri, le-a furat,
> Le-a pus pe frunte, le-a lipit,
> Şi gata – a îmbătrânit!
>
> Acum bunica-i o copilă,
> Iar puştiului îi plâng de milă:
> Dinţii şi-a scos cu cleştele
> Şi nu-i mai plac poveştile …

ANA BLANDIANA (* 1942)

La Paris

La Paris, la colţ de străzi,
Cireşile cresc în lăzi;

Strugurii afuzalii
Cresc de-a dreptul în cutii;

Piersicile, nici n-ai crede
Cresc ascunse în şervete;

Şi-ascultaţi-mă pe mine,
Merele cresc în vitrine.

Prunele cresc pe cântar,
Pepenii în galantar,

Fragile, în mare grabă,
Cresc de-a gata în tarabă,

Şi alunele sadea
Cresc în bar, de sub tejghea.

Un plictis de zile mari:
Nici albine, nici bondari.

Dar, în schimb, nimic de zis,
Pe-orice stradă în Paris,

Orice câine, cât de mic
Creşte-n coadă un covrig.

(*din:* Poveştile anului, IV, Bucureşti 1996)

Ion Creangă (1839–1889)

Ursul păcălit de vulpe

Era o dată o vulpe, vicleană ca toate vulpile. Ea umblase o noapte întreagă după hrană şi nu găsise nicăieri.

Şezând cu botul întins pe labele dinainte, îi vine miros de peşte.

Atunci ea ridică puţin capul şi, uitându-se la vale, în lungul drumului, zăreşte venind un car tras de doi boi. „Bun!" gândeşte vulpea. „Iaca hrana pe care o aşteptam."

Carul apropiindu-se de vulpe, ţăranul ce mâna boii o vede şi, crezând că-i moartă cu adevărat, zice: „Ti! … ce frumoasă caţaveică am să fac nevestei mele din blana acestui vulpoi … "

Zicând aşa, apucă vulpea de după cap şi, târând-o până la car, o aruncă deasupra peştelui. Apoi strigă la boi să pornească şi boii pornesc.

Însă cum au pornit boii, vulpea a început să împingă peştele jos din car. După ce hoaţa de vulpe a aruncat din car o mulţime de peşte pe drum, sare şi ea din car şi cu mare grabă începe a strânge peştele de pe drum.

După ce l-a strâns grămadă, îl ia, îl duce la vizuina sa şi începe a-l mânca, că tare-i era foame.

Tocmai când începuse a mânca, iaca vine la dânsa ursul.

– Bună ziua, cumătră! Ti! Dar ce peşte ai! Dă-mi şi mie, că tare mi-e poftă!

– Ia mai pune-ţi pofta în cui, că nu pentru tine am muncit eu. Dacă ţi-e aşa de foame, du-te şi înmoaie-ţi coada în baltă, ca mine, şi vei avea peşte să mănânci!

– Învaţă-mă, te rog, cumătră, că eu nu ştiu cum se prinde peşte!

– Ascultă, cumetre: vrei să mănânci peşte? Du-te deseară la balta de la marginea pădurii, vâră-ţi coada-n apă şi stai pe loc, fără să te mişti, până spre ziuă, atunci trage tare şi ai să scoţi o mulţime de peşte!

Ursul, nemaizicând nici o vorbă, aleargă-n fuga mare la băltoaca îngheţată şi prinde coada ursului ca într-un cleşte. Ursul, nemaiputând de durere şi de frig, smuceşte din toată puterea şi, sărmanul urs, în loc să scoată peşte, rămâne fără coadă!

(*din:* Creangă, I., Ursul păcălit de vulpe, Bucureşti 1987)

Ion Luca Caragiale (1852–1912)

Cele trei zeiţe

Junele Mişu Guvidi dă examenul de clasa VII ... Trei profesori infami îl persecută. Mişu cade la trei obiecte: la matematice, la istorie şi la morală.
   Junele Mişu declară mamiţii că e hotărât a se sinucide.
Dar Mişu are trei zeiţe protectoare: [...] pe Juno, pe Minerva şi pe Venus.

Juna e mamiţa lui; Minerva sora mai mare a mamiţii, şi Venus, sora ei mai mică.
Şi câte trele zeiţele ţin sfat.
   Şi mândra Juno zice:
– Cunosc pe Popescu, profesorul de istorie; el are un frate, care nu-i împământenit şi care doreşte a fi; eu am un bărbat care e deputat, orator, Jupiter Tunătorul. Mă însărcinez cu d-l Popescu!
   Şi a plecat mândra zeiţă; şi l-a găsit pe Popescu, şi scurt: Popescu a schimbat pe 5 în 6. E aşa de uşor a face pe şase din cinci!

Minerva cea cu socoteala a zis:
– Ştiu bine că Vladimirescu, profesorul de matematice, a pierdut aseară la poker o sumă-nsemnată şi că n-are cu ce pleca în vacanţă. Mă însărcinez eu cu Vladimirescu.
   Şi a plecat înţeleapta zeiţă; şi l-a găsit pe Vladimirescu, şi scurt: Vladimirescu a schimbat pe trei în opt. E aşa de uşor să faci pe opt din trei!

Mai a rămas morala ...
Şi Venus zice:
– Asta e partea mea – morala. Îl cunosc bine pe Mititelul Parisache, profesorul, el nu e în stare să reziste poruncilor mele ... Mă-nsărcinez eu cu morala şi cu Parisache.
   Şi a plecat frumoasa zeiţă ... şi a găsit pe Parisache, şi mai mult sau mai puţin scurt: Parisache a schimbat pe 1 în 10. O! când îţi ordonă Venus, e aşa de uşor să faci din unul zece!

(*din:* Momente şi schiţe, Bucureşti 1971)

Emil Gârleanu (1878–1914)

Mai sus!

S-a trezit ciocârlia în chemarea prepeliţei: „Pitpalac!"

Cerul abia se rumenise; picăturile de rouă încă nu se prefăcuseră în mărgăritare; luceafărul tot făcea din ochi pământului.

Dar peste puţin deodată adâncul scăpără. Cea dintâi rază străpunse văzduhul şi se topi în ochiul ciocârliei. Niciodată darul acesta, trimis de către soare, nu umpluse sufletul păsării de o mai mare fericire. Căci şi fericirea nu-şi alege totdeauna clipa nimerită în care să-şi verse prinosul.

Scuturându-şi penele, un tril de mulţumire izvorî din guşa ciocârliei. Apoi se dezlipi de ţărână şi, pâlpâind din aripi, se înălţă.

Aerul parcă se rumenise. Oglinda cerului poleia pământul. Încă o bătaie de aripi.

Mai sus!

Slab de tot i se părea ciocârliei că mai aude glasul pitpalacei. Înota în valuri străvezii; plutind pe ele, dete drumul ciripitului ei gâdilitor ca al unei grindine de mărgăritare.

Dar raza care i se topise în ochi o chema la ea, în înalt. În cântecul ei, pasărea îi spunea că vine. Încă o lovire de aripi, şi-ncă una.

Mai sus!

Îmbătată, pasărea se asculta singură; pentru ea şi pentru soare cânta.

I se părea că tremurările cântecului ei umpleau bolta cerului. Vroia să se simtă singură, dezlipită de ţărâna pământului, – ea şi raza, în singurătatea ameţitoare a înălţimilor ...

Îşi avântă din ce în ce cântecul; îşi încordează mai tare puterile. Dar trupul greu parcă-i înlănţuie glasul, i-l ţine închis ca într-o colivie. Ar vrea să se simtă dezrobită, uşoară ca aerul, străvezie ca el.

Mai sus! Mai sus!

Şi trupul mereu o trage înapoi către pământ, şi raza mereu o cheamă către înălţimi.

Într-un avânt îşi pune cea din urmă putere şi, deodată, se simte, în sfârşit, slobodă, desfăcută de greutatea netrebnică a cărnii.

Şi-n vreme ce, smulgându-se, nebun de fericire, glasul se-nalţă singur, tremurător şi dumnezeiesc de dulce, în înalt, trupul cade ca un bulgăre de ţărână spre pământ.

(*din:* Gârleanu, Cele mai frumoase pagini, Bucureşti 1996)

CHEIA EXERCIŢIILOR (Schlüssel zu den Übungen)

Lektion 1

1. ghidul, domnul, vărul, elevul, soţul, electricianul, meseria, studenta, contabila, profesia. ·

3. sunt; sunt; este; eşti; sunteţi; sunteţi; sunt; suntem. ·

4. a) Unde este Radu? → Radu este la Bucureşti. Unde este domnul Popescu? → Domnul Popescu este la Târgovişte. Unde sunt Radu şi Ana? → Radu şi Ana sunt la Braşov. Unde sunteţi dumneavoastră? → Dumneavoastră sunteţi aici. Unde sunt ele? → Ele sunt la Berlin. Unde este doamna Ionescu? → Doamna Ionescu este la Timişoara. Unde sunt ei? → Ei sunt la hotel. ·

b) De unde este Radu? → Radu este din Braşov. De unde sunteţi dumneavoastră? → Eu sunt din Bucureşti. De unde sunt ele? → Ele sunt din Leipzig. De unde este doamna Popescu? → Doamna Popescu este din Târgovişte. De unde sunt Maria şi Emil? → Maria şi Emil sunt din Dortmund. De unde este domnul Ionescu? → Domnul Ionescu este din Timişoara. De unde sunt ei? → Ei sunt din Stuttgart. De unde sunteţi dumneavoastră? → Eu sunt din Köln. ·

6. o studentă, o ingineră, o ghidă, o contabilă, o turistă, o elevă, o farmacistă. ·

7. studenta, inginera, ghida, contabila, turista, eleva, farmacista. ·

Lektion 2

2. Este opt şi cinci. Este zece şi jumătate. Este trei şi şapte minute. Este şapte fără cinci. Este cinci fără un sfert. Este două şi un sfert. Este şase şi jumătate. Este cinci şi zece. Este opt fără zece. Este ora nouă. ·

3. carnea, brânza, fratele, cafeaua, contabila, domnul, vânzătoarea, numele, ghidul, pâinea, câinele, biletul, dimineaţa. ·

5. aveţi; are; avem; are; are. ·

7. Nu, nu am nici brânză. Nu, nu are nici pâine. Nu, nu au nici câine. Nu, nu are nici bilet de avion. Nu, nu au nici carne. ·

8. Doamna este contabilă? Nu, este economistă. Domnul Popescu este inginer? Nu, este ghid. Maria este elevă? Nu, este studentă. Domnul Radu este farmacist? Nu, este inginer. Doamna Popescu este ingineră? Nu, este farmacistă.

Lektion 3

1. e; e; s; i; e; i; e; s; s; i; e.

2. n-am; n-are; n-avem; n-au; n-ai; n-am; n-au.

4. economişti, contabili, domni, ghizi, studenţi, clienţi, funcţionari, vânzători, băieţi, ziarişti.

8. Acolo sunt nişte domni. Acolo sunt nişte ghizi. Acolo sunt nişte studenţi.

Acolo sunt nişte vânzători. Acolo sunt nişte funcţionari.
9. Doamna Popescu nu-i nici economistă, nici contabilă, este ghidă. Radu nu-i nici elev, nici student, este vânzător. Noi nu suntem nici ghizi, nici elevi, suntem studenţi. Eu nu-s nici economist, nici contabil, eu sunt ziarist.

LEKTION 4

1. a) Aici este o persoană. → Acolo sunt două persoane. Aici este o revistă. → Acolo sunt două reviste. Aici este o elevă. → Acolo sunt două eleve. Aici este o contabilă. → Acolo sunt două contabile. Aici este o economistă. → Acolo sunt două economiste. Aici este o studentă. → Acolo sunt două studente. Aici este o farmacistă. → Acolo sunt două farmaciste. Aici este o doamnă. → Acolo sunt două doamne. Aici este o ghidă. → Acolo sunt două ghide.
b) Aici este o bibliotecă. → Acolo sunt două biblioteci. Aici este o pâine. → Acolo sunt două pâini. → Aici este o cheie. Acolo sunt două chei.
2. Aici sunt şase hoteluri. Aici sunt două drumuri. Hotelul are patru etaje. Domnul Popescu are cinci ziare. Noi avem şase geamantane. Ei au doar două bagaje. În cameră sunt trei fotolii.
3. În cameră este un fotoliu. În cameră sunt patru fotolii. – Pe etaj este o baie. Pe etaj sunt trei băi. – Noi avem un ziar. Noi avem cinci ziare. – Domnul Rusu are un timbru. Domnul Rusu are şase timbre. – Eu am un geamantan. Eu am şase geamantane. – Noi avem un paşaport. Noi avem două paşapoarte. – În cameră este o masă. În cameră sunt două mese. – El are o carte. El are şapte cărţi.
4. o cafea ieftină – două cafele ieftine; un băiat frumos – doi băieţi frumoşi; un hotel deschis – două hoteluri deschise; o cameră bună – două camere bune; un geamantan greu – două geamantane grele; o sacoşă grea – două sacoşe grele; o băutură alcoolică – două băuturi alcoolice; o masă frumoasă – două mese frumoase; un fotoliu comod – două fotolii comode; o recepţioneră amabilă – două recepţionere amabile; o seară plăcută – două seri plăcute; o noapte frumoasă – două nopţi frumoase; o dimineaţă plăcută – două dimineţi plăcute.
8. douăzeci şi doi de elevi; cincizeci şi două de eleve; treizeci şi trei de ghizi; şaizeci de economişti; şaptezeci şi cinci de contabile; o sută de studenţi; optzeci şi cinci de studente.
9. la (din); din; cu; pe; peste; peste; din; cu; cu.

LEKTION 5

3. Băiatul nostru este elev. Caietul vostru este pe masă. Feciorul lui este la bibliotecă. Cartea noastră este lângă geam. Fata ta este studentă. Ghidul lor este din Bucureşti. Feciorul meu este economist. Fratele tău este din Târgovişte? Caietul nostru este la Radu.
4. Băieţii noştri sunt elevi. Caietele voastre sunt pe masă. Feciorii lui sunt la bibliotecă. Cărţile noastre sunt lângă geam. Fetele tale sunt studente. Ghizii lor sunt din Bucureşti. Feciorii mei sunt economişti. Fraţii tăi sunt din Târgovişte? Caietele noastre sunt la Radu.
5. Roşia este mare. Cartofii sunt mari. Strugurii sunt dulci. Conopida este cam

veche. Cartofii sunt cam vechi. Caietele sunt bej. Strugurii sunt cam mici. Roşiile sunt mici. Conopida este cam mică.

6. Unde este restaurantul „Dunărea"? Unde este barul „Continental"? Unde este librăria „Eminescu"? Unde este florăria „Codlea"?

7. Rodica este mai mică decât Maria. Rodica este cea mai mică. – Hotelul „Union" este mai modern decât hotelul „Negoiul". Hotelul „Union" este cel mai modern hotel. – Conopida este mai proaspătă decât roşiile. Conopida este cea mai proaspătă. – Geamantanul este mai uşor decât sacoşa. Geamantanul este cel mai uşor. – Restaurantul „Parc" este mai plăcut decât restaurantul „Pescăruş". Restaurantul „Parc" este cel mai plăcut. – Strugurii sunt mai copţi decât castraveţii. Strugurii sunt cei mai copţi.

9. o ceaşcă de ceai, un pahar de vin, o ceaşcă de lapte.

Lektion 6

1. studentul, studenţi, studenţii; elevul, elevi, elevii; studenta, studente, studentele; eleva, eleve, elevele; contabilul, contabili, contabilii; economistul, economişti, economiştii; contabila, contabile, contabilele; economista, economiste, economistele; ghidul, ghizi, ghizii; autobuzul, autobuze, autobuzele; pâinea, pâini, pâinile; biletul, bilete, biletele; fratele, fraţi, fraţii; câinele, câini, câinii; masa, mese, mesele; biblioteca, biblioteci, bibliotecile; copilul, copii, copiii; băiatul, băieţi, băieţii; ziaristul, ziarişti, ziariştii; vânzătoarea, vânzătoare, vânzătoarele; ghida, ghide, ghidele; feciorul, feciori, feciorii; fata, fete, fetele; persoana, persoane, persoanele; camera, camere, camerele; recepţionerul, recepţioneri, recepţionerii; noaptea, nopţi, nopţile; hotel, hoteluri, hotelurile; drumul, drumuri, drumurile; recepţionera, recepţionere, recepţionerele; străinul, străini, străinii; cafeaua, cafele, cafelele; băutura, băuturi, băuturile; restaurantul, restaurante, restaurantele; oficiul, oficii, oficiile; cartea, cărţi, cărţile; ilustrata, ilustrate, ilustratele; liftul, lifturi, lifturile; ziarul, ziare, ziarele; revista, reviste, revistele; sacoşa, sacoşe, sacoşele; sucul, sucuri, sucurile; fotoliul, fotolii, fotoliile; serviciul, servicii, serviciile; caietul, caiete, caietele; cartoful, cartofi, cartofii; strugurele, struguri, strugurii; conopida, conopide, conopidele; roşia, roşii, roşiile; raftul, rafturi, rafturile; fereastra, ferestre, ferestrele; dulapul, dulapuri, dulapurile; garsoniera, garsoniere, garsonierele; cartierul, cartiere, cartierele; mansarda, mansarde, mansardele; etajul, etaje, etajele; intrarea, intrări, intrările; chicineta, chicinete, chicinetele; toaleta, toalete, toaletele; duşul, duşuri, duşurile; păcatul, păcate, păcatele; bucătăria, bucătării, bucătăriile; uşa, uşi, uşile; şifonierul, şifoniere, şifonierele; patul, paturi, paturile; dormitorul, dormitoare, dormitoarele; noptiera, noptiere, noptierele; veioza, veioze, veiozele; biroul, birouri, birourile; televizorul, televizoare, televizioarele; radiocasetofonul, radiocasetofoane, radiocasetofoanele; lampa, lămpi, lămpile; podeaua, podele, podelele; covorul, covoare, covoarele; geamul, geamuri, geamurile; peretele, pereţi, pereţii; caloriferul, calorifere, caloriferele; tacâmul, tacâmuri, tacâmurile; locuinţa, locuinţe, locuinţele; facultatea, facultăţi, facultăţile; prietenul, prieteni, prietenii.

2. El este contabil și ea este contabilă. El este doctor și ea este doctoriță. El este student și ea este studentă. El este economist și ea este economistă. El este șofer și ea este șoferiță. El este ghid și ea este ghidă. El este recepționer și ea este recepționeră. El este prieten și ea este prietenă. El este casier și ea este casieriță. El este vânzător și ea este vânzătoare. El este ziarist și ea este ziaristă.

3. Este zece fără un sfert. Este zece și jumătate. Este opt și trei minute. Este douăsprezece și un sfert. Este două și zece. Este șase și jumătate. Este zece și un sfert. Este șase fără un sfert.

4. Eu n-am pâine. El nu-i din Brașov. Noi n-avem niciodată timp. Ele nu-s la bibliotecă. Ea nu-i acasă. Voi n-aveți nici carne. Maria și Radu n-au acum timp. Ei nu-s la piață.

5. Vă rog o ceașcă de cafea → Poftim ceașca de cafea. Vă rog un caiet de matematică → Poftim caietul de matematică. Vă rog o carte de chimie → Poftim cartea de chimie. Vă rog un televizor → Poftim televizorul. Vă rog un radiocasetofon → Poftim radiocasetofonul. Vă rog un kilogram de cartofi → Poftim kilogramul de cartofi. Vă rog o felie de pâine → Poftim felia de pâine.

6. Fratele meu este acum la piață. Copiii noștri sunt acum la școală. Băiatul lui (său) este la facultate. Fata ei este elevă. Soția mea este economistă. Fratele tău este ziarist. Fata lui (sa) este doctoriță. Fetele mele sunt studente. Copiii voștri sunt acum la bibliotecă. Soțiile noastre sunt acum la București. Copiii lor sunt la școală.

7. Dar și conopida este proaspătă. Dar și camera este mare. Dar și fata este mică. Dar și studenta este bună. Dar și raftul este mare. Dar și patul este comod. Dar și cafeaua este bună. Dar și revista este interesantă. Dar și ilustrata este frumoasă.

TEST 1

1c; 2c; 3b; 4a; 5c; 6b; 7c; 8b; 9b; 10b; 11b; 12b; 13a; 14c; 15c; 16c; 17a; 18c; 19a; 20b; 21b; 22c; 23b; 24c; 25c; 26a; 27a; 28b; 29c; 30c.

LEKTION 7

1. Da, consum multă bere. Da, studiez acum. Da, rezist până mâine. Da, mănânc mult. Da, beau multă bere. Da, umblu mult. Da, lucrez astăzi. Da, comand o bere. Da, consum niște saleuri.

2. Fumați mult? Da, fumăm mult. Consumați multă bere? Da, consumăm multă bere. Studiați acum? Da, studiem acum. Rezistați până mâine? Da, rezistăm până mâine. Mâncați mult? Da, mâncăm mult. Beți multă bere? Da, bem multă bere. Umblați mult? Da, umblăm mult. Lucrați astăzi? Da, lucrăm astăzi. Comandați o bere? Da, comandăm o bere. Consumați niște saleuri? Da, consumăm niște saleuri.

3. Mihai mănâncă mult și Raluca mănâncă mult. Elena lucrează puțin și domnul Stanciu lucrează puțin. Radu bea multă bere și Florin și Bogdan beau multă bere. Raluca umblă toată ziua și Elena umblă toată ziua. Domnul Müller studiază limba română și doamna Müller studiază limba română. Florin comandă o bere și Radu și Mihai comandă o bere.

4. Mănânc mici …
5. Ce mâncaţi Dumneavoastră? Noi mâncăm mici …
6. Beau cafea …
10. nouă, ţie, lor, lui, vouă, ei, lor.
11. lucrează, lucrăm, rezişti, rezist, fumează, fumează, mănâncă, bem, bem, bea, degustăm.

LEKTION 8

1. -şti; -zi; -gi; -ţi; -şti; -şi; -ci; -şti.
2. Radu plăteşte. Tu plăteşti. Noi plătim. Elena şi Raluca plătesc. Ea plăteşte. Eu plătesc. Voi plătiţi.
5. Când vine doamna Popescu? Când veniţi voi? Când vin Radu şi Florica? Când vine el?
8. Vrei să mănânci şi tu nişte mici? Vrei să intri şi tu? Vrei să stai şi tu acolo? Vrei să ştii şi tu când vine Radu? Vrei să ai şi tu mulţi bani? Vrei să plăteşti şi tu acum? Vrei să fumezi şi tu o ţigară? Vrei să lucrezi şi tu?
9. Ţi-e lene? Nu mi-e lene. Mi-e somn – Ţi-e cald? Nu mi-e cald. Mi-e frig.
12. într-o; dintr-un; într-o; într-un; dintr-o; printr-un.

LEKTION 9

1. Ce zici? Eu nu zic nimic. Ce scrii? Nu scriu nimic. Ce ştii? Nu ştiu nimic. Ce spui? Nu spun nimic.
Ce faceţi? Noi nu facem nimic. Ce ziceţi? Noi nu zicem nimic. Ce scrieţi? Noi nu scriem nimic. Ce ştiţi? Noi nu ştim nimic. Ce spuneţi? Noi nu spunem nimic.
2. merge; scriu; face; zice; scrie; fac; spun.
5. Cui dai revista? Dau revista Elenei. Cui dai caietele? Dau caietele unor studenţi. Cui dai ţigările? Dau ţigările lui Radu. Cui dai cartea? Dau cartea studentei. Cui dai banii? Dau banii fratelui meu. Cui dai scrisoarea? Dau scrisoarea elevului. Cui dai vinul? Dau vinul părinţilor mei. Cui dai roşiile? Dau roşiile Mariei. Cui dai strugurii? Dau strugurii mamei mele. Cui dai cartea? Dau cartea fiicei tale.

LEKTION 10

2. Tu cobori acum? Da, eu cobor acum. Voi coborâţi acum? Da, noi coborâm acum. Radu coboară acum? Da, el coboară acum. Ei coboară acum? Da, ei coboară acum. Florica şi Florin coboară acum? Da, ei coboară acum.
3. hotărăsc; hotărăşte; hotărăsc; hotărâţi; hotărăşte; hotărăsc; hotărâm.
4. b) Ce vedeţi acolo? Vedem …
9. Ce face domnul Stanciu? → Dânsul (dumnealui) fumează. Ce fac doamna Ionescu şi doamna Popescu? → Dânsele (dumnealor) stau la taifas. Ce face Bogdan? → Dânsul (dumnealui) umblă prin oraş. Ce fac Florin şi Mihai? → Dânşii (dumnealor) studiază. Ce fac Raluca şi Rodica? → Dânsele (dumnealor) sunt la

Braşov. Ce face Elena? → Dânsa (dumneaei) mănâncă. Ce face domnul Vlad? → Dânsul (dumnealui) bea un pahar de vin.

Lektion 11

1. Şi Florica vrea să umble prin oraş. Şi ei vor să comande nişte mici. Şi Mihai vrea să fumeze. Şi ele vor să plece în Germania. Şi domnul Müller vrea să plătească acum camera de hotel. Şi Raluca vrea să citească o carte.
2. Dar nu pleacă. Dar nu citesc. Dar nu vine. Dar nu sună. Dar nu pare. Dar nu coboară. Dar nu tace. Dar nu vinde.
3. El trebuie să ia medicamente. El trebuie să scrie Mariei. El trebuie să ştie limba germană. El trebuie să aibă mulţi bani. El trebuie să dea bani. El trebuie să stea acasă.
4. Raluca vrea să fie frumoasă. Vrei să fii studentă? Vreţi să fiţi în Germania? Mihai şi Maria vor să fie singuri. Vreţi să fiţi ghizi?
5. Raluca şi Rodica vor avea punctul de întâlnire la „Ceasul rău". Domnul Popescu va lua avionul spre Timişoara. Noi vom umbla prin oraş. Domnul Ionescu va împlini 40 de ani. Florin va fi profesor.

Lektion 12

1. Da, eu lucrez. Da, umblu prin oraş. Da, citesc ziarul de azi. Da, doresc o cafea. Da, plătesc. Da, fug până la facultate. Da, stau aici. Da, vreau un suc. Da, îmi merge bine. Da, scriu o scrisoare. Da, merg în oraş. Da, beau un pahar de vin. Da, mănânc nişte roşii.
2. Mâine lucraţi? Umblaţi prin oraş? Citiţi ziarul de azi? Doriţi o cafea? Plătiţi voi? Fugiţi până la facultate? Staţi aici? Vreţi un suc? Vă merge bine? Scrieţi o scrisoare? Mergeţi în oraş? Beţi un pahar de vin? Mâncaţi nişte roşii?
3. unui prieten, prietenei mele, prietenului meu, mamei mele, tatălui său, domnului Ionescu, doamnei Popescu, prietenilor, domnilor Popescu şi Ionescu, prietenelor.
8. aceea, acela, aceea, aceea, aceia, acelea, aceia.
9. Şi ei vor să mănânce sarmale. Şi Florin vrea să bea bere. Şi familia Popescu vrea să stea astăzi acasă. Şi Mihai vrea să vină la Ceasul rău. Şi Rodica vrea să fie bogată. Şi Maria vrea să scrie o scrisoare lui Mihai.

Test 2

1c; 2b; 3c; 4c; 5a; 6c; 7b; 8c; 9b; 10c; 11c; 12c; 13c; 14c; 15b; 16c; 17a; 18a; 19c; 20b; 21c; 22c; 23b; 24a; 25a; 26c; 27c; 28b; 29a; 30c.

LEKTION 13

1. comandat, umblat, fumat, băut, plăcut, avut, încercat, rezistat, consumat, mâncat, studiat, discutat, intrat, anunțat, fost, venit, vrut, plătit, fugit, stat, îmbătrânit, împlinit, ghicit, văzut, apărut, deschis, coborât, trebuit, plâns, mers, hotărât.

3. El are mult de mers. Tu ai de luat multe pachete. Noi avem de comandat multe lucruri. Voi aveți mult de așteptat. Ei au mult de citit. Ea are mult de călătorit. Florica are multe de făcut. Domnul Müller are de trimis multe vederi. Eu am de întrebat multe lucruri. Noi avem de discutat această problemă.

4. Ai umblat mult? El a intrat la restaurant. Florin a fost elev. Ea a venit acasă. N-am avut bani deloc. N-a știut nimic. Domnul Müller a îmbătrânit. Domnul Stanciu a împlinit 50 de ani. Florin a stat pe strada Dr. Lister 52. Florica a vrut să plece în Germania. Noi am băut o bere. Radu a citit o carte. Eu am luat niște brânză. Maria a deschis fereastra. Am avut nevoie de niște bani.

6. El merge cu mine la magazinul universal. Eu am făcut niște sarmale pentru tine. Când mergi la el? Și când vii la mine? Ei au avut mare nevoie de noi. Radu vine mâine la mine. Pleacă cu voi la București?

7. Și el aleargă de colo-colo. Și el așteaptă autobuzul. Și el întreabă mereu. Și el încearcă să lucreze la București. Și el doarme mult. Și el coboară acum. Și el cunoaște limba germană. Și el coase mult. Și el își leagă șireturile.

8. Poți lucra acum? Poți pleca mâine? Poți rezista până mâine? Poți încerca această țigară? Poți plăti? Poți ghici câți ani am?

9. Poate să lucreze acum? Poate să plece mâine? Poate să reziste până mâine? Poate să încerce această țigară? Poate să plătească? Poate să ghicească câți ani am? Pot să ...
Putem să lucrăm acum? ...
Puteți să lucrați acum? ...

13. Se lucrează aici de două săptămâni. De aici se vede bine ștrandul. La piață se vând legume și fructe. La papetărie se găsește hârtie. Nu se vorbește când se mănâncă. Se crede că el a plecat în Germania. Nu se răspunde așa. Aici se așteaptă mult și bine.

14. intrare, mâncare, lucrare, plăcere, degustare, venire, știre, împlinire, întâlnire, vorbire, facere, scriere, felicitare, privire, vedere, deschidere, coborâre, părere, fierbere, tăcere, hotărâre, cunoaștere, informare, începere, cădere, răspundere, întrebare, stare, alergare, așteptare, încercare, căutare.

LEKTION 14

1. Maria ce vezi? Văd magazinul universal. Maria vede magazinul universal – Florin, ce vezi? Văd restaurantul. Florin vede restaurantul – Raluca, ce vezi? Văd papetăria. Raluca vede papetăria – Bogdan, ce vezi? Văd tutungeria. Bogdan vede tutungeria – Rodica ce vezi? Văd tramvaiul. Rodica vede tramvaiul – Doamna Popescu, ce vedeți? Văd avionul. Doamna Popescu vede avionul.

2. Radu, aștepți un student? Nu, aștept o studentă. Radu așteaptă o studentă – Florin, aștepți un elev? Nu, aștept o elevă. Florin așteaptă o elevă – Domnul Popescu, așteptați un ghid? Nu, aștept o ghidă. Domnul Popescu așteaptă o ghidă – Florica, aștepți niște prieteni? Nu, aștept niște prietene. Florica așteaptă niște prietene – Mihai, aștepți un prieten? Nu, aștept o prietenă. Mihai așteaptă o prietenă – Raluca, aștepți un economist? Nu, aștept o economistă. Raluca așteaptă o economistă.

3.   Maria îl așteaptă pe Mihai. Rodica îl așteaptă pe Radu. Mihai îl așteaptă pe Florin. Doamna Popescu îl așteaptă pe băiatul ei. Domnul Müller îl așteaptă pe colegul său. Domnul Stoica îl așteaptă pe prietenul său.

4.   Florin o așteaptă pe Maria. Bogdan o așteaptă pe Rodica. Maria o așteaptă pe Elena. Doamna Ionescu o așteaptă pe fata ei. Doamna Müller o așteaptă pe colega ei. Doamna Ionescu o așteaptă pe prietena ei.

5.   Mă cauți? Da, te caut. Mă suni? Da, te sun. Mă crezi? Da, te cred. Mă întrebi? Da, te întreb. Mă inviți? Da, te invit.

7.   Pe noi ne vede Raluca și nu pe voi. Pe ei îi vede Maria și nu pe ele. Pe voi vă vede Radu și nu pe noi. Pe ele le vede Florin și nu pe ei. Pe mine mă vede Maria și nu pe tine. Pe ea o vede Bogdan și nu pe el.

8.   Nu-l cunosc; N-o cunosc; nu-i cunoaștem.

9.   Radu ce ai văzut? Am văzut hotelul …
Maria, ai așteptat un băiat? Nu, am așteptat o fată. Maria a așteptat o fată …
Raluca, pe cine ai așteptat? L-am așteptat pe Florin. Raluca l-a așteptat pe Florin, Mihai a așteptat-o pe Raluca …
M-ai așteptat? Da, te-am așteptat …
L-ai cunoscut pe domnul Ionescu? Da, l-am cunoscut …
Ai cunoscut-o pe doamna Ionescu? Da, am cunoscut-o …
I-ați cunoscut pe inginerii aceștia? Da, i-am cunoscut …
Le-ați cunoscut pe economistele acelea? Da, le-am cunoscut …
Pe el l-a văzut Mihai și nu pe ea …

10.   O cunoști pe fata aceasta? Nu, o cunosc pe cealaltă. Îi cunoști pe domnii aceștia? Nu, îi cunosc pe ceilalți. Îl cunoști pe ghidul acela? Nu, îl cunosc pe celălalt. Le cunoști pe doamnele acestea? Nu, le cunosc pe celelalte. Le cunoști pe studentele acelea? Nu, le cunosc pe celelalte. Îi cunoști pe elevii aceștia? Nu, îi cunosc pe ceilalți. Îi cunoști pe studenții aceștia? Nu, îi cunosc pe ceilalți. Îl cunoști pe băiatul acesta? Nu, îl cunosc pe celălalt. O cunoști pe doamna aceasta? Nu, o cunosc pe cealaltă. O cunoști pe ghida aceasta? Nu, o cunosc pe cealaltă.

12.   El nu poate să vină pentru că n-are timp. Trebuie să mă duc la alimentară pentru că vreau să cumpăr niște mușchi țigănesc. Nu plecăm la Brașov pentru că n-avem vacanță. Domnul Müller nu mănâncă tuslama pentru că nu-i place. Doamna Ionescu are foarte mult timp pentru că e singură. Radu nu pleacă la munte pentru că ninge. Florin nu călătorește în străinătate pentru că nu are bani.

LEKTION 15

1. a) Îmi dai un telefon? Da, îţi dau. Îmi trimiţi o vedere? Da, îţi trimit. Îmi răspunzi? Da, îţi răspund.
b) Ne scrii? Da, vă scriu ...
3. Mi-ai dat un telefon? Da, ţi-am dat un telefon ...
4. Ea vrea să-ţi trimită o vedere. Radu vrea să-i dea un telefon. Maria vrea să-mi spună ceva. Florin vrea să-l cheme la restaurant. Bogdan vrea s-o vadă. Raluca vrea să-i răspundă la scrisoare.
5. Radu este aşteptat de Maria. Rodica este văzută de Mihai. Micii sunt mâncaţi de Radu. Cafeaua este băută de doamna Popescu. Berea este băută de el. Muşchiul ţigănesc este cumpărat de doamna Ionescu. Ziarul este citit de domnul Ionescu. Roşiile sunt luate de doamna Cristescu. Banii sunt economisiţi de Florin.
6. El a vrut să-mi scrie o scrisoare; El îmi va scrie o scrisoare; El o să-mi scrie o scrisoare; El are să-mi scrie o scrisoare ...
7. El lucrează bând toată ziua. Având destule roşii ea face supă de roşii. Citind articolul din ziar a aflat de accidentul de circulaţie. Nefiind atent a făcut un accident. Fugind pe stradă n-am văzut maşina.
10. A cui este maşina de spălat? A mea. Al cui este aparatul de ras? Al nostru. Ale cui sunt roşiile? Ale noastre. A cui este cafeaua? A ei. Ale cui sunt paşapoartele? Ale voastre. Ai cui sunt cartofii? Ai lor. A cui este conopida? A lor.
11. Un frate al lui lucrează la hotel. O soră a lui lucrează la Bucureşti. Un frate al ei a fost în România. O soră a ei vine la mine. Nişte pantofi ai ei sunt noi. Nişte adidaşi ai lui sunt frumoşi. O pălărie a ei este modernă. Nişte fuste ale ei sunt vernil. Nişte costume ale lui sunt scumpe. Nişte creioane ale lui sunt roşii.
12. Ei vând la piaţă roşii şi cartofi. Eu vând maşina de scris. Ea a vândut pălăria ei. Doamna Popescu vrea să vândă fustele ei.

LEKTION 16

1. Eu mă scol la ora 6. Voi vă îmbrăcaţi. Ei se duc în oraş. Noi ne încălţăm. Tu te razi. El se duce în oraş. Voi vă treziţi la ora 7. Ea se scoală mereu la 10. Ele se îmbracă şi apoi se duc în oraş. Doamna Popescu îşi aduce aminte de copilăria ei. Eu îmi cos nasturele.
2. Şi Radu şi Florin se duc la ora opt la facultate. Şi Maria se spală dimineaţa şi seara. Şi Mihai se rade în fiecare zi. Şi Florica şi Rodica se duc în fiecare zi în oraş.
3. Eu comandam nişte mici. El fuma des. Ea nu prea lucra. Noi aflam mereu ce era nou. El consuma mereu doar bere. El studia limba română. Voi nu rezistaţi deloc. Ele comandau o bere. Domnul Müller împlinea 50 de ani. Mereu când venea dormea. Ne plăceau mâncărurile româneşti. Eu mâncam mereu arahide. Mi-era lene toată ziua. Doamna Popescu mergea pe stradă. Tu spuneai mereu bancuri.
4. El stătea şi aştepta. Noi vroiam să plecăm la Bucureşti. În copilărie eram cu toţii fericiţi. El îmi dădea o ţigară. El n-avea niciodată noroc.
5. Doamna Popescu cumpără roşii de la piaţă. Noi numărăm banii. Tu te superi pe mine dacă îţi cer o ţigară?

6. De ce Radu se îmbată mereu? Eu nu vreau să-l răsfăţ pe băiatul meu.Tu cu ce te speli? Ea se spală cu apă.
7. Deşi era frig, au plecat la munte. Deşi au învăţat mult, n-au ştiut prea mult. Deşi ploua a mers la ştrand. Deşi nu avea mulţi bani a cumpărat o maşină de spălat. Deşi n-aveau nimic de făcut n-au venit.

LEKTION 17

1. De ce nu mâncaţi? Mâncaţi, vă rog! De ce nu veniţi? Veniţi, vă rog! De ce nu răspundeţi? Răspundeţi, vă rog! De ce nu staţi jos? Staţi jos, vă rog! De ce nu aşteptaţi? Aşteptaţi, vă rog! De ce nu încercaţi? Incercaţi, vă rog! De ce nu discutaţi? Discutaţi, vă rog! De ce nu sunaţi? Sunaţi, vă rog!
2. Nu mâncaţi! Nu mânca! – Nu aşteptaţi! Nu aştepta! – Nu scrieţi! Nu scrie! – Nu veniţi! Nu veni! – Nu speraţi! Nu spera! – Nu cădeţi! Nu cădea! – Nu încercaţi! Nu încerca! – Nu faceţi! Nu fă!
3. Dacă trebuie să bei, atunci bea! Dacă trebuie să scrii, atunci scrie! Dacă trebuie să mergi, atunci mergi! Dacă trebuie să spui, atunci spune! Dacă trebuie să cobori, atunci coboară! Dacă trebuie să hotărăşti, atunci hotărăşte! Dacă trebuie să ceri, atunci cere!
4. Intră în cameră! Cumpără legume! Stabileşte o întâlnire! Notează adresa! Spune-mi de unde eşti! Deschide uşa! Cere informaţii! Virează spre dreapta! Sună la uşă!

LEKTION 18

1. El a plecat la Braşov. El m-a întrebat mereu. Eu n-am putut să vin. Am încercat să vorbesc cu el. Ea l-a căutat. Am văzut-o. Domnul Müller nu m-a aşteptat. Nu m-am simţit bine şi am zăcut la pat. Florin n-a învăţat nimic. Am stat de vorbă cu doamna Ionescu. Am încercat tot timpul să-l sun. Nu mi-a răspuns la întrebarea mea.
2. Da, te aud. Da, te cred. Da, te sun. Da, te vizitez. Da, te caută. Da, pe tine te întreb.
3. Da, vă aude. Da, vă credem. Da, vă sunăm. Da, vă vizităm. Da, vă căutăm. Da, vă întrebăm.
4. Da, te-a (v-a) aşteptat. Da, Raluca te-a (v-a) auzit. Da, te-am (v-am) sunat. Da, te-am (v-am) vizitat. Da, te-a (v-a) căutat Rodica. Da, te-am (v-am) întrebat.
5. Nu-ţi răspund. Nu-ţi scriu. Nu-ţi spun. Nu-ţi trimit. Nu-ţi zic. Nu-ţi telefonez.
6. Nu vă răspund. Nu vă scriu. Nu vă spun. Nu vă trimit. Nu vă zic. Nu vă telefonez.
7. Nu ţi-am (v-am) răspuns. Nu ţi-am (v-am) scris. Nu ţi-am (v-am) spus. Nu ţi-am (v-am) trimis. Nu ţi-am (v-am) zis. Nu ţi-am (v-am) telefonat.
8. Eu mâncam mult. El se ducea la Bucureşti. Domnul Müller vorbea bine româneşte. Tu-l vedeai mereu. Noi învăţam foarte mult. Rodica şi Raluca locuiau la Bucureşti.
9. Eu nu mâncam mult. El nu se ducea la Bucureşti. Domnul Müller nu vorbea bine româneşte. Tu nu-l vedeai mereu. Noi nu învăţam foarte mult. Rodica şi

Raluca nu locuiau la Bucureşti.

10. Când te scoli? Mă scol în fiecare dimineaţă. Când te speli? Mă spăl în fiecare dimineaţă. Când te îmbraci? Mă îmbrac în fiecare dimineaţă. Când te încalţi? Mă încalţ în fiecare dimineaţă. Când de duci la ştrand? Mă duc în fiecare dimineaţă la ştrand.

11. Când se scoală Florin? Se scoală în fiecare dimineaţă. Când se spală? El se spală în fiecare dimineaţă. Când se îmbracă? El se îmbracă în fiecare dimineaţă. Când se încalţă? El se încalţă în fiecare dimineaţă. Când se duce la ştrand? El se duce în fiecare dimineaţă la ştrand.

12. s-a ras – se rădea; s-a sculat – se scula; s-a spălat – se spăla; s-a îmbrăcat – se îmbrăca; s-a încălţat – se încălţa; s-a dus – se ducea.

13. Fiind foarte obosit, am plecat acasă. Fiind supărat foc, n-am mai vorbit cu el. Fiind foarte deştept, el ştia totul. Fiind ziua mamei mele, i-am scris o scrisoare. Fiind foarte harnică, Rodica a trecut bine examenul. Fiind leneş, Florin a picat la examen.

14. a) Al cui este caietul acesta/acela de lingvistică? Ale cui sunt roşiile acestea/acelea? A cui este berea aceasta/aceea? Ai cui sunt ochelarii aceştia/ aceia? Ale cui sunt ţigările acestea/acelea? Al cui este pixul acesta/acela? A cui este cartea aceasta/aceea? Ai cui sunt copiii aceştia/aceia? Al cui este ziarul acesta/acela? A cui este revista aceasta/aceea?

b) Caietul de lingvistică este al meu (tău, său, ei). Roşiile sunt ale mele (tale, sale, ei). Berea este a mea (ta, sa, ei). Ochelarii sunt ai mei (tăi, săi, ei). Ţigările sunt ale mele (tale, sale, ei). Pixul este al meu (tău, său, ei). Cartea este a mea (ta, sa, ei). Copiii sunt ai mei (tăi, săi, ei). Ziarul este al meu (tău, său, ei). Revista este a mea (ta, sa, ei).

TEST 3
1a; 2a; 3c; 4c; 5b; 6a; 7b; 8b; 9c; 10b; 11a; 12c; 13b; 14c; 15c; 16a; 17c; 18b; 19a; 20b; 21a; 22b; 23c; 24c; 25c; 26b; 27c; 28b; 29c; 30c.

LEKTION 19

1. Ai grijă! Ia nişte bani! Mănâncă! Bea ceai! Fii rezonabilă! Du maşina de spălat la reparat! Mergi la piaţă!

2. Spală-te! Îmbracă-te! Încalţă-te! Du-te la şcoală! Mănâncă! Bea ceaiul! Învaţă! Ascultă!

3. (Te rog) să fii mai rezonabil! (Te rog) să bei mai puţin. (Te rog) să te duci la alimentară! (Te rog) să-mi dai o ţigară! (Te rog) să iei nişte pâine. (Te rog) să-mi scrii o vedere. (Te rog) să zici ce vrei. (Te rog) să mă aştepţi. (Te rog) să mă crezi.

4. Când el a venit, ea mâncase deja. Când ai sunat eu mă trezisem de mult timp. Radu făcuse lecţiile înainte ca să se ducă la şcoală. În drum spre Bucureşti familia Müller trecuse pe la noi. Noi băusem vinul când aţi venit voi. Eu mă hotărâsem deja ce trebuie să fac. Nu fusesem niciodată în România. Noi avuserăm foarte mult timp pentru el. Eu le dădusem nişte sticle de vin. Ei vrusese să vadă Bucureştiul. Voi voiseţi să ne daţi nişte cărţi bune de citit.

5. Ioane, Raluco, Mario, Bogdane, iubitule, drăguţule, drăguţo, iubito, domnule, profesore, bunicule, bunico.

6. Ce vă doare? Nu mă doare nimic. Ce vă pişcă? Nu mă pişcă nimic. Ce vă interesează? Nu mă interesează nimic. Ce vă pasionează? Nu mă pasionează nimic.

7. câte; câţi; câte; cât; câtă; câţi; câte, cât.

9. Popeasca, Hereasca, Pertroviceasca, Protopopeasca, Petreasca.

10. măsuţă, căsuţă, pisicuţă, Olguţa; carneţel, motănel, cuvinţel, băieţel; creionaş, băieţaş.

Lektion 20

2. Florin ar vrea ...

3. Şi-ar cumpăra o maşină nouă. Ei s-ar scula mereu la ora zece. Gigel nu s-ar spăla. Noi ne-am duce la Bucureşti. Când v-aţi întoarce? Eu nu m-aş rade azi. Ei nu s-ar grăbi.

6. Dacă am fi avut timp ne-am fi dus la teatru. Dacă rapidul ar fi oprit la Câmpina aş fi plecat cu el. Dacă n-ar fi fost obosită ar fi plecat în oraş. Dacă mi-ar fi plăcut costumul mi l-aş fi cumpărat. Dacă aş fi avut numărul de telefon i-aş fi dat un telefon. Dacă ne-ar fi fost foame am fi mâncat. Dacă ei ar fi găsit un dicţionar român-german l-ar fi cumpărat. Tu te-ai fi dus la ştrand dacă aş fi venit cu tine.

7. Ei urmau să vină direct la gară. Noi urma să fim mâine la Braşov. Soţii Popescu urmau să aibă doi copii. Voi urma să faceţi o vacanţă la mare. Rodica urma să meargă în vizită la Florin. Ei urmau să înveţe foarte mult. Florin urma să primească o maşină nouă. Doamna Popescu urma să vândă maşina de spălat.

8. Pentru a putea face baie la ştrand trebuie să fie vreme frumoasă. Pentru a învăţa îţi trebuie timp. Pentru a fi treaz dimineaţa trebuie să dormi bine noaptea. Înainte de a veni am fost la alimentară. Înainte de a mă plimba m-am dus la tutungerie. Înainte de a-l ruga pe Florin să-mi aducă nişte ţigări am dat un telefon Rodicăi.

9. În timpul verii este foarte cald. În timpul iernii este foarte frig. În timpul dimineţii nu mănânc nimic. În timpul serii l-am vizitat pe Florin. În timpul zilei nu prea beau apă. În timpul concediului n-am avut vreme bună.

10. De-a lungul străzii sunt multe magazine. De-a lungul verii n-a plouat. De-a lungul iernii a nins foarte mult. De-a lungul litoralului sunt multe staţiuni. De-a lungul istoriei României poporul român a dorit o viaţă mai bună.

Lektion 21

1. Unde o fi Câmpina? O fi venind domnul Müller mâine? Cine o fi doamna aceasta? O fi mergând televizorul tău? Ei or fi plecând azi în Germania? Rodica o fi lucrând şi astăzi? Cine o fi venind? Câte pâini o fi aducând Florin? Când o fi plecând Rodica? De ce o fi învăţând Florin atât de puţin? Ce o fi aşteptând Rodica? Cum o fi lucrând Maria?

2. Familia Müller o fi plecat? Cum o fi fost vremea la mare? Cine o fi cucerit Dacia? Doamna Popescu o fi venit? Cine o fi spus acest lucru? Cine o fi fost Carol I.? Unde o fi umblat Florin? Când o fi plecat Bogdan?

3. De mers foarte mult pe jos îl dor picioarele. De băut prea mult ne cste rău acum. De lucrat foarte mult suntem acum obosiți. De mâncat foarte mult nu te simți bine. De dormit foarte bine te simți astăzi bine.

4. Această fustă este greu de spălat. Această adresă este ușor de aflat. Această regiune este greu de cucerit. Pe acest drum este greu de mers. Acest lucru este ușor de crezut. Această casă este ușor de găsit. Apa de aici nu este de băut.

5. El a intrat pe nesimțite. El m-a întrebat pe nepregătite. Nu pot bea pe nemâncate. Ea a plecat pe nevăzute.

7. Rodica este cea mai bună dintre toate fetele. Florin este cel mai leneș dintre toți studenții. Rodica și Maria sunt cele mai harnice dintre toate elevele. Domnul Stanciu și domnul Popescu sunt cei mai pricepuți dintre toți inginerii. Emil este cel mai frumos dintre toți tinerii. Raluca este cea mai frumoasă dintre toate tinerele.

8. oriunde; oricând; oricând; orice; oricare; orice; orice; oricare; oricât.

9. a) Dă-mi te rog berea! → Dă-mi-o! Dă-mi te rog vinul! → Dă-mi-l! Dă-mi te rog țuica! → Dă-mi-o! Dă-mi te rog roșiile! → Dă-mi-le! Dă-mi te rog pantofii! → Dă-mi-i! Dă-mi te rog ochelarii! → Dă-mi-i! Dă-mi te rog scrisorile! → Dă-mi-le! Dă-mi te rog revista! → Dă-mi-o! Dă-mi te rog ziarul! → Dă-mi-l! Dă-mi te rog adidașii! → Dă-mi-i!

b) Nu mi-o da! Nu mi-l da! Nu mi-o da! Nu mi le da! Nu mi-i da! Nu mi-i da! Nu mi le da! Nu mi-o da. Nu mi-l da! Nu mi-i da!

10. Dați-mi-o. Spuneți-mi-l. Dați-mi-le. Dați-mi-i. Dă-mi-i.

11. El își cumpără singur cartofi. → Și-i cumpără singur. El își cumpără singur haine → Și le cumpără singur. El își cumpără singur um televizor. → Și-l cumpără singur. El își cumpără singur o revistă. → Și-o cumpără singur. El își cumpără singur un caiet. → Și-l cumpără singur. El își cumpără singur un ceas. → Și-l cumpără singur. El își cumpără singur un ziar. → Și-l cumpără singur.

12. a) Unul scrie, altul citește. Unul se distrează, altul muncește. Unul învață, altul umblă prin oraș. Unul se duce la film, altul se duce la teatru. Unul pleacă la munte, altul pleacă la mare.

b) Una – alta; unii – alții; unele – altele …

13. Au plecat domnul Popescu și domnul Müller. Au plecat amândoi – Au sosit Raluca și Rodica. Au sosit amândouă – Au sunat Florin și Raluca. Au sunat amândoi.

14. Am cumpărat domnului Stanciu și Popescu câte o sticlă de țuică. Am cumpărat la amândoi câte o sticlă de țuică. – Am cumpărat Floricăi șiRalucăi câte o mașină de făcut înghețată. Am cumpărat la amândouă câte o mașină de făcut înghețată. – Am cumpărat Mariei și lui Mihai câte un televizor. Am cumpărat la amândoi câte un televizor.

15. de-a lungul și de-a latul; în fața; la stânga; la dreapta; în timpul; dedesuptul; în jurul.

16. Oamenii nu pot învăța totul. Pun ouăle la fiert. Surorile mele locuiesc la țară. Dar nurorile mele locuiesc la oraș. Tații copiilor sunt ingineri. Nu știi niciodată ce este în capetele oamenilor. Din cameră se auzeau râsete.

LEKTION 22

1. Să fi fost bogat, aş fi avut deja pe cineva. Să ai fi avut bani, ai fi cumpărat de mult o maşină elegantă. Să fi văzut această fustă, doamna Popescu ar fi întrebat imediat cât costă. Nu cred să fi pus noi caietul aici. Să fi învăţat mai mult, aţi fi trecut examenul cu brio. Să fi făcut Raluca şi Rodica un chef, m-aş fi dus şi eu la ele.

2. I se pare că a fost un chef foarte frumos. Ni se pare că doamna Ionescu este cam singură. Li se pare că familia Müller a plecat în nordul Olteniei. Şi vouă vi se pare?

3. Mi se face frig. Mi se face sete. Mi se face cald. Mi se face rău. Ţi se face frig. I se face frig. Ni se face frig. Vi se face frig. Li se face frig ...
Mi s-a făcut frig. Mi s-a făcut sete. Mi s-a făcut cald. Mi s-a făcut rău ...

4. vreo; vreun; vreunui; vreo; vreo; vreunul.

5. A venit cineva? Ai fost cândva la Târgu Mureş? Aveţi cumva un creion? Vreau să plec undeva unde-i frumos. Aveţi ceva de mâncare?

6. Prietenul tău este la Braşov. Biletul meu este în dulap. Paşapoartele noastre sunt în geamantan. Sticlele voastre de vin sunt în bucătărie. Bagajele lor sunt în holul hotelului. Ochelarii mei sunt pe nas. Adidaşii lui sunt în sacoşă. Cheile tale sunt pe masă. Fetele noastre sunt la mare. Cartofii voştri sunt în bucătărie. Lucrurile lor sunt în cameră.

7. Ţi-a plecat prietenul. I-a sosit sora. I-a scris colegul. Mi-au venit prietenii. Ţi-au plecat prietenii. I-au sosit surorile. I-au scris colegele.

8. Am fost de trei ori la Braşov. Rodica a sunat de două ori. Domnul Popescu a fost de două ori în Germania. Mă duc de 10 ori pe an la film. Mănânc de n ori îngheţată.

9. nesigur, neocupat, nealcoolic, neplăcut, necopt, neobosit.

10. făcând – nefăcând – nefăcut, crezând – necrezând – necrezut, cunoscând – necunoscând – necunoscut, întrebând – neîntrebând – neîntrebat, încercând – neîncercând – neîncercat.

LEKTION 23

1. Vrei nişte ardei? Hai să cumpărăm cinci pui! Văd acolo departe cinci tei. Florin are trei unchi. Omul nu are un ochi ci doi ochi. La şcoală sunt acum şapte învăţătoare. Am pe listă cinci nume.

2. Ducându-mă la ştrand m-am întâlnit cu Florin. Căutându-mi ochelarii mi-am găsit caietul de lingvstică. Punându-l acum la locul lui am să-l găsesc imediat. Spălându-ne mereu cu apă rece rămânem tineri.

3. Ai cu ce scrie? Ai cu cine vorbi? Ai unde merge? Ai unde dormi? Ai unde sta?

4. Examenul trebuie dat. Lecţia trebuie învăţată. Ouăle trebuie fierte. Onomastica trebuie serbată. Prietenii trebuie aşteptaţi. Ţuica trebuie încercată. Berea trebuie băută. Ciorba trebuie mâncată încă azi.

5. De învăţat le-am învăţat dar nu le-am repetat. De făcut mâncare am făcut dar n-am făcut ordine în casă. De băut cafea am băut dar n-am mâncat. De fost am fost dar n-am întrebat-o de adresa domnului Müller.

6. Mă întâlnesc cu Raluca, a cărei fiică este studentă. Acesta este domnul Popescu, a cărui soţie este doctoriţă. Iar aceasta este doamna Stanciu, al cărei soţ este tot medic. Hai săţi-l prezint pe Bogdan, al cărui frate este ghid. Iar aceasta este Maria, a cărei soră este tot ghidă. Iată şi soţii Popescu, ai căror copii merg cu fiica noastră la şcoală. Vă prezint pe colegele mele, ale căror fete lucrează la aeroport.

7. Aceasta este doamna Ionescu căreia i-am cumpărat un caniş. Aceştia sunt soţii Popescu cărora le-am scris o scrisoare. Acestea sunt elevele mele cărora le spun toate regulile gramaticale. Acesta este Florin căruia i-am dat locuinţa mea.

8. acelaşi; acelaşi; aceeaşi; aceiaşi; aceeaşi; aceiaşi; aceleaşi; aceluiaşi; aceleiaşi; aceloraşi.

9. român – românesc – româneşte, româncă …; neamţ – nemţesc – nemţeşte, nemţoaică …; francez – francez – franţuzeşte, franţuzoaică …; englez – englez – englezeşte; englezoaică … italian – italian – italieneşte, italiancă …; rus – rusesc – ruseşte; rusoaică …

Lektion 24

1. Bea ceai! Stai puţin la mine! Dă-mi o ţigară! Ia loc când vii la mine! Mănâncă ciorbă! Fă lecţia! Du-te la şcoală! Taci! Treci pe la mine! Vino odată la mine! Zi ce-ţi trebuie! Râzi!

2. Te rog să bei ceai! Te rog să stai la mine! Te rog să-mi dai o ţigară! Te rog să iei loc când vii la mine! Te rog să mănânci ciorba! Te rog să faci lecţia! Te rog să te duci la şcoală! Te rog să taci! Te rog să treci pe la mine! Te rog să vii odată la mine! Te rog să zici ce-ţi trebuie! Te rog să râzi!

3. văzusem; fuseseşi; ştiuse; vrusese; venisem; doriseşi; avusese; stătuse; dăduse.

4. văzuserăm; fuseseţi; ştiuseră; veniseră; veniserăm; doriserăţi; avuseseră; stătuseră; dăsuserăm.

5. Aş veni. Aş merge. Aş putea. Aş lucra. Aş învăţa. Aş face. Aş bea. Aş mânca.

6. Noi am veni. Noi am merge. Noi am putea. Noi am lucra. Noi am învăţa. Noi am face. Noi am bea. Noi am mânca.

7. Dacă aţi fi avut timp aţi fi venit la mine. Dacă mi-ai fi dat adresa domnului Popescu m-aş fi dus la el. Dacă am fi mers în munţi te-am fi luat şi pe tine. Dacă mi-ar fi plăcut fusta aş fi cumpărat-o. Dacă am fi găsit bilete de avion am fi mers la Timişoara. Dacă ai fi vrut să înveţi limba germană, ţi-ar fi trebuit un dicţionar şi un manual bun. Dacă ai fi vrut să ştii bine limba română ar fi trebuit să înveţi mult. Dacă aş fi avut bani aş fi plecat în străinătate. Dacă ai fi locuit lângă mine ne-am fi putut vedea în fiecare zi. Dacă ai fi dormit, n-ai fi fost obosit.

8. Cine o fi domnul Anuţei? Ce o fi de meserie? Unde o fi doamna Ionescu? Cât or fi costând roşiile? Ce o fi gătind doamna Popescu? Poate o fi gătind nişte cartofi cu brânză. Când o fi plecând în nordul Olteniei? Poate o fi plecând astăzi. Din ce s-o fi făcând brânza? De unde o fi familia Müller?

9. când; ce; cum; de ce; cine; când; ce; ce; de ce; unde; când; cine.

10. se; s-a; îşi; şi-a; îşi; se; s-; -şi.

Test 4

1a; 2c; 3c; 4c; 5a; 6c; 7a; 8a; 9b; 10c; 11b; 12b; 13a; 14a; 15a; 16c; 17b; 18c; 19c; 20c; 21c; 22b; 23a; 24a; 25c; 26a; 27c; 28a; 29c; 30c.

TABELE GRAMATICALE (Grammatiktabellen)

Die wichtigsten Vokalalternationen

o/oa

Subst.	M./F. Sg	un vânzător/o vânzătoare (Verkäufer/Verkäuferin)
		un domn/o doamnă (Herr/Dame)
Subst.	N. Sg./Pl.	un telefon/două telefoane (Telefon)
		un televizor/două televizoare (Fernseher)
Adj.	M./F. Sg.	frumos/frumoasă (schön)
Verb	Ind. Präs. 1./3. Pers.	cobor/coboară (hinuntersteigen)
		cunosc/cunoaşte (kennen)

e/ea

Adj.	M./F. Sg.	deştept/deşteaptă (klug)
		românesc/românească (rumänisch)
Verb	Ind. Präs./Konj. 3. Pers.	crede/să creadă (glauben)
		cere/să ceară (verlangen)

oa/o

Subst.	F. Sg./Pl.	floare/flori (Blume)
		şcoală/şcoli (Schule)

ea/e

Subst.	F. Sg./Pl.	o fereastră/două ferestre (Fenster)
		o seară/două seri (Abend)
Verb	Ind. Präs./Konj. 3. Pers.	lucrează/să lucreze (arbeiten)
		întreabă/să întrebe (fragen)
		pleacă/să plece (abreisen, weggehen)

a/ă

Subst.	F. Sg./Pl.	sală/săli (Saal)
		gară/gări (Bahnhof)

ă/a

Verb	Ind. Präs. 1./2./3. Pers.	arăt/arăţi/arată (zeigen)

a/e

Subst.	Dat. Sg./Pl.	masă/mese (Tisch)
		fată/fete (Mädchen)
		băiat/băieţi (Junge)

ă/e
Verb   Ind. Präs. 1./2. Pers.   cumpăr/cumperi (kaufen)

â/i
Subst. Nom. Sg./Pl.   cuvânt/cuvinte (Wort)
Verb   Ind. Präs. 1./2./3. Pers.   vând/vinzi/vinde (verkaufen)

ă/e/a
Verb   Ind. Präs.
        1./2./3. Pers.   învăț/înveți/învață (lernen)
                                      spăl/speli/spală (waschen)

o/oa/u
Verb   Ind. Präs.
        1., 2./3. Pers.   pot, poți/poate/putem (können)
        Sg./1. Pers. Pl.   joc, joci/joacă/jucăm (spielen)

DIE WICHTIGSTEN KONSONANTENALTERNATIONEN

c/ce, ci [k/tsche, tschi]
Subst. Sg./Pl.   bunic, bunică/bunici (Großvater, -mutter)
                                      vacă/vaci (Kuh)
Adj.   Sg./Pl.   mic/mici (klein)
Verb   Ind. Präs. 1./2. Pers.   plec/pleci (fortgehen, verreisen)
                                      încerc/încerci (versuchen)

        Ind./Konj. Präs.
        3. Pers.   pleacă/să plece (fortgehen, verreisen)
                                      încearcă/să încerce (versuchen)

g/ge, gi [g/dsche, dschi]
Subst. Sg./Pl.   fragă/fragi (Walderdbeere)
Adj.   Sg./Pl.   drag, dragă/dragi (lieb)
                                      lung/lungi (lang)
Verb   Ind. Präs. 1./2. Pers.   alerg/alergi (laufen)
Verb   Ind./Konj. Präs.
        3. Pers.   aleargă/să alerge (laufen)

t/ț [t/ts]
Subst./
Adj.   M. Sg./Pl.   student deștept/studenți deștepți
                                      (kluger Student)
Verb   Ind. Präs. 1./2. Pers.   aștept/aștepți (warten)
                                      ascult/asculți (hören)

s/ș [s/sch]
Subst./
Adj.   M. Sg./Pl.   urs/urși (Bär)
                                      frumos/frumoși (schön)
Verb   Ind. Präs. 1./2. Pers.   ies/ieși (hinausgehen)

d/z [d/s]
Subst./
Adj. M. Sg./Pl. ghid/ghizi (Reiseleiter)
surd/surzi (taub)
Verb Ind. Präs. 1./2. Pers. aud/auzi (hören)
răspund/răspunzi (antworten)

l/i
Subst. M. Sg./Pl. cal/cai (Pferd)
copil/copii (Kind)

n/i
Verb Ind. Präs. 1./2. Pers. pun/pui (stellen, legen)
spun/spui (sagen)
vin/vii (kommen)

sc/şt [sk/scht]
Subst. F. Sg./Pl. gâscă/gâşte (Gans)
Adj. M./F. Sg./Pl. românesc/româneşti (rumänisch)
Verb Ind. Präs.
1./2./3. Pers. cunosc/cunoşti, cunoaşte (kennen)
vorbesc/vorbeşti, vorbeşte (sprechen, reden)

st/şt [st/scht]
Subst. M. Sg./Pl. turist/turişti (Tourist)
economist/economişti (Wirtschaftler)

şc/şt [schk/scht]
Subst. F. Sg./Pl. ceaşcă/ceşti (Tasse)
Verb Ind. Präs. 1./2. Pers. mişc/mişti (bewegen)
Konj. Präs.
1./2./3. Pers. să mişc/să mişti, să mişte (bewegen)

DEKLINATION DER SUBSTANTIVE

	M.		F.		N.	
	unbestimmt	bestimmt	unbestimmt	bestimmt	bestimmt	unbestimmt
Singular						
Nom. + Akk.	un pom	pomul	o casă	casa	un tren	trenul
Gen. + Dat.	unui pom	pomului	unei case	casei	unui tren	trenului
Plural						
Nom. + Akk.	nişte pomi	pomii	nişte case	casele	nişte trenuri	trenurile
Gen. + Dat.	unor pomi	pomilor	unor case	caselor	unor trenuri	trenurilor

Deklination der Adjektive

	Singular		*Plural*	
	M., N.	F.	M.	F., N.
Nom. + Akk.	bun	bună	buni	bune
Gen. + Dat.	bun	bune	buni	bune
Nom. + Akk.	dulce	dulce	dulci	dulci
Gen. + Dat.	dulce	dulci	dulci	dulci
Nom. + Akk.	vechi	veche	vechi	vechi
Gen. + Dat.	vechi	vechi	vechi	vechi
Nom. + Akk.	bej	bej	bej	bej
Gen. + Dat.	bej	bej	bej	bej

Deklination der Pronomen

Personalpronomen

Singular

		Nom.	Dat.	Akk.
1. Pers.	betont	eu	mie	(pe) mine
	unbetont		îmi, mi-, -mi	mă, -mă, m-
2. Pers.	betont	tu	ţie	(pe) tine
	unbetont		îţi, ţi-, -ţi	te, -te, te-
3. Pers. m., n.	betont	el	lui	(pe) el
	unbetont		îi, i-, -i	îl, l-, -l
3. Pers. f.	betont	ea	ei	(pe) ea
	unbetont		îi, i-, -i	o, -o

Plural

		Nom.	Dat.	Akk.
1. Pers.	betont	noi	nouă	(pe) noi
	unbetont		ne, ne-, -ne, ni	ne, ne-, -ne
2. Pers.	betont	voi	vouă	(pe) voi
	unbetont		vă, v-, -vă, vi	vă, -vă, v-
3. Pers. m.	betont	ei	lor	(pe) ei
	unbetont		le, le-, -le, li	îi, i-, -i
3. Pers. f., n.	betont	ele	lor	(pe) ele
	unbetont		le, le-, -le, li	le, le-, -le

Demonstrativpronomen

		Singular		*Plural*	
		M., N.	F.	M.	F., N.
Nom. + Akk.		acest(a)	aceast/ă, -a	aceşti(a)	aceste(a)
Gen. + Dat.		acestui(a)	acestei(a)	acestor(a)	acestor(a)
Nom. + Akk.		acel(a)	acea, aceea	acei(a)	acele(a)
Gen. + Dat.		acelui(a)	acelei(a)	acelor(a)	acelor(a)
Nom. + Akk.		ăst(a)	ast/ă, -a	ăşti(a)	aste(a)
Gen. + Dat.		ăstui(a)	ăstei(a)	ăstor(a)	ăstor(a)
Nom. + Akk.		ăl(a)	aia	ăi(a)	ale(a)
Gen. + Dat.		ălui(a)	ălei(a)	ălor(a)	ălor(a)

Relativpronomen

	Singular		*Plural*	
	M., N.	F.	M.	F., N.
Nom. + Akk.	care	care	care	care
Gen. + Dat.	cărui(a)	cărei(a)	căror(a)	căror(a)

Possessivpronomen

		Nom. + Akk.	Gen. + Dat.
Singular			
1. Pers.	*Sg. m., n.*	(al) meu	(al) meu
	Sg. f.	(a) mea	(ale) mele
	Pl. m.	(ai) mei	(alor) mei
	Pl. f., n.	(ale) mele	(alor) mele
2. Pers.	*Sg. m., n.*	(al) tău	(al) tău
	Sg. f.	(a) ta	(ale) tale
	Pl. m.	(ai) tăi	(alor) tăi
	Pl. f., n.	(ale) tale	(alor) tale
3. Pers.	*Sg. m., n.*	(al) său, lui	(al) său, lui
	Sg. f.	(a) ei	(ale) ei
	Pl. m.	(ai) săi, lui	(alor) săi, lui
	Pl. f., n.	(ale) sale, ei	(alor) sale, ei

Plural

1. Pers.	*Sg. m., n.*	(al) nostru	(al) nostru
	Sg. f.	(a) noastră	(ale) noastre
	Pl. m.	(ai) noştri	(alor) noştri
	Pl. f., n.	(ale) noastre	(alor) noastre
2. Pers.	*Sg. m., n.*	(al) vostru	(al) vostru
	Sg. f.	(a) voastră	(a) voastre
	Pl. m.	(ai) voştri	(alor) voştri
	Pl. f., n.	(ale) voastre	(alor) voastre
3. Pers.	*Sg. m., n.*	(al) lor	(al) lor
	Sg. f.	(a) lor	(ale) lor
	Pl. m.	(ai) lor	(alor) lor
	Pl. f., n.	(ale) lor	(alor) lor

Unbestimmte Pronomen

	Singular		*Plural*	
	M., N	F.	M.	F., N.
Nom. + Akk.	cât	câtă	câţi	câte
Gen. + Dat.	–	–	câtor	câtor
Nom. + Akk.			câţiva	câteva
Gen. + Dat.			câtorva	câtorva
Nom. + Akk.	atât(a)	atâtă/(a)	atâţi(a)	atâte(a)
Gen. + Dat.	atâtui(a)	atâtei(a)	atâtor(a)	atâtor(a)
Nom. + Akk.	nimeni	nimeni		
Gen. + Dat.	nimănui	nimănui		

Fragepronomen

	M., N.	F.
Nom. + Akk.	cine	cine
Gen. + Dat.	cui	cui
Nom. + Akk.	ce	ce

Höflichkeitspronomen

	Singular		Plural	
	M., N.	F.	M.	F., N.
Nom. + Akk.	dânsul	dânsa	dânşii	dânsele
Gen. + Dat.	dânsului	dânsei	dânşilor	dânselor
Nom. + Akk.	dumneata	dumneata		
Gen. + Dat.	dumitale	dumitale		
Nom. + Akk.	dumneavoastră	dumneavoastră	dumneavoastră	dumneavoastră
Gen. + Dat.	dumneavoastră	dumneavoastră	dumneavoastră	dumneavoastră

ZAHLWÖRTER

Kardinalzahlen

1	unu, una	18	optsprezece
2	doi, două	19	nouăsprezece
3	trei	20	douăzeci
4	patru	21	douăzeci şi unu/una
5	cinci	30	treizeci
6	şase	40	patruzeci
7	şapte	50	cincizeci
8	opt	60	şaizeci
9	nouă	70	şaptezeci
10	zece	80	optzeci
11	unsprezece	90	nouăzeci
12	doisprezece, douăsprezece	100	o sută
13	treisprezece	200	două sute
14	paisprezece	1.000	o mie
15	cincisprezece	2.000	două mii
16	şaisprezece	1.000.000	un milion
17	şaptesprezece	2.000.000	două milioane

Ordnungszahlen

primul, prima, primii, primele
al doilea, a doua
al treilea, a treia
al patrulea, a patra
al cincelea, a cincea
al şaselea, a şasea
al şaptelea, a şaptea
al optulea, a opta

al nouălea, a noua
al zecelea, a zecea
al unsprezecelea, a unsprezecea ...
al douăzecilea, a douăzecea ...
al douăzeci şi unulea, a douăzeci
  şi una ...
al o sutălea, a suta ...
al o miilea, a o mia

KONJUGATIONSMODELLE DER VERBEN

Persönliche Verbformen

Aktiv

Indikativ	Präsens	Perfekt
	Imperfekt	Futur
	Plusquamperfekt	Zukunft in der Vergangenheit
Konjunktiv	Präsens	Perfekt
Optativ	Präsens	Perfekt
Imperativ	Präsens	

Passiv
Das Passiv wird mit dem Hilfsverb a fi + Partizip gebildet.
Das Partizip stimmt mit dem Subjekt in Geschlecht und Zahl überein.

Aktiv

Indikativ

Präsens	*Perfekt*
ajut	am ajutat
ajuţi	ai ajutat
ajută	a ajutat
ajutăm	am ajutat
ajutaţi	aţi ajutat
ajută	au ajutat

Imperfekt	*Futur*
ajutam	voi ajuta
ajutai	vei ajuta
ajuta	va ajuta
ajutam	vom ajuta
ajutaţi	veţi ajuta
ajutau	vor ajuta

Plusquamperfekt	*Zukunft in der Vergangenheit*
ajutasem	voi fi ajutat
ajutaseşi	vei fi ajutat
ajutase	va fi ajutat
ajutaserăm	vom fi ajutat
ajutaserăţi	veţi fi ajutat
ajutaseră	vor fi ajutat

Konjunktiv	*Präsens*	*Perfekt*
	să ajut	să fi ajutat
	să ajuți	să fi ajutat
	să ajute	să fi ajutat
	să ajutăm	să fi ajutat
	să ajutați	să fi ajutat
	să ajute	să fi ajutat

Optativ	*Präsens*	*Perfekt*
	aș ajuta	aș fi ajutat
	ai ajuta	ai fi ajutat
	ar ajuta	ar fi ajutat
	am ajuta	am fi ajutat
	ați ajuta	ați fi ajutat
	ar ajuta	ar fi ajutat

Imperativ	*Präsens*	
	ajută!	nu ajuta!
	ajutați!	nu ajutați!

Passiv

Indikativ	*Präsens*	*Perfekt*
	sunt ajutat(ă)	am fost ajutat(ă)
	ești ajutat(ă)	ai fost ajutat(ă)
	este ajutat(ă)	a fost ajutat(ă)
	suntem ajuta|ți, te	am fost ajuta|ți, te
	sunteți ajuta|ți, te	ați fost ajuta|ți, te
	sunt ajuta|ți, te	au fost ajuta|ți, te

	Imperfekt	*Futur*
	eram ajutat(ă)	voi fi ajutat(ă)
	erai ajutat(ă)	vei fi ajutat(ă)
	era ajutat(ă)	va fi ajutat(ă)
	eram ajuta|ți, te	vom fi ajuta|ți, te
	erați ajuta|ți, te	veți fi ajuta|ți, te
	erau ajuta|ți, te	vor fi ajuta|ți, te

	Plusquamperfekt	*Zukunft in der Vergangenheit*
	fusesem ajutat(ă)	voi fi fost ajutat(ă)
	fuseseși ajutat(ă)	vei fi fost ajutat(ă)
	fusese ajutat(ă)	va fi fost ajutat(ă)
	fuseserăm ajuta|ți, te	vom fi fost ajuta|ți, te
	fuseserăți ajuta|ți, te	veți fi fost ajuta|ți, te
	fuseseră ajuta|ți, te	vor fi fost ajuta|ți, te

Konjunktiv	*Präsent*	*Perfekt*
	să fiu ajutat(ă)	să fi fost ajutat(ă)
	să fii ajutat(ă)	să fi fost ajutat(ă)
	să fie ajutat(ă)	să fi fost ajutat(ă)
	să fim ajuta|ţi, te	să fi fost ajuta|ţi, te
	să fiţi ajuta|ţi, te	să fi fost ajuta|ţi, te
	să fie ajuta|ţi, te	să fi fost ajuta|ţi, te
Optativ	*Präsent*	*Perfekt*
	aş fi ajutat(ă)	aş fi fost ajutat(ă)
	ai fi ajutat(ă)	ai fi fost ajutat(ă)
	ar fi ajutat(ă)	ar fi fost ajutat(ă)
	am fi ajuta|ţi, te	am fi fost ajuta|ţi, te
	aţi fi ajuta|ţi, te	aţi fi fost ajuta|ţi, te
	ar fi ajuta|ţi, te	ar fi fost ajuta|ţi, te

Unpersönliche Verbformen

Infinitiv	Partizip	Gerundium	Supinum
a ajuta	ajutat	ajutând	de ajutat

Reflexive Verben

	mit dem Akkusativ	*mit dem Dativ*
Infinitiv	a se spăla	a-şi aminti
Gerundium	spălându-se (-mă, -te, -ne, -vă)	amintindu-şi (-mi, -ţi, -ne, -vă)
Partizip	spălat	amintit
Supinum	de spălat	de amintit

Indikativ	bejahend	verneinend	bejahend	verneinend
Präsens	mă spăl	nu mă ~	îmi amintesc	nu-mi ~
	te speli	nu te ~	îţi aminteşti	nu-ţi ~
	se spală	nu se ~	îşi aminteşte	nu-şi ~
	ne spălăm	nu ne ~	ne amintim	nu ne ~
	vă spălaţi	nu vă ~	vă amintiţi	nu vă ~
	se spală	nu se ~	îşi amintesc	nu-şi ~
Imperfekt	mă spălam	nu mă ~	îmi aminteam	nu-mi ~
	te spălai	nu te ~	îţi aminteai	nu-ţi
	se spăla	nu se ~	îşi amintea	nu-şi
	ne spălam	nu ne ~	ne aminteam	nu ne ~
	vă spălaţi	nu vă ~	vă aminteaţi	nu vă
	se spălau	nu se ~	îşi aminteau	nu-şi ~
Perfekt	m-am spălat	nu m-am ~	mi-am amintit	nu mi-am ~
	te-ai spălat	nu te-ai ~	ţi-ai amintit	nu ţi-ai ~
	s-a spălat	nu s-a ~	şi-a amintit	nu şi-a ~
	ne-am spălat	nu ne-am ~	ne-am amintit	nu ne-am ~
	v-aţi spălat	nu v-aţi ~	v-aţi amintit	nu v-aţi ~
	s-au spălat	nu s-au ~	şi-au amintit	nu şi-au ~
Plusquam-perfekt	mă spălasem	nu mă ~	îmi amintisem	nu-mi ~
	te spălaseşi	nu mă ~	îţi amintiseşi	nu-ţi ~
	se spălase	nu se ~	îşi amintise	nu-şi ~
	ne spălaserăm	nu ne ~	ne amintin-serăm	nu ne ~
	vă spălaserăţi	nu vă ~	vă amintiserăţi	nu vă ~
	se spălaseră	nu se ~	îşi amintiseră	nu-şi ~
Futur	mă voi spăla	nu mă voi spăla	îmi voi aminti	nu-mi voi aminti
	te vei spăla	nu te vei spăla	îţi vei aminti	nu-ţi vei aminti
	se va spăla	nu se va spăla	îşi va aminti	nu-şi va aminti
	ne vom spăla	nu ne vom spăla	ne vom aminti	nu ne vom aminti
	vă veţi spăla	nu vă veţi spăla	vă veţi aminti	nu vă veţi aminti
	se vor spăla	nu se vor spăla	îşi vor aminti	nu-şi vor aminti

Futur Perfekt	mă voi fi spălat	nu mă voi fi spălat	îmi voi fi amintit	nu-mi voi fi amintit
	te vei fi spălat	nu te vei fi spălat	îţi vei fi amintit	nu-ţi vei fi amintit
	se va fi spălat	nu se va fi spălat	îşi va fi amintit	nu-şi va fi amintit
	ne vom fi spălat	nu ne vom fi spălat	ne vom fi amintit	nu ne vom fi amintit
	vă veţi fi spălat	nu vă veţi fi spălat	vă veţi fi amintit	nu vă veţi fi amintit
	se vor fi spălat	nu se vor fi spălat	îşi vor fi amintit	nu-şi vor fi amintit

Konjunktiv

Präsens	să mă spăl	să nu mă spăl	să-mi amintesc	să nu-mi amintesc
	să te speli	să nu te speli	să-ţi aminteşti	să nu-ţi aminteşti
	să se spele	să nu se spele	să-şi amintească	să nu-şi amintească
	să ne spălăm	să nu ne spălăm	să ne amintim	să nu ne amintim
	să vă spălaţi	să nu vă spălaţi	să vă amintiţi	să nu vă amintiţi
	să se spele	să nu se spele	să-şi amintească	să nu-şi amintească
Perfekt	să mă fi spălat	să nu mă fi spălat	să-mi fi amintit	să nu-mi fi amintit
	să te fi spălat	să nu te fi spălat	să-ţi fi amintit	să nu-ţi fi amintit
	să se fi spălat	să nu se fi spălat	să-şi fi amintit	să nu-şi fi amintit
	să ne fi spălat	să nu ne fi spălat	să ne fi amintit	să nu ne fi amintit
	să vă fi spălat	să nu vă fi spălat	să vă fi amintit	să nu vă fi amintit
	să se fi spălat	să nu se fi spălat	să-şi fi amintit	să nu-şi fi amintit

Optativ

Präsens	m-aş spăla	nu m-aş spăla	mi-aş aminti	nu mi-aş aminti
	te-ai spăla	nu te-ai spăla	ţi-ai aminti	nu ţi-ai aminti
	s-ar spăla	nu s-ar spăla	şi-ar aminti	nu şi-ar aminti
	ne-am spăla	nu ne-am spăla	ne-am aminti	nu ne-am aminti
	v-aţi spăla	nu v-aţi spăla	v-aţi aminti	nu v-aţi aminti
	s-ar spăla	nu s-ar spăla	şi-ar aminti	nu şi-ar aminti

Perfekt	m-aş fi spălat	nu m-aş fi spălat	mi-aş fi amintit	nu mi-aş fi amintit
	te-ai fi spălat	nu te-ai fi spălat	ţi-ai fi amintit	nu ţi-ai fi amintit
	s-ar fi spălat	nu s-ar fi spălat	şi-ar fi amintit	nu şi-ar fi amintit
	ne-am fi spălat	nu ne-am fi spălat	ne-am fi amintit	nu ne-am fi amintit
	v-aţi fi spălat	nu v-aţi fi spălat	v-aţi fi amintit	nu v-aţi fi amintit
	s-ar fi spălat	nu s-ar fi spălat	şi-ar fi amintit	nu şi-ar fi amintit

Imperativ

spală-te!	nu te spăla!	aminteşte-i!	nu-ţi aminti!
spălaţi-vă!	nu vă spălaţi!	amintiţi-vă!	nu vă amintiţi!

KONJUGATIONSTYPEN

Infinitiv		Indikativ		Präsens Konjunktiv	Imperativ bejahend	Partizip	Gerundium
1. Konj.							
a ajuta	(eu)	∅	ajut	să ajut	ajută!	ajutat	ajutând
	(tu)	-i	ajuţi	să ajuţi			
	(el, ea)	-ă	ajută	să ajute			
	(noi)	-ăm	ajutăm	să ajutăm			
	(voi)	-aţi	ajutaţi	să ajutaţi	ajutaţi!		
	(ei, ele)	-ă	ajută	să ajute			
a lucra	(eu)	-ez	lucrez	să lucrez	lucrează!	lucrat	lucrând
	(tu)	-ezi	lucrezi	să lucrezi			
	(el, ea)	-ează	lucrează	să lucreze			
	(noi)	-ăm	lucrăm	să lucrăm			
	(voi)	-aţi	lucraţi	să lucraţi	lucraţi!		
	(ei, ele)	-ează	lucrează	să lucreze			
2. Konj.							
a apărea	(eu)	∅	apar	să apar	apari!	apărut	apărând
	(tu)	-i	apari	să apari			
	(el, ea)	-e	apare	să apară			
	(noi)	-em	apărem	să apărem			
	(voi)	-eţi	apăreţi	să apăreţi	apăreţi!		
	(ei, ele)	∅	apar	să apară			

3. Konj.

a cere	(eu)	ø	cer	să cer	cere!	cerut	cerând
	(tu)	-i	ceri	să ceri			
	(el, ea)	-e	cere	să ceară			
	(noi)	-em	cerem	să cerem			
	(voi)	-eţi	cereţi	să cereţi	cereţi!		
	(ei, ele)	ø	cer	să ceară			

4. Konj.

a fugi	(eu)	ø	fug	să fug	fugi!	fugit	fugind
	(tu)	-i	fugi	să fugi			
	(el, ea)	-e	fuge	să fugă			
	(noi)	-im	fugim	să fugim			
	(voi)	-iţi	fugiţi	să fugiţi	fugiţi!		
	(ei, ele)	ø	fug	să fugă			

a povesti	(eu)	-esc	povestesc	să povestesc	poves-teşte!	povestit	poves-tind
	(tu)	-eşti	povesteşti	să povesteşti			
	(el, ea)	-eşte	povesteşte	să povestească			
	(noi)	-im	povestim	să povestim			
	(voi)	-iţi	povestiţi	să povestiţi	povestiţi!		
	(ei, ele)	-esc	povestesc	să povestească			

5. Konj.

a coborî	(eu)	ø	cobor	să cobor	coboară!	coborât	cobo-rând
	(tu)	-i	cobori	să cobori			
	(el, ea)	-ă	coboară	să coboare			
	(noi)	-âm	coborâm	să coborâm			
	(voi)	-âţi	coborâţi	să coborâţi	coborâţi!		
	(ei, ele)	-ă	coboară	să coboare			

a hotărî	(eu)	-ăsc	hotărăsc	să hotărăsc	hotărăşte!	hotărât	hotă-rând
	(tu)	-ăşti	hotărăşti	să hotărăşti			
	(el, ea)	-ăşte	hotărăşte	să hotărască			
	(noi)	-âm	hotărâm	să hotărâm			
	(voi)	-âţi	hotărâţi	să hotărâţi	hotărâţi!		
	(ei, ele)	-ăsc	hotărăsc	să hotărască			

GLOSAR ROMÂN–GERMAN

A

abdicare	Abdankung
abdominal	Bauch~
abia	erst
acasă	zu, nach Hause
accelerat, -e	Schnellzug
accident, -e	Unfall
aceasta	diese
acesta	dieser
acolo	dort
acr|u, -ă, -i, -e	sauer
acțiun|e, -i	Tat
actual, -ă, -i, -e	gegenwärtig
acum	jetzt
adăug|a, ø, -t	hinzufügen
adevăra|t, -tă, -ți, -te	wirklich
adida|s, -și	Turnschuh
adres|ă, -e	Anschrift
aduc|e, ø, -s	bringen
a-și aduce, ø,	sich erinnern
adus aminte	
adun|a, ø, -at	(ver)sammeln
aeroport, -uri	Flughafen
afară	draußen
afiș, -uri	Poster
afl|a, -at	erfahren
afuzali	Traubensorte
	Afus Ali
agen|t, -ți	Agent
agent de	Verkehrs-
circulație	polizist
agreabil, -ă, -i, -e	angenehm
ahtia|t, -tă, -ți, -te	erpicht
aici	hier
ajun|ge, ø, -s	ankommen,
	reichen
alaltăieri	vorgestern
albin|ă, -e	Biene
alcoolic, -ă, -i, -e	alkoholisch
alerg|a, ø, -at	laufen
alimentar|ă, -e	Lebensmittelladen

alin|a, ø, -at	besänftigen
al|t, -tă, -ți, -te	ander-
altcera	etwas anderes
alură	Gehabe
amabil, -ă, -i, -e	freundlich
aman|t, -ți	Geliebter
amănunți|t, -tă,	eingehend
-ți, -te	
ambianț|ă, -e	Umgebung
ameninț|a, ø, -t	(be)drohen
amestec|a, ø, -at	(ver)mischen
amintir|e, ø, -i	Andenken
an, -i	Jahr
angaj|a, -ez, -at	einstellen
animal, -e	Tier
animal domestic	Haustier
anivers|are, -ări	Jahrestag
antichitate	Antike
anul precedent	Vorjahr
anume	nämlich
anunț|a, ø, -at	bekanntgeben,
	benachrichtigen
ap|ă, -e	Wasser
apă minerală	Mineralwasser
aparat, -e	Apparat, Gerät
aparat video	Videogerät
ap|ărea, -ar, -ărut	erscheinen
aparțin|e, ø, -ut	gehören
apendicit|ă, -e	Blinddarm-
	entzündung
apoi	dann, danach
aproape	fast
apropia|t, -tă, -ți, -te	nahe gelegen
apropo	übrigens
aproximativ	annähernd
(se) apuca, ø, -at	beginnen
a-l apuc|a, ø, -at	ergreifen
apu|ne, -n, -s	untergehen
arahid|ă, -e	Erdnuß
arc[1], -uri	Feder
arc[2], -uri	Bogen
Ardeal	Siebenbürgen

artizanat	Kunsthandwerk	bele|a, -le	Verdruß
asta este	das ist es	ber|e, -i	Bier
astăzi	heute	berărie, -i	Bierstube
astfel	auf diese Weise	berbec, -i	Steinbock
aştepta, ø, -at	warten	berechet	im Überfluß
atât	so viel	bijuteri|e, -i	Schmuck
aten|t, -tă, -ţi, -te	aufmerksam	bine	gut
atin|ge, -g, -s	erreichen, berühren	bine aţi venit!	Willkommen!
atunci	dann	binecuvânt|a, -ez, -at	segnen
autobuz, -e	Autobus	bine înţeles	selbstverständlich
autocenzură	Selbstzensur	bine v-am găsit	Antwort auf
auzi, aud, -t	hören		Willkommensgruß
avea, am, avut	haben	bineînţeles	selbstverständlich
avea de gând	vorhaben	birou, -ri	Büro, Schreibtisch
avea dreptate	recht haben	biseric|ă, -i	Kirche
avea loc	stattfinden	blân|d, -dă, -zi, -de	zahm
avea parte	teilhaben	blană, blănuri	Fell
avid, -dă, -zi, -de	gierig	bloc, -uri	Wohnblock
azi	heute	bot, -uri	Schnauze
		braţ, -e	Arm
		brădet, -uri	Tannenhain
B		brânză	Käse
		brânzeturi *Pl.*	Käseerzeugnisse
bab|ă, -e	Greisin	broscuţ|ă, -e	Fröschlein,
baftă	Dusel		(VW-)Käfer
bagaj, -e	Gepäck	brutări|e, -i	Bäckerei
baie, băi	Bad	bucată, bucăţi	Stück
balanţ|ă, -e	Waage	bucătar, -i	Koch
balo|n de săpun	Seifenblase	bucuri|e, -i	Freude
baltă, bălţi	Weiher, Tümpel	buletin[1], -e	Bulletin
Banat	Banat	buletinul meteo	Wetterbericht
banc, -uri	Witz	buletin[2], -e	Personalausweis
bancă, bănci	Bank	bulgăr|e, -i	Klumpen
bani *Pl.*	Geld	bun, -ă, -i, -e	gut
bar, -uri	Bar	bună dimineata	guten Morgen
barbă, bărbi	Bart	bună seara	guten Abend
baz|ă, -e	Grundlage	bună zina	guten Tag
bazin, -e	Becken, Bassin	bunic, -i	Großvater
băiat, băieţi	Junge	bunic|ă, -i	Großmutter
bănui, -esc, -t	ahnen	bunici *Pl.*	Großeltern
bărba|t, -ţi	Mann	bur|tă, -ţi	Bauch
bărbăţe|l, -i	Männlein		
băt|aie, -ăi	Schlag		
bătătur|ă, -i	Hühnerauge	**C**	
bătea, bat, bătut	schlagen, klopfen		
bătrân, -ă, -i, -e	alt	ca de obicei	wie gewöhnlich
băutur|ă, -i	Getränk	ca să	um zu
bea, -u, băut	trinken	ca|l, -i	Pferd

cal de curse	Rennpferd	cârcium|ă, -i	Kneipe
cabină telefonică	Telefonzelle	câştigător, -i	Gewinner, Sieger
cafe|a, -le	Kaffee	câte ceva	etwas, einiges
cafeluţ|ă, -e	kleiner Kaffee	câte?	wie viele?
caiet, -e	Heft	câteva	einige
cal|d, -dă, -zi, -de	warm	ce?	was?
calicie	Geiz	ce păcat!	wie schade!
calorifer, -e	Heizung	ceai, -uri	Tee
cam	ziemlich	ceapă, cepe	Zwiebel
camer|ă, -e	Zimmer	ceas, -uri	Uhr
cameră de zi	Wohnzimmer	ceasornicar, -i	Uhrmacher
caniş, -i	Pudel	ceea ce	das was
cantin|ă, -e	Kantine	centr|u, -e	Mitte
cantină	Mensa	central|ă, -e	Zentrale
studenţească		centrală industrială	Industriezentrale
CAP	LPG	cer, -uri	Himmel
cap, -ete	Kopf	cer|e, ø, -ut	verlangen
cap|ot, -oate	Morgenrock	cerşetor, -i	Bettler
capital|ă, -e	Hauptstadt	ceva	etwas
capr|ă, -e	Ziege	che|ie, -i	Schlüssel
capră neagră	Gemse	chef, -uri	Fete
capricorn, -i	Steinbock	a se chem|a, ø, -at	heißen
care	welche, -r, -s	chezăşie	Gewähr
carne	Fleisch	chiar dacă	selbst wenn
carte, cărţi	Buch, Karte	chibrit, -uri	Streichholz
carte poştală	Postkarte	chicinet|ă, -e	Kochnische
cartier, -e	Stadtteil	chiloţi	Unterhose
cartof, -i	Kartoffel	chiloţi de baie	Badehose
caţaveic|ă, -e	Pelzjacke	chimie	Chemie
că	daß	cine?	wer?
căci	denn	cineva	jemand
cădea, cad, căzut	(durch)fallen	cioban, -i	Hirte
călărie	Reiten	ciocârli|e, -i	Lerche
călător, -i	Reisender	ciocni, -esc, -it	anstoßen
călător|i, -esc, -it	reisen	ciorb|ă, -e	saure Suppe
căl|i, -esc, -it	garen, dünsten	ciorbă de burtă	Kaldaunensuppe
căprioar|ă, -e	Reh	circulaţie	Verkehr
căpşun|ă, -i	Gartenerdbeere	cire|aşă, -şi	Kirsche
cărbun|e, -i	Kohle	cirip|i, -esc, -it	zwitschern
căsători|e, -i	Heirat	ciuda|t, -tă, -ţi, -te	seltsam
căţe|l, -i	Hündchen	clasic, -ă, -i, -e	klassisch
căuta, caut, -at	suchen	clădir|e, -i	Gebäude
câmpi|e, -i	Ebene, Flachland	clăt|i, -esc, -it	abspülen;
când	wann, wenn		*hier:* schwenken
cândva	irgendwann		
cânt|a, ø	singen	cleşt|e, -i	Zange
cântec, -e	Lied	clipă, -e	Augenblick
cântăreţ, -i	Sänger	co|adă, -zi	Schwanz;
			Schlange, Reihe

coajă, coji	Schale
cobor|î, ø, -ât	hinuntergehen
cocostârc, -i	Storch
codr|u, -i	Hochwald
colabor|are, -ări	Zusammenarbeit
colectiv, -ă, -i, -e	kollektiv
coleg, -i	Kollege
colind, -e	Weihnachtslied
colone|l, -i	Oberst
colț, -uri	Ecke
comand|a, ø, -at	bestellen
comercial, -ă, -i, -e	Handels~
como|d, -dă, -zi, -de	bequem
comportament, -e	Verhalten
comuni|st, -stă, -şti, -ste	kommunistisch
concedi|u, -i	Urlaub
concomiten|t, -tă, -ți, -te	gleichzeitig
concur|a, -ez, -at	konkurrieren
concurenț|ă, -e	Konkurrenz
concurs, -uri	Wettkampf
conducător, -i	Führer
condu|ce, -c, -s	leiten, führen
confecții *Pl.*	Konfektionswaren
congelato|r, -are	Gefrierschrank
conopid|ă, -e	Blumenkohl
conserv|ă, -e	Konserve
consignaţi|e, -i	An- und Verkaufsladen
conştiinț|ă, -e	Gewissen
contabilitate	Buchhaltung
controvers|ă, -e	Auseinandersetzung
convenabil, -ă, -i, -e	annehmbar
copil minor	minderjähriges Kind
co|pt, -aptă, -pți, -apte	reif
coroan|ă, -e	Krone
cosmetice *Pl.*	Kosmetika
costum, -e	Kostüm
costum bărbătesc	Herrenanzug
cotidi|an, -ene	Tageszeitung
cotrop|i, -esc, -it	erobern
cotropitor, -i	Eroberer
cov|or, -oare	Teppich

covrig în coadă	etwas ganz besonderes
crâncen, -ă, -i, -e	erbittert
crainic, -i	Sprecher, Ansager
cratiț|ă, -e	Kochtopf
cre|a, -ez, -at	schaffen
cre|de, -d, -zut	glauben
credinț|ă, -e	Glauben
creditor, -i	Gläubiger
creier, -e	Gehirn
crei|on, -oane	Bleistift
crem|ă, -e	Creme
cre|şte, -sc, -scut	wachsen
creştin, -ă, -i, -e	Christ, christlich
creț, creață, -i, -e	kraus(haarig)
cruc|e, -i	Kreuz
cru|d, -dă, -zi, -de	roh
cu bine	gut
cu brio	mit Schwung
cu plăcere	gern
cu toate că	selbst wenn, trotzdem
cub, -uri	Würfel
cucer|i, -esc, -it	erobern
(cu)coană, -e	Dame
cui?	wem?
culm|e, -i	Gipfel
culo|are, -ri	Farbe
cultiv|a, -ez, -at	ziehen (Pflanzen)
cum să nu?	wie denn nicht?
cum|ătră, -etre	Gevatterin
cumna|t, -ți	Schwager
cumnat|ă, -e	Schwägerin
cumpărătur|ă, -i	Einkauf
cumva	vielleicht
cuno|aşte, -sc, -scut	kennen
cunoştinț|ă, -e	Bekanntschaft
curăț|a, ø, -at	putzen
curcube|u, -e	Regenbogen
curs, -uri	Vorlesung
curs|ă, -e	Rennen, Lauf
cuv|ânt, -inte	Wort

D

da[1]	ja
da[2], -u, -t *unregelm.*	geben

da buzna	sich stürzen	desluş|i, -esc, -it	erkennen
a-şi da seama	einsehen	despre	über
da un telefon	anrufen	deşi	obgleich
dac, -i	Daker	deşte|pt, -aptă,	klug
dacă	wenn	-pţi, -pte	
dafin, -i	Lorbeer	de|veni, -vin, venit	werden
dalb, -ă, -i, -e	weiß	dezordonat	unordentlich
dam|ă, -e	Dame	dictator, -i	Diktator
dânsa	sie	difer|i, ø, -t	unterscheiden
dat|ă, -e	Datum	diferi|t, -tă, -ţi, -te	verschieden
datorită	dank	dificil, -ă, -i, -e	schwierig
de	von, tja	din	aus
de-a lungul şi	kreuz und quer	din faţa casei	vor dem Haus
de-a latul		din nou	erneut
de asemenea	ebenfalls	din păcate	leider
de ce?	warum?	dintâi	der, die, das erste
de colo-colo	hin und her	din|te, -ţi	Zahn
de la	von	dintr-o dată	plötzlich
de la o poştă	von weitem	dis de dimineaţă	frühmorgens
de mult	seit langer Zeit	discotec|ă, -i	Diskothek
de obicei	für gewöhnlich	discut|a, ø, -at	erörtern,
de pildă	zum Beispiel		besprechen
de toate	allerlei	discuţi|e, -i	Gespräch, Streit
de unde?	woher?	diseară	heute abend
de vină	schuld	disp|ărea, -ar, -ărut	verschwinden
deal, -uri	Hügel	dispu|ne, -n, -s	verfügen
decât	als	doamn|ă, -e	Frau, Dame
deci	also	doar[1]	doch
deducţi|e, -i	Schlußfolgerung	doar[2]	nur
definitiv	endgültig	dobor|î, ø, -ât	*hier:* brechen
degeaba	vergeblich	Dobrogea	Dobrudscha
degus|ta, ø, -tat	verkosten	doctor, -i	Doktor
deja	schon, bereits	doin|ă, -e	wehmütiges Lied
delegaţi|e, -i	Delegation,	domeni|u, -i	Bereich
	Dienstreise	domnitor, -i	Herrscher
deloc	gar nicht	domnul	der Herr
delt|ă, -e	Delta	don|a, -ez, -at	spenden
denatur|are, -ări	Verfälschung	dor	Sehnsucht
densit|ate, -ăţi	Dichte	a-i fi dor	sich sehnen
departe	weit	dor|i, -esc, -it	wünschen
deplas|are, -ări	Reise	dorinţ|ă, -e	Wunsch
deplân|ge, -g, -s	beklagen	dorm|i, ø, -it	schlafen
deranj|a, -ez, -at	stören	dormit|a, -ez, -at	schlummern
derutan|t, -tă, -ţi, -te	irreführend	dormit|or, -oare	Schlafzimmer
deschi|de, -d, -s	öffnen	drag	(Vor-)Liebe
descuľ, -ă, -i, -e	barfuß	dragă	liebe(-r, -s)
deseori	oftmals	drăgălaş, -ă, -i, -e	niedlich
desigur	natürlich	drăguľ, -ă, -i, -e	nett

drept să-ţi spun	aufrichtig gesagt	faimo|s, -asă, -şi, -ase	berühmt
drum, -uri	Weg	farfuri|e, -i	Teller
drumeţi|e, -i	Wanderung	fată, fete	Mädchen
(se) du|ce, -c, -s	gehen	faţă de	gegenüber
dulap, -uri	Schrank	faună	Fauna
dulc|e, -i	süß	făină	Mehl
dulciuri *Pl.*	Süßigkeiten	fără	ohne
duminică	Sonntag	fâşi|e, -i	Streifen
Dumneze|u, -i	Gott	fecioar|ă, -e	Jungfrau
Dunăre	Donau	fecior, -i	Junge
după amiază	nachmittag	felicit|are, -ări	Glückwunsch
dur|a, 3. Pers. -ează, -t	dauern	feli|e, -i	Scheibe
durea	schmerzen	femei|e, -i	Frau
durer|e, -i	Schmerz	fere|astră, -stre	Fenster
duş, -uri	Dusche	feudal, -ă, -i, -e	mittelalterlich
duşman, -i	Feind	fi, sunt, fost	sein
		fi în apele sale	sich wohl fühlen
		fi în stare	imstande sein
E		fi|u, -i	Sohn
		fier	Eisen
economis|i, -esc, -it	sparen	fierb|e, -ø, fiert	kochen
electric|ian, -eni	Elektriker	fier|t, fiarţă, -ţi, -te	gekocht
eleva|t, -tă, -ţi, -te	gehoben	filial|ă, -e	Zweigstelle
engleză	Englisch	film, -e	Film
est	Osten	firm|ă, -e	Firma
estompa|t, -tă, -ţi, -te	gedämpft	fix	*hier:* punkt
etaj, -e	Stockwerk	fleac, -uri	Kleinigkeit
evalu|are, -ări	Einschätzung	floră	Flora
eveniment, -e	Ereignisse	flutur|e, -i	Schmetterling
evolu|a, -ez, -t	entwickeln	foame	Hunger
exac|t, -tă, -ţi, -te	genau	foarte	sehr
exager|are, -ări	Übertreibung	foioase *Pl.*	Laubholz
examen, -e	Prüfung	form|a, -ez, -at	bilden
excelent, -tă, -ţi, -te	ausgezeichnet	forţ|ă, -e	Kraft
excursi|e, -i	Ausflug	fotbal	Fußball
execut|a, ø, -at	*hier:* ausführen	fotografi|e, -i	Foto
expansiun|e, -i	Ausweitung	fotoli|u, -i	Sessel
experienţ|ă, -e	Erfahrung	fragă, -i	Walderdbeere
extraordinar, -ă, -i, -e	außergewöhnlich	francez, -i	Franzose
		francez, -ă, -i, -e	französisch *Adjektiv*
		franţuzeşte	französisch *Adverb*
F		fra|te, -ţi	Bruder
		frăţior, -i	Brüderchen
face, fac, făcut	machen, tun	a-i fi frică	sich fürchten
face baie	baden	frig	Kälte
facul|tate, -tăţi	Fakultät		

friguros, -asă,	kalt, kälte-	grăbi|t, -tă, -ţi, -te	beeilt
-şi, -ase	empfindlich	grădin|ă, -i	Garten
fructe *Pl.*	Obst	grămadă, grămezi	Haufen
frumo|s, -asă,	schön	grâu	Weizen
-şi, -ase		gre|aţă, -ţuri	Brechreiz
fug|i, ø, -it	laufen	gre|u, -a, -i, -le	schwer
fum	Rauch	grij|ă, -i	Sorge
fum|a, -ez, -at	rauchen	groază	Schrecken
fursecuri *Pl.*	Kleingebäck	gur|ă, -i	Mund, Mündung
fust|ă, -e	Rock	gust, -uri	Geschmack

G

H

gaf|ă, -e	Schnitzer	hai, haideţi!	los!
gagic|ă, -i	Freundin,	halb|ă, -e	Seidel
	ugs. steiler Zahn	ham¹, -uri	Zaum
galanteri|e, -i	Putzwarenhand-	ham²	wau-wau
	lung	harnic, -ă, -i, -e	fleißig
gară, gări	Bahnhof	hârti|e, -i	Papier
garsonier|ă, -e	Appartement	hergheli|e, -i	Gestüt
gaşcă, găşti	Klüngel, Clique	hingher, -i	Hundefänger
gata	fertig	hipertensiune	Bluthochdruck
gaz, -e	Gas	hor|ă, -e	Reigen
gazd|ă, -e	Gastgeber, -in	hoţ, -i	Dieb
găs|i, -esc, -it	finden	hotăr|î, -ăsc, -ât	bestimmen
găti|t, -tă, -ţi, -te	*hier:* herausgeputzt	hotel, -uri	Hotel
gândito|r, -are,	nachdenklich	hun, -i	Hunne
-ri, -are			
geam, -uri	Fenster		
geamăn, gemeni	Zwilling	**I**	
geamantan, -e	Koffer		
geografie	Erdkunde	iată	siehe
german, -i	Deutscher	ieftin, -ă, -i, -e	billig
germană	Deutsch	ieri	gestern
Germania	Deutschland	iepur|e, -i	Hase
get-beget	waschecht	iert|a, ø, -at	vergeben
ghic|i, -esc, -it	raten	ieşir|e, -i	Ausgang
ghidul	der Reiseleiter	imediat, -tă, -ţi, -te	gleich,
ghini|on, -oane	Pech		unmittelbar
ghinioni|st, -şti	Pechvogel	imperi|u, -i	Reich, Imperium
ghişeu, -ri	Schalter	implic|a, ø, -at	nach sich ziehen
glum|i, -esc, -it	spaßen	independenţă	Unabhängigkeit
go|t, -ţi	Gote	indicator, -i	*hier:* Zeiger
grangur, -i	*umspr.* Bonze, Pirol	indiferen|t, -tă,	einerlei
gra|s, -să, -şi, -se	dick	-ţi, -te	
gratis	kostenlos	inedi|t, -tă, -ţi, -te	ungewöhnlich
grav, -ă, -i, -e	schwerwiegend	informaţi|e, -i	Auskunft

inim|ă, -i	Herz	încoace	(hier)her
instaur|are, -ări	Errichtung	încon|jura, -jor,	umgeben
intangibil, -ă, -i, -e	unantastbar	-jurat	
interi|or, -oare	Inneres	încoron|a, -ez, -at	krönen
interiorul ţării	Landesinnere	încurc|a, ø, -at	behindern
interviu, -ri	Interview	îndepărt|a, -ez	beseitigen
interviev|a, -ez, -at	interviewen	înfiinţ|a, -ez, -at	gründen
intr|are, -ări	Eingang	înflor|i, -esc, -it	blühen
intr|a, -u, -at	hineingehen	înger, -i	Engel
intra în vigoare	in Kraft treten	îngheţ|a, ø, -at	einfrieren
invit|a, ø, -at	einladen	înnor|are, -ări	Bewölkung
invitaţi|e, -i	Einladung	înroşi|t, -tă, -ţi, -te	errötet
istoric, -ă, -i, -e	geschichtlich	însemn|a, ø, -t	bedeuten
iub|i, -esc, -it	lieben	întiner|i, -esc, -it	jünger werden
iubi|t[1], -ţi	Geliebter	întâln|i, -esc, -it	treffen
iubi|t[2], -tă, -ţi, -te	geliebt	întâlnire, -i	Treff
izvor|î, -ăşte, -ât	entspringen	întâmpl|are, -ări	Ereignis
		întin|de, -d, -s	erstrecken
		întin|s, -să, -şi, -se	ausgedehnt
Î		între	zwischen
		întreb|are, -ări	Frage
(se) îmbr|ăca, -ac,	(sich) anziehen	întreb|a, ø, -at	fragen
-ăcat		într-o	in einer
îmbătrân|i, -esc, -it	altern	învăţ|a, ø, -at	lernen
împin|ge, -g, -s	stoßen	învăţător, -i	Lehrer
împlin|i, -esc, -it	erfüllen	învin|ge, -g, -s	siegen
împreună	gemeinsam		
în	in, auf		
în afară de	außerdem	**J**	
(se) înc|ălţa, -alţ,	(sich) die Schuh		
-ălţat	anziehen	jaz	Jazz
încep|e, ø, -ut	beginnen	joi	Donnerstag
în general	im allgemeinen	joia	donnerstags
în parte	einzeln	jos	unten, hinunter
în plus	überdies	juca, joc, -t	spielen, tanzen
în rest	ansonsten	jumătate	halb
în schimb	hingegen		
în sfârşit	schließlich		
în timpul	während	**L**	
(se) înto|arce, -rc, -s	zurückkehren		
în urma	infolge	la	bei, zu, in
înapoi	zurück	la dreapta	rechts
înăuntru	hinein, innen	la fel	ebenso
încânta|t, -tă, -ţi, -te	begeistert	la poalele	am Fuß
încă	noch	la stânga	links
încălţăminte *Pl.*	Schuhwaren	lab|ă, -e	Pfote
încep|e, ø, -ut	beginnen	lac, uri	See
încerc|a, ø, -at	versuchen	lacrim|ă, -i	Träne

lampă, lămpi	Lampe
lan, -uri	Feld
lămâi|e, -i	Zitrone
(se) lăsa, las, -t	etwas sein lassen
de ceva	
lătr|a, latru, -at	bellen
leg|e, -i	Gesetz
legume *Pl.*	Gemüse
lene	Faulheit
leneş, -ă, -i, -e	faul, der Faule
le|u, -i	Löwe; rumän.
	Währungseinheit
leuştean	Liebstöckel
liber, -ă, -i, -e	frei
licitaţi|e, -i	Versteigerung
lift, -uri	Fahrstuhl
limb|ă, -i	Sprache, Zunge
limbă străină	Fremdsprache
lini|e, -i	Linie, Bahnsteig
linişte	Ruhe
linişti|t, -tă, -ţi, -te	ruhig
lips|i, -esc, -it	fehlen
literatur|ă, -i	Literatur
litoral, -uri	Meeresküste
livadă, livezi	Obsthain
loc, -uri	Ort, Stelle
lua, iau, -t	nehmen
lucr|a, -ez, -at	arbeiten
lucr|are, -ări	Arbeit
lume	Volk, Leute, Welt
luminiş, -uri	Waldlichtung
lung|i, -esc, -it	schnuppern
nasul	
lungim|e, -i	Länge
lupt|ă, -e	Kampf
luptător, -i	Kämpfer
lux	Luxus

M

magazin, -e	Laden
magazin	Kaufhaus
universal	
maghiar[1], -ă, -i, -e	ungarisch,
	magyarisch
maghiar[2], -i	Ungar, Magyare
mai[1]	noch

mai[2]	Mai
majorit|ate, -aţi	Mehrheit
mal, -uri	Ufer
maldăr, -e	Haufen
mam|ă, -e	Mutter
mansard|ă, -e	Mansarde
Maramureş	Marmarosch
marcă, mărci	Mark, Marke
mare[1]	groß
mare[2], mări	Meer
Marea Neagră	Schwarzes Meer
marfă, mărfuri	Ware
maro	braun
martor, -i	Zeuge
martor ocular	Augenzeuge
masă, mese	Tisch
maşin|ă, -i	Maschine,
	PKW
maşină de gătit	Kochherd
maşină de	Waschmaschine
spălat	
matrimonial, -e	Ehewünsche
	(Anzeigen)
mă rog	meinetwegen
măcar	wenigstens
măcelar, -i	Metzger
măduva oaselor	Knochenmark
măgăruş, -i	Eselchen
măi	he, du
mănăstir|e, -i	Kloster
mănuş|ă, -i	Handschuh
mărar	Dill
mărun|t, -tă, -ţi,	klein
-te	
mătuş|ă, -i	Tante
mâine	morgen
mânca, mănânc, -t	essen
mâncare,	Essen, Speise
mâncăruri	
mândr|u, -ă, -i, -e	stolz
mânji|t, -tă, -ţi, -te	verschmiert
Mântuitor	Heiland
mâţ|ă, -e	Mieze
medic, -i	Arzt
medic stomatolog	Zahnarzt
megaf|on, -oane	Lautsprecher
memori|e, -i	Gedächtnis
menţion|a, -ez, -at	erwähnen

mercerie	Kurzwaren-handlung	
mereu	immer	
mer|ge, -g, -s	gehen	
mersi	danke	
metrou, -ri	U-Bahn	
mezeluri *Pl.*	Wurstwaren	
mic, -ă, -i	klein	
mică publicitate	Kleinanzeigen	
mici *Pl.*	Kebabčiči	
miercuri	Mittwoch	
miere	Honig	
migrați|e, -i	Wanderung	
milenar, -ă, -i, -e	tausendjährig	
milionar, -i	Millionär	
minereu, -ri	Erz	
minicar, -e	Bummelbahn	
mirare	Erstaunen	
mișc|a, ø, -at	bewegen	
mișto	toll	
mo|ale, -i	weich	
moarte	Tod	
mobil|ă, -e	Möbel	
mod, -uri	Art und Weise	
model, -e	Modell	
moftangi|u, -i	Flausenmacher	
mondial, -ă, -i, -e	Welt~	
montan	Gebirgs~	
monument, -e	Denkmal	
morcov, -i	Karotte	
Moș Crăciun	Weihnachtsmann	
moș, -i	Greis	
motan, -i	Kater	
mozaic, -uri	Mosaik	
mul|t, -tă, -ți, -te	viel	
mulțumesc	danke	
mun|te, -ți	Berg, Gebirge	
munc|ă, -i	Arbeit	
Muntenia	Walachei	
muri, mor, -t	sterben	
musafir, -i	Gast	
mustr|a, -u, -at	rügen	
mușchi țigănesc	*etwa:* Kasseler Braten	
muzic|ă, -i	Musik	
muzică populară	Volksmusik	
muzică ușoară	Unterhaltungs-musik	

N

nas, -uri	Nase
naso|l, -ală, -oi, -oale	mies
nastur|e, -i	Knopf
naște|re, -i	Geburt
natural, -ă, -i, -e	natürlich
naționalit|ate, -ăți	Nationalität
năme|te, -ți	Schneewehe
nămol	Schlamm
neaștepta|t, -tă, -ți, -te	unerwartet
pe neașteptate	unerwarteterweise
nebun, -ă, -i, -e	verrückt
necăji|t, -tă, -ți, -te	verärgert, nieder-geschlagen
nedumeri|t, -tă, -ți, -te	verblüfft
neîncăpăto|r, -are, -ri, -are	eng, nicht ge-räumig
nemaipomeni|t, -tă, -ți, -te	unerhört
nenumăra|t, -tă, -ți, -te	unzählig
nepricepu|t, -tă, -ți, -te	unbeholfen
nervo|s, -asă, -și, -ase	nervös
neuita|t, -tă, -ți, -te	unvergeßlich
nevoi|e, ø	Bedarf
nevrednic, -ă, -i, -e	untauglich
nicăieri	nirgends
nici nu	auch nicht
nici o	keine
niciodată	nie
nimeni	niemand
nimic[1]	nichts
nimic[2], -uri	Bagatelle
nin|ge, 3. Pers. -ge, -s	schneien
nivel, -uri	Stand, Level
nivel de trai	Lebensstandard
noapte, nopți	Nacht
noptier|ă, -e	Nachttisch
nor, -i	Wolke
noră, nurori	Schwiegertochter
nord	Norden
noroc	Glück
nostalgie	Nostalgie, Sehnsucht

not|a, -ez, -at	notieren	paharnic, -i	Mundschenk
no|u, -uă, -i	neu	palavragi|u, -i	Großmaul
nu	nein	palincă	Schnaps
nu mai spune!	was du nicht sagst!	palpabil, -ă, -i, -e	greifbar
nu prea	nicht sehr	pant|ă, -e	Hang
nu-i aşa?	nicht wahr?	pantof, -i	Schuh
nuf|ăr, -eri	Seerose	papetări|e, -i	Schreibwaren-
numai	nur		handlung
		paravan, -e	Paravant
O		parc, -uri	Park
		parfum, -uri	Parfüm
o dată	einmal	parte, părţi	Seite, Teil
oaie, oi	Schaf	partener, -i	Partner
oal|ă, -e	Topf	parter, -e	Erdgeschoß
oaste, oşti	Heer	par, -i	Stange, Latte
obosi|t, -tă, -ţi, -te	müde	pasager, -i	Passagier
ocazi|e, -i	Gelegenheit	pască	Osterkuchen
cu ocazia	anläßlich	pasiona|t, -tă, -ţi, -te	begeistert
occidental, -ă, -i, -e	westlich	pastă de dinţi	Zahnpasta
ochelari *Pl.*	Brille	paşa|port, -poarte	Paß
ochi, ø	Auge	paşnic, -ă, -i, -e	friedlich
ocup|a, ø, -at	einnehmen	pat, -uri	Bett
odio|s, -asă, -şi, -ase	verhaßt	patron, -i	Chef, Arbeitgeber
of	ach	păcăl|i, -esc, -it	beschummeln
om, oameni	Mensch	pădur|e, -i	Wald
oglind|ă, -zi	Spiegel	păi	nun
ono|are, -ruri	Ehre	pălări|e, -i	Hut
onomastic|ă, -i	Namenstag	pământ, -uri	Erde
opr|i, -esc, -it	anhalten	păr, peri	Haar
or|ă, -e	Uhr, Stunde	păr|ea, par, -ut	scheinen
oraş, -e	Stadt	a-i părea bine	sich freuen
orez	Reis	a-i părea rău	leid tun
oricum	wie immer	părer|e, -i	Meinung
oscil|a, -ez, -at	schwanken	părinţi *Pl.*	Eltern
ospătar, -i	Kellner	păstr|a, -ez, -at	beibehalten,
ospitalitate	Gastfreundschaft		aufbewahren
otoman, -ă, -i, -e	osmanisch	păş|i, -esc, -it	schreiten
ou, -ă	Ei	pătrat, -e	Quadrat
(se) oua , 3. Pers.	Eier legen	pătrun|de, -t, -s	eindringen
ouă, -t		pătrunjel	Petersilie
		păţ|i, -esc, -it	passieren
P		păz|i, -esc, -it	hüten, bewachen
		pâin|e, -i	Brot
pace	Frieden	până	bis
paciu	Unheil	până la	bis zu
pact, -e	Pakt	până la urmă	schließlich
pagin|ă, -i	Seite	pârdalnic, -ă, -i, -e	verflixt
pahar, -e	Glas	pe	auf

pe curând	his bald
pe jos	zu Fuß
pe la mine	bei mir
pe nevăzute	ungesehenerweise
pe scurt	kurzum
peisaj, -e	Landschaft
pentru	für
pepen|e, -i	Melone
pere|te, -ți	Wand
perfect	okay
pericul|os, -oasă, -oși, -oase	gefährlich
persecut|a, ø, -at	verfolgen
persoan|ă, -e	Person
personal[1]	persönlich
personal[2]	Personal
personal[3], -uri	Personenzug
perspectiv|ă, -e	Perspektive, Aussicht
peste tot	überall
pestriț, -ă, -i, -e	bunt
petre|ce, -c, -cut	verbringen
a-și petrece timpul	die Zeit vertreiben
pi|ață, -ețe	Markt
piatră, pietre	Stein
pic|a, ø, -at	(durch)fallen
pici|or, -oare	Fuß
pictur|ă, -i	Malerei
pie|le, -i	Haut
pierd|e, -d, -ut	verlieren
piersică, -i	Pfirsich
piper	Pfeffer
piscin|ă, -e	Swimmingpool
pișc|a, ø, -at	zwicken
pisic|ă, -i	Katze
pix, -uri	Kugelschreiber
plăcea, plac, plăcut	mögen, gefallen
plăcu|t, -tă, -ți, -te	angenehm
plăt|i, -esc, -it	zahlen
plân|ge, -g, -s	weinen
plec|a, ø, -at	fortgehen, verreisen
plo|aie, -i	Regen
plou|a, 3. Pers. -ă, -at	regnen
plug, -uri	Pflug
plutonier, -i	Feldwebel
pode|a, -le	Fußboden
podgori|e, -i	Weinberg
podiș, -uri	Hochland
podve|adă, -zi	Fuhrlohn
poftim	bitte
politic|ă, -i	Politik
poliție	Polizei
pop|ă, -i	Pope, orthodoxer Priester
pop|or, -oare	Volk
popice, -e	Kegel
popular, -ă, -i, -e	Volks~
populați|e, -i	Bevölkerung
porc, -i	Schwein
porn|i, -esc, -it	losgehen
porumb	Mais
porunc|ă, -i	Befehl
posibilit|ate, -ăți	Möglichkeit
poșt|ă, -e	Post
potec|ă, -i	Pfad
potrivi|t, -tă, -ți, -te	geeignet
povestitor, -i	Erzähler
poz|ă, -e	Bild, Foto
practic|ă, -i	Praxis
practic|a, ø, -at	ausüben
praf, -uri	Pulver
prag, -uri	Schwelle
praznic, -e	Feiertag
prânz, -uri	Mittag
prea	zu
preferabil	vorzugsweise
prefeudal, -ă, -i, -e	vorfeudalistisch
pre|lua, -iau, -luat	übernehmen
pregătir|e, -i	*hier:* Ausbildung
preocupa|t, -tă, -ți, -te	beschäftigt
prepar|a, ø, -at	herstellen
prepeliț|ă, -e	Wachtel
petrec|e, ø, -ut	verbringen
prezentabil, -ă, -i, -e	vorzeigbar
pribeag, -ă, -i, -e	umherirrend
prieten, -i	Freund
prieten|ă, -e	Freundin
prim|i, -esc, -it	bekommen
prima dată	erstmalig
primăv|ară, -eri	Frühjahr
prim|ul, -a, -ii, -ele	erster
prin	durch
principe, -i	Fürst, Prinz
prin|de, -d, -s	fangen

printre	unter, zwischen	răspun|de, -d, -s	antworten
priv|i[1], -esc, -it	(an)sehen, schauen	răşinoase *Pl.*	Nadelholz
priv|i[2], -esc	betreffen	rău, rea, răi, rele	schlecht
privatizare	Privatisierung	războ|i, -oaie	Krieg
proasp|ăt, -ătă, -eţi, -ete	frisch	război mondial	Weltkrieg
		râ|de, -d, -s	lachen
probabil	wahrscheinlich	râu, -ri	Fluß
problem|ă, -e	Problem	recomand|a, ø, -at	empfehlen
produs, -e	Erzeugnis	recuper|a, -ez, -at	zurückerlangen
produs alimentar	Nahrungsmittel	red|a, -au, -at	zurückerstatten
profun|d, -dă, -zi, -de	(sehr) tief	redimensio-n|are, -ări	Neudimensio-nierung
		redres|a, -ez, -at	ankurbeln, sanieren
program, -e	Programm		
proroc, -i	Prophet	reg|e, -i	König
propag|a, ø, -at	verbreiten	regim, -uri	Regime
propri|u, -e, -i	eigen	relaţi|e, -i	Beziehung
propu|ne, -n, -s	vorschlagen	relax|a, -ez, -at	ausruhen
pro|st, -astă, -şti, -aste	dumm	relief, -uri	Oberflächen-gestalt
proverb, -e	Sprichwort	renumi|t, -tă, -ţi, -te	berühmt
provinci|e, -i	Provinz	repar|a, ø, -t	reparieren
prun|ă, -e	Pflaume	repaus	Rast
publicit|ate, -ăţi	Werbung	repede	schnell
punct, -e	Punkt	reper, -e	Anhaltspunkt
punctual, -ă, -i, -e	pünktlich	reporter, -i	Reporter
pun|e, ø, pus	stellen, legen	reporter|ă, -e	Reporterin
pur şi simplu	ganz einfach	reprezentanţ|ă, -e	Vertretung
purta, port, -t	tragen	respectiv	betreffend, be-ziehungsweise
pustiu, -ri	Einöde		
putea, pot, putut	können	restaurant, -e	Gaststätte
		restricţi|e, -i	Einschränkung
		resurs|ă, -e	Ressource
R		resurse naturale	Bodenschätze
		reumatism	Rheuma
rac, -i	Krebs	reuş|i, -esc, -it	gelingen
(se) ra|de, -d, -s	(sich) rasieren	revărsa, 3. Pers.	münden
radiocasetofo|n, -ane	Kassettenrekorder	revarsă, -t	
raft, -uri	Bord, Fach	revist|ă, -e	Zeitschrift
rai|on, -oane	Abteilung	revoluţi|e, -i	Revolution
rapid, -uri	D-Zug	rezist|a, ø, -at	durchhalten
răbdare	Geduld	rezonabil, -ă, -i, -e	vernünftig
răm|âne, -ân, -as	zurückbleiben	rochi|e, -i	Kleid
în urma		roman[1], -ă, -i, -e	römisch
rămas bun	Abschied	roman[2], -e	Roman
răs|ări, -ar, -ărit	aufgehen	român, -i	Rumäne
răspl|ată, -ăţi	Lohn	român|esc, -ească, -eşti	rumänisch
		roşi|e, -i	Tomate

rouă	Tau
rud|ă, -e	Verwandte
ruga, rog, rugat	bitten
rup|e, ø, -t	brechen
ruşine	Schande

S

sacoş|ă, -e	Einkaufstasche
sadea	waschecht
salam, -uri	Salami
salat|ă, -e	Salat
sală, săli	Saal
salb|ă, -e	Perlenschnur
saleu, -ri	Salzgebäck
salut!	sei gegrüßt!
sanda, -le	Sandale
sani|e, -i	Schlitten
sanviş, -uri	Sandwich
sare	Salz
sarma, -le	Kohlroulade
sat, -e	Dorf
satis|face, -fac, -făcut	befriedigen, zufriedenstellen
să sperăm	hoffentlich
săgetător, -i	Schütze
sănăt|os, -oasă, -oşi, -oase	gesund
săniuţ|ă, -e	Rodel
săptămân|ă, -i	Woche
sări, sar, -t	springen
sărman, -ă, -i, -e	arm
sărmanul de el!	der Ärmste!
sărut, -uri	Kuß
sărut|a, ø, -at	küssen
sătu|l, -lă, -i, -le	satt
(se) sătura, satur, săturat	satt haben/ werden
sâmbătă	Sonnabend
sârb, -i	Serbe
Scaraoţchi	Beelzebub
scaun, -e	Stuhl
scânteiet|or, -are, -ori, -oare	glänzend
scârţâi, 3. Pers. -e, -t	quietschen
schi	Ski
schi nautic	Wasserski

schimb, -uri	Austausch
scoate, scot, scos	herausholen
scoate din sărite	aus dem Häuschen bringen
scorpio|n, -i	Skorpion
scrâncio|b, -abe	Schaukel
scri|e, -u, -s	schreiben
scris|oare, -ori	Brief
(se) scula, scol, -at	aufstehen
scump, -ă, -i, -e	teuer
scuzaţi!	entschuldigen Sie!
se afl|a, -u, -at	sich befinden
se îndrept|a, ø, -t	seine Schritte ausrichten
se întâmpl|a, 3. Pers. -ă, -at	geschehen
se ruga, rog, -t	beten
se supăr|a, ø, -at	sich ärgern
secol, -e	Jahrhundert
semăna, seamăn, -t	ähneln
semn, -e	Zeichen
semn de circulaţie	Verkehrszeichen
senin, -ă, -i, -e	hell, klar
sens unic	Einbahnstraße
separa|t, -tă, -ţi, -te	separat
serb|a, -ez, -at	feiern
sesiun|e, -i	Prüfungszeit
sete	Durst
sfânt, sfântă, sfinţi, sfinte	heilig
sfârşit, -uri	Ende
sfanţ, -i	Heller
sfat, -uri	Rat
sigur	sicher
siguranţ|ă, -e	Sicherheit
simandico|s, -asă, -şi, -ase	etepetete, vornehm
singur, -ă, -i, -e	allein
singur cuc	mutterseelenallein
slujbă de înhumare	Bestattungsmesse
smântână	Sauerrahm, Schmand
snop, -i	Garbe
soare, sori	Sonne
sociabil, -ă, -i, -e	gesellig
solicit|a, ø, -at	anfordern

solicit|are, -ări	Beanspruchung, (Auf)forderung	studio|s, -asă, -și, -oase	fleißig
somn	Schlaf	subsol, -uri	Kellergeschoß
soră, surori	Schwester	suc, -uri	Saft
sos|i, -esc, -it	eintreffen	sud	Süden
soț, -i	Gatte	sud-est	Süd-Osten
soți *Pl.*	Ehepaar	suferi, sufăr, -t	leiden
sovietic, -ă, -i, -e	sowjetisch	suferind	leidend
(se) spăl|a, ø, -at	(sich) waschen	suflet, -e	Seele
spați|u, -i	Räumlichkeit	sufrageri|e, -i	Speisezimmer
speci|e, -i	Art	sun|a, ø, -at	schellen, anrufen
spectaculo|s, -asă, -și, -ase	Aufsehen erregend	supăra|t, -tă, -ți, -te	verärgert
spera, ø, -at	hoffen	supărat foc	sehr wütend
speranț|ă, -e	Hoffnung	suport|a, ø, -at	ertragen
speri|a, -i, -at	erschrecken	suportabil, -ă, -i, -e	erträglich
spic, -e	Ähre		
splendi|d, -dă, -zi, -de	wunderbar	supra|față, -fețe	Oberfläche
		supu|ne, -n, -s	unterwerfen
sprijin|i, ø, -it	unterstützen	surpriz|ă, -e	Überraschung
spun|e, ø, -s	sagen	sus	oben, hinauf
sta, -u, -t	stehen	susțin|e, ø, -ut	(unter)stützen, behaupten, (Prüfung) ablegen
sta de vorbă	plaudern		
sta jos	sich setzen; sitzen		
sta la taifas	ein „Schwätzchen" halten		
		suzeranitate	Oberhoheit
stabil|i, -esc, -it	festlegen		
stați|e, -i	Haltestelle, Station		
stare, stări	Zustand	**Ș**	
starea vremii	Wetterlage		
stat, -e	Staat	șampani|e, -i	Sekt
stațiun|e, -i	Seebad, Kurort	ședinț|ă, -e	Sitzung
stațiun|e, -i montană	Gebirgskurort	șervețel, -e	Serviette
		șes, -uri	Flachland
ste|a, -le	Stern	și	und
sticl|ă, -e	Flasche	și ce dacă?	was soll's?
stilou, -ri	Füllhalter	șifonier, -e	Wäscheschrank
stomac, -uri	Magen	șiret, -uri	Schnürsenkel
străin[1], -ă, -i, -e	fremd	șoarec|e, -i	Maus
străin[2], -i	Ausländer	șofer, -i	Fahrer
străinătate	Ausland	șomer, -i	Arbeitsloser
strămoș, -i	Vorfahr	ștergar, -e	Handtuch
strig|a, ø, -at	rufen	șter|ge, -g, -s	wischen
structur|ă, -i	Struktur	ști, -u, -ut	wissen
strugur|e, -i	Traube	ștrand, -uri	Freibad
studen|t, -ți	Student	șuncă	Schinken
studențe|sc, -ască, -ești	studentisch	șvaițăr	Emmenthaler Käse

T

table	Tricktrack
tablou, -ri	Bild
tacâmuri *Pl.*	Besteck
taclale *Pl.*	Plauderei
taifas	„Schwätzchen"
tampon|a, -ez, -at	zusammenstoßen
taraf, -uri	Volksmusik-
	orchester
tare, -i	hart, sehr
tataie	Opa
taur, -i	Stier
tavan, -e	Zimmerdecke
tăcea, tac, tăcut	schweigen
tătar, -i	Tatare
tânăr, tineri	Jugendlicher
târziu	spät
teatr|u, -e	Theater
tehnic, -ă, -i, -e	technisch
telef|on, -oane	Fernsprecher
telemea	Schafskäse (Feta)
televiz|or, -oare	Fernseher
temperatur|ă, -i	Temperatur, Fieber
tensiun|e, -i	Spannung, Druck
teritori|u, -i	Territorium, Gebiet
timbr|u, -e	Briefmarke
timp, -uri	Zeit
timp de 2 ore	2 Stunden lang
timpul probabil	Wettervorhersage
tineret	Jugend
toalet|ă, -e	Toilette
toc|a, ø, -at	hacken
tocăniț|ă, -e	Ragout
toc|i, -esc, -it	stumpf machen,
	büffeln
tocmai	eben, gerade
tot	ebenfalls, auch
tot timpul	immer
totuși	trotzdem
toți	alle
tovarăș, -i	Genosse
tra|ge, -g, -s	ziehen
tramvai, -e	Straßenbahn
transform|a, ø, -at	umwandeln
tră|i, -esc, -t	leben
treabă, treburi	Angelegenheit
tre|az, -ază, -ji, -ze	wach

trebui, 3. Pers. -e, -t	müssen
trec|e[1], 3. Pers. -e, -ut	vergehen
trec|e[2], ø, -ut	vorbeigehen
tresti|e, -i	Schilf
(se) trez|i, -esc, -it	erwachen
trib, -uri	Stamm
trimi|te, -t, -s	schicken
trup|ă, -e	Truppe
tumultuo|s, -asă,	lärmend
-și, -se	
(se) tun|de, -d, -s	scheren
turc, -i	Türke
tuslama	Kaldaunenspeise
tutungeri|e, -i	Tabakladen

Ț

țăran, -i	Bauer
țărancă, țărănci	Bäuerin
țelină, -e	Sellerie
țin|e, ø, -ut	halten
țin|e cont	in Betracht
	ziehen
ține-te bine!	halt dich fest!
țiței	Rohöl
țuic|ă, -i	Pflaumenschnaps

U

ucrain|ean, -eni	Ukrainer
uit|a, ø, -at	vergessen
(se) uit|a, ø, -at	sehen, gucken
uite!	sieh da!
ulei	Öl
ultim	letzt~
umbl|a, -u, -at	herumgehen
umbr|ă, -e	Schatten
umbrel|ă, -e	Regenschirm
umpl|e, -u, -ut	füllen
un pic	ein bißchen
un|i, -esc, -it	vereinen
unde?	wo?
unic, -ă, -i, -e	einzig
unific|a, ø, -at	vereinigen
unilateral, -ă, -i, -e	einseitig
uniun|e, -i	Vereinigung,
	Union

Românesc	German
Uniunea europeană	Europäische Union
universit|ate, -ăţi	Universität
unt	Butter
ur|s, -şi	Bär
urâ|t, -tă, -ţi, -te	häßlich
urc|a, ø, -at	hinaufgehen
urech|e, -i	Ohr
uriaş, -ă, -i, -e	riesig, mächtig
urm|ă, -e	Spur
uscătur|ă, -i	*hier:* Reisig
ustur|a, 3. Pers. -ă, -at	jucken, brennen
usturoi	Knoblauch
uş|ă, -i	Tür
uşo|r, -ară, -ri, -are	leicht
uz, -uri	Gebrauch
uz casnic	Hausbedarf

V

Românesc	German
vacanţ|ă, -e	Ferien
vacarm	Lärm
vad, -uri	Furt
vag|on, -oane	Waggon
vagon de dormit	Schlafwagen
vai	oh
vale, văi	Tal
vapo|r, -are	Schiff
vară, veri	Sommer
varia|t, -tă, -ţi, -te	vielseitig
varză, verze	Kohl
vas, -e	Gefäß
vatră, vetre	Herd
vă rog	bitte
vărga|t, -tă, -ţi, -te	gestreift
vărsător, -i	Wassermann
vâjâi, 3. Pers. -e, -t	sausen
vânzător, -i	Verkäufer
vârf, -uri	Spitze
vârst|ă, -e	Alter
în vârstă	betagt
vârstnic, -ă, -i, -e	betagt
vedea, văd, văzut	sehen
veder|e, -i	Aussicht, Blick, Ansichtskarte
veioz|ă, -e	Nachttischlampe
veneţi|an, -ană, -eni, -ene	venezianisch

Românesc	German
veni, vin, venit	kommen
ver|de, -zi	grün
verde|aţă, -ţuri	Grünzeug
verig|ă, -i	Bestandteil
veselă	Geschirr
vest	Westen
vestigi|u, -i	Überrest
viaţă, vieţi	Leben
vil|ă, -e	Villa
vilegiaturi|st, -şti	Feriengast, Tourist
vin, -uri	Wein
vineri	Freitag
vinerea	freitags
vir|a, -ez, -at	einbiegen
vis, -e	Traum
vis|a, -ez, -at	träumen
viscol, -e	Schneegestöber
vitez|ă, -e	Geschwindigkeit
vitrin|ă, -e	Auslage
vizavi	gegenüber
vizit|ă, -e	Besuch
viziun|e, -i	Blickfeld
voc|e, -i	Stimme
voievo|d, -zi	Wojedwode, Fürst
voievodat, -e	Wojewodschaft
(se) vops|i, -esc, -it	(sich) färben
vorb|ă, -e	Wort
vorb|i, -esc, -it	sprechen
vrea, -u, vrut	wollen
vrem|e, -uri	Zeit, Wetter
vreo	irgendein
vreodată	irgendwann
vulp|e, -i	Fuchs

Z

Românesc	German
zarzavat, -uri	Gemüse
zăcea, zac, zăcut	liegen
zău	wahrhaftig
zbor, -uri	Flug
zbura, zbor, -t	fliegen
zeiţ|ă, -e	Göttin
zgâri|a, -i, -at	kratzen
zi, -le	Tag
ziar, -e	Zeitung
zi|ce, -c, -s	sagen

INDICE GRAMATICAL (INDEX)

Die Zahlen hinter den Stichwörtern verweisen auf die Lektionen.

Übersicht der Tracknummern

Track	Lektion	Seite
1	1	1
2	2	8
3	3	14
4	4	20
5	5	28
6	6	36
7	7	44
8	8	52
9	9	60
10	10	66
11	11	72
12	12	77
13	13	85
14	14	95
15	15	103
16	16	111
17	17	119
18	18	125
19	19	136
20	20	144
21	21	151
22	22	161
23	23	168
24	24	179
25	25	187